BREAKING
당신이라는 습관을 깨라

이 책에 쏟아진 찬사

"조 디스펜자 박사는 당신이 부정적인 믿음을 버리고 긍정적으로
변할 수 있도록 힘을 실어준다. 이 지적이고 유용하고 실용적인 책으로
당신은 더 자유로워질 것이고, 자신의 운명을 향해 한 걸음 더 내딛게 될 것이다!"
—주디스 올로프Judith Orloff, 《감정의 자유Emotional Freedom》 저자

"조 디스펜자는 현실의 에너지를 깊이 있게 탐구하며, 독자들이 삶을
긍정적으로 변화시킬 수 있도록 유용한 도구를 제공한다.
이 책을 읽고 각 단계를 실천하는 사람은 누구든지 노력에 보답을 받을 것이다.
이 책은 누구나 이해하기 쉽게 설명할 뿐더러 내면에서부터 근본적으로
변화할 수 있도록 독자들을 세심하게 안내한다."
—롤린 맥크레이티Rollin McCraty, 하트매스 연구센터 책임자

"마음과 감정의 회로를 바꾸는 방법을 담은 이 책은
재미있고 접근하기 쉬우며, 간단하지만 강력한 메시지를 담고 있다.
오늘 당신이 생각하는 것이 당신의 내일을 결정한다."
—린 맥타가트Lynne McTaggart, 《필드The Field》 저자

"이 책은 최신 과학을 실제 삶에 적용해서 완벽한 공식처럼 쓸 수 있도록
만든 책이다. 이 책은 우리가 더 일찍 알았으면 좋았을, 성공적인 삶에
필요한 방법을 담은 매뉴얼이다. 만약 당신이 더 큰 존재라는 것을 깨닫고도
자신을 찾는 탐구를 포기하고 있었다면 이 책을 권한다!"
—그렉 브레이든Gregg Braden, 《디바인 매트릭스The Divine Matrix》 저자

"나는 이 분야에 관심이 있는 임상심리학자로서 이 책이 오랫동안 굳어져온 심리학 분야의 잘못된 믿음을 바꿀 수 있을 것이라 인정하지 않을 수 없다. 신경과학에 탄탄한 기초를 둔 조 디스펜자의 결론은 우리 스스로 지워오던 한계를 타파하게 한다. 이 책은 훌륭하고 희망적인 책이다."

―알랜 봇킨Allan Botkin, 임상심리학자,

《사후 세계와의 소통Induced After-Death Communication》 저자

"우리는 신경과학 분야의 최신 발견과 고대의 명상법이 한 데 만나는, 그 어느 때와도 비교할 수 없는 개인적 성장의 시대를 살아가고 있다. 조 디스펜자의 이 책은 뇌와 몸이 어떻게 작동하는지 과학적으로 노련하면서도 명료하게 설명한다. 아울러 변화를 위한 4주간의 실용적인 프로그램은 체계적인 명상을 통해 어떻게 창조성과 행복을 실현할 수 있도록 뇌의 회로를 의식적으로 다시 만들 수 있는지 보여준다."

―도슨 처치Dawson Church, 《유전자 안의 지니The Genie in Your Genes》 저자

"조 디스펜자 박사는 우리가 삶의 창조자가 될 수 있도록 돕는 유일무이한 설명서를 들고 왔다! 그는 뇌과학을 실제적이며 실용적인 것으로 만들었다. 이 책은 우리가 감정의 지배로부터 자유로워져 행복하고 건강하고 풍요롭게 꿈의 세계를 현실화하는 법을 보여준다. 나는 이 책을 오랫동안 기다려왔다!"

―알베르토 빌롤도Alberto Villoldo, 《뇌력을 키워라Power Up Your Brain》 저자

BREAKING, 당신이라는 습관을 깨라

2021년 7월 26일 초판 1쇄 발행. 2024년 7월 2일 초판 9쇄 발행. 조 디스펜자가 쓰고 편기욱이 옮겼으며, 도서출판 샨티에서 박정은이 펴냅니다. 편집은 이홍용이, 표지 및 본문 디자인은 김경아가 하였으며, 이강혜가 마케팅을 합니다. 인쇄 및 제본은 상지사에서 하였습니다. 출판사 등록일 및 등록번호는 2003. 2. 11. 제2017-000092호이고, 주소는 서울시 은평구 은평로 3길 34-2, 전화는 (02) 3143-6360, 팩스는 (02) 6455-6367, 이메일은 shantibooks@naver.com입니다. 이 책의 ISBN은 979-11-88244-71-3 03180이고, 정가는 23,000원입니다.

BREAKING
당신이라는 습관을 깨라

과거에서 벗어나
새로운 내가 되는 법

조 디스펜자 지음 ㅣ 편기욱 옮김

로비에게 이 책을 바칩니다.

3부   새로운 운명을 향해 나아가기

뇌를 바꾸면
삶이 바뀐다

우리가 살아가면서 생각하고 느끼고 행동하며 다른 사람과 관계 맺는 모든 방식은 뇌와 관련이 있다. 뇌는 개성, 성격, 지능 및 모든 판단과 결정에 관여하는 기관이다. 나는 20여 년에 걸쳐 수만 명의 환자들과 함께한 뇌 영상 작업을 통해 뇌가 건강하면 삶도 문제가 없으며, 뇌에 문제가 있다면 삶에도 문제가 있을 확률이 높다는 사실을 알아냈다.

뇌가 건강하다면 더 행복하고 건강하고 지혜롭고 풍요로운 삶을 살수 있다. 더 나은 결정을 내려서 성공에 이르기도 더 쉽고 더 오래 삶을 누릴 수도 있다. 그러나 뇌가 상처나 과거의 감정적 트라우마로 인해 건강하지 않다면 더 슬프고 아프고 힘든 삶을 살게 될 것이다. 현명하지 못한 판단으로 실패하기도 쉽다.

트라우마가 뇌에 해를 끼친다는 것은 누구나 이해할 수 있다. 거기에 더해 연구자들은 과거의 부정적인 생각과 나쁜 행동 패턴이 어떻게 뇌에 영향을 끼치는지도 밝혀냈다.

나는 나를 마구 괴롭히는 형과 함께 자랐다. 그 때문에 계속된 긴장과 두려움으로 더 강한 불안과 걱정, 방어하는 자세를 갖게 되었다. 그리고 늘 언제 나쁜 일이 생길지 모른다는 생각을 해왔다. 이것은 뇌에서 두려움을 담당하는 부분을 오랫동안 과도하게 활성화시켰다.

이 책에서 조 디스펜자 박사는 당신이 뇌의 하드웨어와 소프트웨어 모두를 최적화하여 새로운 마음의 상태에 이르도록 도와줄 것이다. 이 책은 많은 상을 받은 다큐멘터리 〈도대체 우리가 아는 것이 무엇인가!?What the Bleep Do We Know!?〉와 그의 첫 번째 책인 《꿈을 이룬 사람들의 뇌Evolve Your Brain》(한국어판 제목─옮긴이)와 같이 친절하고 지혜롭게 당신에게 이야기를 건넨다.

나는 뇌를 하드웨어와 소프트웨어를 가진 컴퓨터라고 생각한다. 하드웨어(실제 뇌의 물리적 기능)는 소프트웨어와, 다시 말해 일생 동안 계속되는 프로그래밍이나 재구성과 긴밀하게 연결되어 있다. 그것들은 서로 엄청난 영향을 준다.

우리는 누구나 삶의 트라우마를 갖고 있으며, 그 결과로 생긴 일상생활의 흉터들을 지니고 있다. 뇌의 한 부분이 되어버린 트라우마가 깨끗하게 지워진다면 그것은 참으로 놀라운 치유가 될 것이다. 물론 뇌를 제대로 작동시키기 위해서는 올바른 식사와 운동 그리고 필수 영양소 공급 같은 뇌의 건강을 위한 습관이 필요하다. 하지만 무엇보다도 당신이 매 순간 갖는 생각이 뇌를 치유할 수도 있고 병들게 할 수도 있다. 뇌에 각인된 과거의 경험들 역시 그렇다.

에이멘 클리닉Amen Clinics에서 우리가 하는 연구는 뇌 SPECT 영상법이다. SPECT(single-photon emission computed tomography, 단일 광자 방출 컴퓨터 단층 촬영)는 혈액의 흐름과 활동 패턴을 관찰하는 핵의학 연구의 하나이다. 이는 뇌가 어떻게 작동하는지 보는 것으로, 뇌의 구조를 보는 CT(컴퓨터 단층 촬영)나 MRI(자기공명 영상)와는 다르다. 우리는 7만여 개가 넘는 뇌 단층 촬영을 바탕으로 다음과 같은 중요한 교훈을 얻었다.

- 뇌의 손상은 삶을 망칠 수 있다.
- 알코올은 뇌 세포를 파괴하며 건강에 좋지 않다.
- 사람들이 일상적으로 복용하는 항불안제는 뇌에 좋지 않다.
- 알츠하이머병은 증상이 보이기 10년 전부터 이미 뇌에서 시작된다.

SPECT 스캔은 우리가 사회적 차원에서 뇌에 대해 더 많은 사랑과 관심을 가져야 한다는 점도 보여줬다.

내가 배운 가장 멋진 가르침 중 하나는 부정적인 믿음을 긍정적인 것으로 변화시키는 것이다. 명상 같은 건강한 습관을 기른다면 뇌를 바꾸고 삶을 바꿀 수 있다.

조 디스펜자 박사가 추천한 명상은 인간의 뇌에서 사고 영역에 해당하는 전두엽 피질의 혈액 흐름을 촉진시킨다. 8주간 매일 명상을 한 결과 전두엽의 피질은 더 강해지고 기억력은 향상되었다.

나의 바람은 당신도 나처럼 뇌에 대한 욕심이 생겨서 더 건강한 뇌를 원하는 것이다. 뇌 영상 관련 연구는 내 삶의 모든 것을 바꿔놓았다. 1991년 SPECT 스캔을 시작한 지 얼마 되지 않았을 때 나는 나의 뇌를 관찰해 보기로 했다. 그때 내 나이가 서른일곱이었다. 독성으로 울퉁불퉁한 뇌를 보니 한눈에도 건강하지 않다는 것을 알 수 있었다. 나는 술을 거의 마시지 않았고, 흡연도 하지 않았으며, 불법 약물을 복용한 적도 없었다. 그런데 왜 뇌는 그렇게 엉망이었을까? 뇌 건강이 무엇인지 제대로 이해하기 전까지 나는 뇌를 망치는 습관을 많이 가지고 있었다. 패스트푸드와 탄산음료를 엄청나게 먹고 마셔댔고, 네다섯 시간밖에 자지 않았으며, 과거의 상처를 들여다보지 않은 채 안고 살았다. 운동도 하지 않았고, 만성 스트레스 상태에 있었으며, 몸무게도 정상보다 13킬로그램이나 넘게 나갔다. 내가 의식하지 못했던 나쁜 습관들이 나에게 상처를 입히고 있었다. 그것도 아주 많이.

최근 나의 뇌 스캔은 20년 전보다 훨씬 건강하고 젊어 보인다. 나의 뇌는 말 그대로 나이를 거꾸로 먹었다. 당신도 마음만 먹으면 뇌를 건강하게 변화시킬 수 있다. 이 책이 당신을 도와줄 것이다. 당신도 나처럼 이 책을 즐겁게 읽기를 바란다.

—다니엘 G. 에이멘Daniel G. Amen,

《그것은 뇌다Change Your Brain, Change Your Life》 저자

원하는 삶을
창조하라

　원하는 삶을 만드는 법에 대한 책을 생각하던 어느 날 나는 내가 여전히 많은 사람들이 믿을 만한 과학적 증거에 근거한 접근법을 찾고 있다는 걸 알게 되었다. 그러나 뇌와 몸과 마음 그리고 의식에 대한 새로운 연구들, 또 물리학에 대한 비약적 이해 덕분에 우리는 우리의 진정한 잠재성이라고 본래부터 알고 있는 것에 이미 훨씬 더 접근해 있다.

　나는 통합의학 클리닉을 운영하고 있는 카이로프랙터이자 뇌 기능, 생물학, 뇌 화학, 신경 과학 분야의 교육자로서 이러한 새로운 과학이 당신과 나 같은 일반인에게 적용되었을 때 어떤 효과를 내는지 목격할 수 있었다. 이 새로운 과학의 무한한 가능성들이 현실로 바뀌는 순간을 본 것이다.

　나는 사람들이 진실로 마음을 바꾸었을 때 건강과 삶의 질이 놀라울 정도로 변하는 것을 목격했다. 지난 몇 년 동안 영구 손상을 입거나 말기 판정을 받은 사람들 중 놀라울 만큼 증상이 호전된 환자들과 인터뷰할 기회가 있었다. 현대 의학은 이런 회복을 '자연 치유spontaneous remission'라고 이름 붙였다.

하지만 그 사람들의 내적 여정에 대한 나의 광범위한 조사에 따르면 그들의 회복에는 마음과 관련된 강력한 요인이 있음이 분명했다. 사실 그들의 육체적 변화는 그렇게 자연 치유적인 것은 아니었다. 이런 발견은 나의 대학원 연구 주제였던 뇌 영상, 신경가소성, 후성유전학, 정신신경면역학 연구에 불을 붙였다. 나는 이 치유 과정에서 뇌와 몸에 무언가가 일어났음이 틀림없고, 집중해서 연구한다면 그런 현상을 재현할 수 있을 것이라고 생각했다.

이제 이 책을 통해 내가 그동안 배웠던 것들을 나누고자 한다. 나는 이 책에서 마음과 물질이 어떻게 서로 연결되어 있으며, 어떻게 이런 원리를 몸뿐만 아니라 삶 전체에 적용할 수 있는지 설명할 예정이다.

단순한 지식을 넘어 체득으로

첫 책《꿈을 이룬 사람들의 뇌》를 읽은 많은 독자들이 솔직하고 애정 넘치는 서평과 응원을 보내면서 다음과 같은 요청도 해왔다. "저는 당신이 쓴 책을 정말 좋아합니다. 두 번이나 읽었어요. 정말 많은 과학 지식들이 담겨 있고 철저하고 빈틈없는 책입니다. 저에게 많은 영감을 주었어요. 하지만 이제 어떻게 하면 뇌를 변화시킬 수 있는지 그 방법을 알려주시겠어요?"

그에 대한 응답으로 나는 실제적인 실천 방법을 알려주는 일련의 워크숍을 진행해, 참여자라면 누구나 몸과 마음의 변화를 삶에서 지속적으로 이끌어낼 수 있도록 돕기 시작했다. 그 결과 나는 말로는 설명하기 힘든 치유를 경험한 사람들, 과거의 감정적 상처로부터 자유로워진 사람들, 불가능하다는 문제를 해결하고 새로운 가능성을 창조한 사람들, 엄청난 부를 이룬 사람들 등등 기적 같은 일을 이뤄낸 많은 사람들을 보게 되었다.

이 책의 내용을 이해하기 위해 나의 지난 책을 읽을 필요는 없다. 하지만 내 첫 책을 이미 본 독자라면 이번 책 또한 실천적인 워크북 개념으로 만들어졌음을 알 수 있을 것이다. 독자들이 이해하기 쉽도록 최선을 다했지만, 몇 가지 최신 과학 지식을 소개하기도 했다. 개인의 변화 과정을 보여주는 효과적이고 현실적인 모델을 만든다면 어떻게 변화가 이루어지는지 쉽게 이해할 수 있을 것이기 때문이다.

이 책에서 나는 삶에서 중요한 변화를 만드는 데 필요한 것은 모두 우리 안에 있다는 점을 이해시키고자 최선을 다했다. 이 시대는 단지 '아는 것'만이 아니라 그 아는 것을 손에 넣는 '실제적인 방법'까지 알 것을 요구한다. 어떻게 하면 과학적 개념과 오래된 지혜를 모두 자기 삶에 적용해 삶을 더 풍요롭게 만들 수 있을까? 과학이 밝혀놓은 현실의 본질을 따라가며 이런 원리들을 매일매일 삶에 적용한다면 우리는 누구나 각자의 삶에서 현자賢者이자 과학자로 살아갈 수 있을 것이다.

이 책에서 다룰 모든 것들의 실험장으로 당신을 초대한다. 그 결과들을 객관적으로 관찰할 수 있을 것이다. 마음속의 생각과 느낌을 변화시키기 위해 노력하면 외부 환경은 마음이 '외부' 세계에 영향을 끼치고 있다는 증거를 보여줄 것이다.

이 책에서 얻는 지식 정보를 철학으로 받아들여 충분한 시간을 가지고 삶에 적용한다면 이 지식에 완전히 통달하게 될 것이다. 결국 당신은 초심자에서 달인으로 거듭날 수 있다. 이 모든 것이 가능하다는 완벽한 과학적 증거가 있으니 계속 여기에 주목하길 바란다.

독자들이 열린 마음으로 이 책을 읽어나갔으면 좋겠다. 한 걸음씩 이 책에서 설명하는 개념들을 배우고 다져나가 보라. 이 모든 정보의 목적은 당신이 무언가를 하도록 돕기 위한 것이다. 그렇지 않다면 그저 잡담에 지나지 않을 것이다. 사물이 진정으로 존재하는 방식에 마음을 열고, 틀에 맞춰 현실을 바라보던 조건화된conditioned 관점과 믿음을 내려놓는다면, 노력한 만큼의 결과를 얻게 될 것이다. 이것이 바로 내가 당신에게 바라는 것이다.

이 책의 정보들은 우리가 자기 인생의 창조자임을 스스로 입증하게끔 할 것이다. 만약 우리가 할 수 있는 일과 할 수 없는 일을 과학이 결정하도록 놔둔다면, 과학은 또 하나의 종교가 되고 말 것이다. 우리는 자신의 삶에 대해 깊이 생각하고, 습관이나 고정된 생각 같은 '상자 너머'를 상상하고 그것을 실제로, 그것도 반복적으로 해보는 용기가 필요하다. 그렇게 할 때 커다란 힘을 얻는 성장의 길에 들어설 수 있다.

진정한 힘은 자신의 믿음을 자세히 보기 시작할 때 나온다. 자신이 내리고 있는 믿음의 뿌리는 종교, 문화, 사회, 교육, 가족, 미디어, 심지어 유전자에서도 찾을 수 있다. 이렇게 자기 믿음을 들여다볼 때 우리는 우리의 새로운 패러다임을 가로막는 과거의 생각들이 무언지 알 수 있다.

시대가 변하고 있다. 우리가 알고 있는 것보다 더 큰 현실이 있다는 걸 깨달은 개인들이 늘어나며, 더욱 거대하게 변화하는 바다의 한 부분을 이루고 있다. 현재의 시스템과 현실 모델은 무너지고 있고, 이제는 새로운 것이 나타날 때이다. 불과 10년 전과 비교해 봐도 정치, 경제, 종교, 과학, 교육, 의학의 모델은 물론이고 환경에 대한 우리의 태도도 크게 달라졌다.

시대에 뒤떨어진 것을 버리고 새로운 것을 받아들인다는 말이 듣기에는 쉽다. 우리가 배우고 경험한 것은 대부분 우리가 입고 있는 옷처럼 생물학적 '자아self'에 포함된다. 그러나 오늘 진실이라 여기는 것이 내일은 진실이 아닐 수 있다. 원자를 물질과 현실을 이루는 단단한 조각들이라고 생각하는 관점, 그리고 우리와 원자 간의 상호 작용에 대한 기존의 관점에 의문을 제기하는 것은 우리의 생각과 믿음이 진보하고 있음을 보여준다.

익숙한 삶을 떠나 새로운 곳을 향해 가는 것은 연어가 강을 거슬러 올라가는 것과 같다. 여기에는 노력이 필요하다. 하지만 솔직히 말해서 이 노력은 불편하다. 게다가 이 과정에서 자신만이 옳다고 생각하는 사람들에게 비웃음, 따돌림, 반대, 폄하 같은 것을 당할 수 있다.

세상 사람들에게 설명하기 쉽지 않지만 마음속에 살아있는 관념을 위해 역경을 감내할 수 있는 사람이 얼마나 될까? 역사적으로 얼마나 많은 천재, 성인, 거장 들이 이단자, 바보라고 손가락질받고 억압받았는가?

당신은 선구자가 될 용기가 있는가?

변화, 반응이 아닌 선택

어쩔 수 없는 상황까지 가서도 변화 앞에 멈칫거리는 것이 인간의 본성인 것 같다. 이는 사회나 개인이나 마찬가지이다. 우리는 위기, 트라우마, 상실, 질병, 비극 등을 경험하고서야 진정으로 변화를 받아들인다. 그때서야 내가 누구인지, 무엇을 하고 있는지, 어떻게 살고 있는지, 어떤 감정을 느끼는지, 무엇을 믿거나 혹은 알고 있는지 살펴보기 시작한다.

건강, 인간 관계, 직업, 가족과 미래를 지키기 위해서는 때로 억지로라도 변화하지 않으면 안 되고, 이를 위해 최악의 시나리오가 필요할 수도 있다. 내가 하고 싶은 말은 이것이다. 왜 기다리기만 하는가?

우리는 고통과 괴로움의 상태에서 배우며 변화할 수도 있고, 기쁨과 영감의 상태에서 발전해 나아갈 수도 있다. 사람들은 대부분 전자를 택한다. 후자를 선택하기 위해서는 변화라는 것이 불편함과 귀찮음, 예상에서 벗어남, 불확실한 시간을 동반한다는 사실을 받아들여야 하기 때문이다.

우리는 '알지 못함'으로 인해 겪었던 일시적인 불편함에 이미 익숙하다. 우리는 글을 읽는 것이 제2의 천성이 되기 전 누구나 처음에 더듬거리며 글을 읽은 시절이 있다. 바이올린이나 드럼을 처음 연습하던 때 부모님은 우리를 방음 시설이 된 방으로 보내고 싶었을 것이다. 지식은 풍부하지만 경험이 부족해 섬세함이 떨어지는 의과 대학생에게 피를 뽑힌 불쌍한 환자들도 있다.

지식을 받아들이고(아는 것), 어떤 기술이 몸에 밸 때까지 배운 것을 적용해 실전 경험을 쌓는 것(체득하는 것)이 지금까지 능력(앎)을 키워 온 방법일 것이다. 삶을 변화시키는 방법을 배우는 것도 이처럼 아는 것과 그 아는 것을 적용하는 과정이 다 필요하다. 이것이 내가 이 책을 세 부분으로 나눈 이유이다.

이 책의 1부와 2부를 통해서 나는 새로운 생각을 적용하는 데 도움이 될 큰 그림을 차례로 보여줄 것이다. 어떤 말이 반복되는 것처럼 보인다면 그것은 여러분이 그 내용을 잊지 않고 마음에 되새기기를 바라서이다. 반복은 뇌의 회로를 강화시키며 더 많은 신경망을 만든다. 그 결과 우리는 가장 취약한 순간에도 자신을 보잘것없는 존재라고 여기지 않게 된다. 이러한 앎을 잘 다진 뒤에 3부를 읽는다면 1, 2부에서 배운 '진실'을 직접 경험할 수 있을 것이다.

1부: 변화는 왜 그렇게 어려운가?

우리의 여정은 현실의 본질이 무엇이고 우리는 진정 누구인지, 인류에게 변화가 왜 그렇게 어려운지, 그리고 우리에게 가능한 변화는 무엇인지 등에 대한 철학과 과학의 패러다임에 대한 개요로부터 시작할 것이다. 1부는 제법 쉽게 읽을 수 있을 것이다.

1장 '관찰자 효과: 원하는 것에 집중하라'에서는 양자물리학에 대해 약간 소개할 테지만 그렇게 긴장하지는 않아도 된다. 여기서부터 이야기를 시작하는 이유는 우리의 주관적인 마음이 객관적인 세상에 영향을 끼친다는 개념을 받아들이는 것이 매우 중요하기 때문이다. 양자물리학에서 말하는 '관찰자 효과observer effect'는 우리가 주의를 기울이는 곳이 곧 우리가 에너지를 보내는 곳임을 보여준다. 결과적으로 '내'가 이 물질 세상(물질 세상이라고 말하지만 거의 대부분이 에너지로 만들어진)에 영향을 끼친다는 것이다. 우리가 이런 개념을 잠시만이라도 받아들인다면, 우리는 자신이 원하지 않는 것보다는 원하는 것에 집중하게 될 것이다. 그리고 우리는 심지어 이렇게 생각하고 있는 자신을 발견하게 될 것이다. '만약 원자가 99.999999999999퍼센트의 에너지와 0.000000000001퍼센트의 물질로 되어 있다면[1], 그런 원자들로 구성된 나라는 존재는 사실상 어떤 것something이라기보다는 아무것도 아닌 것nothing이 아니겠는가! 그렇다면 훨씬 더 큰 존재인 내가 왜 극히 일부분인 물질 세상에만 신경을 쓰고 있을까? 자신이 감각으로 지각하는 것만을 가지고 자기의 현실을 규정짓는 것은 우리가 가진 가장 큰 한계가 아닐까?'

2장에서 4장까지는 '환경과 몸과 시간'을 넘어선다는 것이 무엇인지 알아볼 것이다. 여러분은 아마도 우리의 생각이 우리의 현실을 만든다는 개념을 좋아하게 될 것이다.

2장 '브레이킹 첫 번째: 환경을 넘어서기'에서는 외부 세계가 우리의 생각과 느낌을 통제하도록 내버려두면, 외부 환경이 어떻게 뇌의 회로를 패턴화시켜 우리에게 익숙한 방식 그대로 생각하도록 만드는지에 대해 이야기할 것이다. 그 결과로 우리는 계속 똑같은 것들만 창조하게 된다. 즉 우리의 두뇌가 온갖 문제들, 개인적인 조건들, 살아가는 환경들을 반영하도록 뇌의 회로를 고정시킨 것이다. 그러므로 변화하기 위해서는 삶의 온갖 물질적인 것들보다 더 커져야 한다.

3장 '브레이킹 두 번째: 몸을 넘어서기'에서는 계속해서, 우리가 어떻게 해서 마치 컴퓨터 프로그램들처럼 의식의 뒤편에서 작동하는 기억된 행동들과 생각들, 감정적 반응들에 의해 무의식적으로 살아가는지 이야기할 것이다. 이것이 바로 '긍정적으로 생각하기'만으로는 충분치 않은 이유이다. 우리는 대부분 잠재의식적으로 몸 안에 부정적인 생각과 느낌을 남겨두기 때문이다. 이 책의 끝에 가면 여러분은 어떻게 잠재의식적 마음의 작동 시스템에 들어가 그곳의 프로그램들을 영구적으로 변화시킬 수 있는지 알게 될 것이다.

4장 '브레이킹 세 번째: 시간을 넘어서기'에서는 우리가 어떻게 늘 미래의 사건들을 기대하거나 과거의 기억들을 회상하면서 살아가는지에 대해 이야기한다. 최근의 연구들은 우리가 생각만으로 미래의 어떤 일이 생물학적으로 이미 일어난 것처럼 보이도록 뇌와 몸을 바꿀 수 있다는 사실을 입증해 보인다. 우리가 생각을 어떤 것보다 더 실재처럼 만들 수 있기 때문에, 제대로 배우고 적용하기만 한다면 우리는 두뇌 세포에서부터 유전자에 이르기까지 우리의 존재 전체를 바꿀 수 있다. 어떻게 주의를 기울여 현재 순간에 접속하는지 배운다면, 우리는 모든 가능성이 존재하는 양자장의 문을 열고 들어서게 될 것이다.

5장 '생존하는 삶과 창조하는 삶'에서는 생존을 위해 사는 삶과 창조를 즐기며 사는 삶의 차이를 설명한다. 생존을 위해 사는 삶이란 외부 세계가 내면 세계보다 훨씬 더 실재적이라고 믿으며 스트레스 속에서 물질주의자로 사는 것을 말한다. 우리가 '투쟁 또는 도주fight or flight'의 신경 시스템 아래에서 분출되는 화학 물질에 취한 상태에 있다면, 이때 우리는 오로지 몸과 사물, 주위 사람들과 시간에만 관심을 쏟도록 프로그래밍되어 있는 것이다. 뇌와 몸은 균형을 잃고, 우리는 예측 가능한 뻔한 삶을 살게 된다. 그러나 우리가 진정으로 창조적인 상태에 있을 때 우리는 아무 사람도 아니고no body 아무 사물도 아니며no thing 아무 시간에도 있지 않게no time 된다. 한마디로 우리는 우리 자신을 잊어버리게 되는 것이다. 우리는 순수한 의식이 되며, 자신이 누구인지 기억하기 위해서 외부 세계를 필요로 하는 정체성의 사슬로부터 자유로워진다.

2부: 뇌와 명상

6장 '세 가지 뇌: 생각하고, 행동하고, 되기'에서는 우리로 하여금 '생각하기'에서 '행동하기'로, 다시 '되기'로 나아갈 수 있도록 하는 세 가지 뇌의 개념에 대해 배우게 된다. 더 나아가 환경과 몸, 시간 너머로 주의를 집중할 때 우리는 어떤 행동도 하지 않고 생각하기에서 되기로 쉽게 나아갈 수 있다. 이런 마음의 상태에서 우리의 뇌는 외부 현실에서 일어나는 일과 우리 마음 안에서 일어나는 일을 구별하지 못한다. 그래서 만약 원하는 경험을 오직 생각만으로 마음속에서 시연할 수 있다면, 우리는 그 일이 일어날 때 느낄 수 있는 감정들을 그 일이 물질적으로 구체화되기 전에 미리 경험하게 된다. 이제 우리는 새로운 존재 상태로 나아가고 있다. 우리의 마음과 몸이 하나가 되어 작동하기 때문이다. 어떤 잠재적 미래 현실이 우리가 그것에 집중하는 순간 벌써 일어나고 있다고 느끼기 시작할 때, 우리는 우리의 자동 습관, 태도, 그리고 여타 원치 않는 잠재의식적 프로그램을 새롭게 바꾸고 있는 것이다.

7장 '보이는 나와 진짜 나'에서는 우리가 기억시킨, 그래서 우리의 성격이 되어버린 감정들로부터 자유로워지는 방법을 탐구한다. 또한 우리 내면의 진정한 자기 모습과 바깥 사회에 비쳐진 모습 간의 간격을 줄이는 방법도 탐구한다. 우리는 모두 어느 순간에 이르면 이미 우리의 성격이 되어버린 과거의 감정들을 외부의 어떤 것으로도 없앨 수 없다는 사실을 깨닫게 된다. 만약 우리 삶의 모든 경험이 주는 느낌을 예측할 수 있다면 무언가 새로운 것이 일어날 여지는 없다. 왜냐하면 이때 우리는 미래가 아닌 과거를 통해 자기 삶을 바라보고 있기 때문이다. 이때가 바로 영혼이 자유로워지느냐 아니면 망각의 바다로 빠지느냐 하는 중요한 기로가 되는 순간이다. 우리는 감정 형태로 있는 우리의 에너지를 해방시키는 법을 배우고, 그렇게 함으로써 바깥에 비쳐진 모습과 진짜 모습간의 간격을 줄이게 될 것이다. 궁극적으로 우리는 투명성(겉과 속이 다르지 않고 투명함)을 창조하게 된다. 겉으로 보이는 모습과 진짜 모습이 다르지 않을 때 우리는 진정으로 자유로워진다.

2부는 **8장 '명상, 신비를 벗다'**로 끝맺는데, 이 장의 목표는 명상중에 우리가 실제로 무엇을 하는지, 그리고 왜 명상을 하는지를 비신비적인 언어로 명쾌하게 설명하는 것이다. 뇌파 측정 기술을 간단히 설명하면서 나는 우리가 스트레스를 받으며 각성 상태에 있을 때와 명상을 통해 집중 상태에 있을 때 뇌가 전자기적으로 어떻게 변하는지 보여줄 것이다. 우리는 명상의 진정한 목적이 분석적인 마음을 넘어 잠재의식적 마음 속으로 들어가 영속적으로 참된 변화를 만들어내는 데 있다는 걸 배우게 된다. 만약 우리가 명상을 하기 위해 앉았을 때와 똑같은 상태로 명상을 끝낸다면 우리에게는 어떤 변화도 일어나지 않을 것이다. 명상을 하면서 훨씬 더 큰 존재와 연결될 때 우리는 창조할 수 있으며, 이때 우리는 외부 세계의 어떤 것도—그 무엇도, 그 누구도, 그 어떤 시간이나 장소에서 일어나는 조건도—우리를 결코 그 에너지 수준에서 끌어내릴 수 없음을 알게 된다. 또한 생각과 감정 사이의 높은 일관성을 기억하게 될 것이다. 이제 우리는 환경과 몸과 시간을 지배하고 있다.

3부: 새로운 운명을 향해 나아가기

1부와 2부에서 다룬 모든 정보들은 3부에서 배우게 될 내용을 적용하기 위해 필요한 지식들이었다. 3부에서 다룰 내용은 우리가 이제껏 배운 것을 삶에서 직접 연습하고 활용할 수 있도록 하는 방법들로, 실제로 해볼 수 있는 단계별 명상 과정으로 짜여 있다.

단계적 명상 과정이라고 하니 뭔가 망설여지는가? 만약 그렇다면 그건 오해이다. 물론 일련의 행동들을 배우게 되겠지만, 머지않아 그것들을 간단히 한두 단계로 익히게 될 것이다. 우리는 자동차 운전을 시작하기 전 아마도 여러 가지 동작들을 할 것이다. 예컨대 좌석을 체형에 맞게 조정하고, 안전벨트를 매고, 사이드 미러를 체크하고, 시동을 걸고, 헤드라이트를 켤 것이다. 운전을 시작한 뒤에는 주위를 살피고, 좌우 깜박이 등을 켜고, 브레이크를 밟고, 액셀 페달을 적당히 밟아가며 자동차를 전진시키거나 때론 후진을 할 것이다. 운전을 배운 뒤로 우리는 이런 일련의 과정을 아주 쉽게 자동적으로 하고 있다. 장담컨대 3부의 각 단계를 배우고 나면 이와 똑같은 일이 여러분에게도 일어날 것이다.

여러분은 "그렇다면 왜 굳이 1부와 2부를 읽어야 하지? 곧바로 3부를 읽으면 안 될까?"라고 생각할 수도 있다. 이해한다. 내가 독자라도 똑같은 생각을 했을 것이다. 나는 여러분이 3부를 접하면서 어떤 것도 추측하거나 함부로 판단하지 않도록 하려면 1부와 2부에 관련 지식을 적절히 소개하는 게 좋겠다고 생각했다. 이제 여러분은 명상 과정을 밟아 나아가면서 자신이 무엇을 왜 하고 있는지 정확히 알 것이다. 무엇을 왜 하는지 이해할수록 더 많은 것을 알게 될 것이고, 어느 순간이 되면 그 방법까지도 더 많이 알게 될 것이다. 이렇게 마음을 변화시키는 실제 경험을 통해서 여러분은 더 큰 힘과 의도를 갖게 될 것이다.

3부에서 소개하는 단계들을 해나가다 보면 여러분은 삶에서 이른 바 불가능하다고 여기던 상황들을 변화시킬 힘이 자기 안에 원래부터 있었다는 사실을 더 쉽게 받아들이게 될 것이다. 심지어 이러한 새로운 개

넘들을 몰랐던 때에는 생각도 못했던 '잠재적 현실들'을 기꺼이 수용하게 될 것이다. 어쩌면 여러분은 어떤 비범한 일을 막 시작하게 될지도 모른다! 그것이야말로 내가 여러분에게 이 책의 마지막에서 바라는 바이다.

그래서 곧바로 3부로 가고 싶은 마음을 떨쳐낼 수 있다면, 약속하건대 3부에 이르렀을 때에는 앞서 배운 지식들로 이미 꽤 큰 힘을 갖추고 있을 것이다. 나는 이러한 접근 방식이 내가 전 세계를 다니며 하는 3단계 워크숍 시리즈들에서 상당히 효과적임을 보게 되었다. 사람들은 올바른 지식을 얻었을 때 그것을 완벽히 이해하고 그렇게 이해한 것을 효과적으로 쓸 수 있는 기회를 갖게 된다. 그리고 나서 마치 마법처럼 자신들이 노력했던 것에 대한 성과를 삶의 변화라는 형태로 수확하게 된다.

3부는 여러분에게 마음과 몸 속의 무언가를 변화시켜서 외부 세계에 결과를 낳는 명상 기술을 알려줄 것이다. 만약 내면에서 한 어떤 일이 외부의 결과를 이끌어냈다는 것을 알면, 우리는 그 일을 또다시 하고 싶어질 것이다. 우리 삶에 새로운 경험이 벌어질 때 우리는 권능감, 경외감, 감사함 같은 고양된 감정의 형태로 그 에너지를 받아들이게 된다. 그리고 그 에너지는 우리로 하여금 그 일을 하고 또 하도록 이끌 것이다. 이때 우리는 진정한 진화의 길 위에 들어서게 된다.

3부에서 설명하는 각 명상 단계는 1부와 2부의 내용들과 전부 연관되어 있다. 각각의 명상을 통해 정확히 무엇을 하는지 그 의미를 알아야 하기 때문에 우리의 관점을 흐리게 할 수도 있는 애매모호함은 없어야 한다.

우리가 배운 많은 기술들이 그렇듯이, 우리 뇌를 계발하는 명상 방법을 배울 때에도 온 신경을 집중할 필요가 있다. 명상을 할 때는 늘 해오던 습관적인 행동이 나오지 않도록 조심하며, 외부 자극에 반응하지 말고 지금 하고 있는 것에 생각을 집중해서 자신의 의도에 행동이 일치되도록 해야 한다.

마치 우리가 처음으로 태국 요리를 배우거나, 골프를 치거나, 살사 댄스를 배우거나, 수동 기어인 차를 몰 때처럼, 이 새로운 노력도 꾸준히 연습해서 몸과 마음 모두 각각의 단계를 다 기억할 때까지 훈련할 필요가 있다.

모든 설명은 몸과 마음이 서로 협동하여 함께 작용할 수 있도록 작은 단위로 이해하기 쉽게 구성했다. 제대로 이해한다면 모든 단계는 하나의 자연스러운 과정으로 통합될 것이다. 체계적이고 순차적인 접근을 통해 아주 매끄럽게 통합된 결론으로 나아가게 될 것이다. 이때가 바로 우리가 삶의 주인이 되는 순간이다. 노력하기가 지겨울지도 모른다. 하지만 꾸준히 의지와 에너지를 내서 해나간다면 머지않아 그 결과를 즐길 수 있을 것이다.

무언가를 할 수 있는 방법을 자신이 안다는 사실을 '알' 때 그것을 완전히 자기 것으로 만들고 있다고 할 수 있다. 전 세계의 수많은 사람들이 벌써 이 책에 나오는 내용을 가지고 삶에 뚜렷한 변화들을 만들고 있다는 사실이 기쁘다. 여러분 역시 자기 자신이 되어버린 습관을 깨고 원하는 새로운 삶을 창조하는 것, 이것이 나의 진정한 바람이다.

이제 그 여정을 시작해 보자.

1부

변화는
왜 그렇게 어려운가?

1장

관찰자 효과:
원하는 것에 집중하라

초기의 물리학자들은 세상을 물질matter과 생각thought으로 나누었고, 나중에는 물질과 에너지로 나누었다. 물질과 생각 또는 물질과 에너지는 서로 완전히 분리되어 있다고 여겨졌다. 하지만 사실은 그렇지 않다! 그럼에도 이런 마음-물질 이원론은 현실이란 본래 예정되어 있으며 우리가 생각이나 행동으로 세상을 바꾸는 것은 거의 불가능하다는 초기 세계관을 형성했다.

그러나 우리는 방대하고 보이지 않는 에너지장의 한 부분이며, 이 에너지장은 모든 가능성을 담고 있고 우리의 생각과 느낌에 반응한다. 오늘날 과학자들이 생각과 물질의 관계를 탐구하고 있는 것처럼 우리도 삶에서 그와 같은 탐구를 하고 싶어 한다. 우리는 스스로 묻는다. "현실을 창조하는 데 마음을 사용할 수 있을까?" 만약 할 수 있다면, 마음은 우리가 원하는 존재가 되고 원하는 삶을 창조하기 위해 배우고 사용할 수 있는 도구인가?

누구도 완벽하지 않다는 사실을 직시하자. 우리는 육체적 자아든 감정적 자아든 혹은 영적 자아든 변화시키길 원하지만, 따지고 보면 모두

같은 욕구를 가지고 있다고 할 수 있다. 우리 각자가 이상적으로 생각하는 사람의 모습으로 살기 원하는 것이다. 거울 앞에 서서 자신의 옆구리 살을 볼 때 우리는 그저 거울에 비친 모습대로만 보는 것이 아니다. 그날의 기분에 따라 더 날씬하고 건강한 모습을 보기도 하고 더 살찌고 통통한 모습을 보기도 한다. 과연 어떤 것이 진짜 나의 모습인가?

밤에 침대에 누워 하루 동안 더 너그러운 사람이 되려고 얼마나 노력했는지 되돌아본다고 할 때, 우리는 자신을 말 안 듣는 아이를 야단친 부모로만 보지 않는다. 그보다는 고문대 위의 무고한 희생자처럼 인내심으로 견디는 천사로 보거나 아니면 아이의 자존감을 짓밟아버린 끔찍한 괴물로 여긴다. 과연 둘 중의 어떤 모습이 진짜인가?

정답은 모두가 진실이라는 것이다. 그런 극단적인 경우뿐만 아니라 긍정적인 모습에서부터 부정적인 모습까지 다양한 모습들이 모두 진실이다. 어떻게 이 다양한 모습들이 모두 진실일 수 있는지 이해시키기 위해 나는 현실의 본질에 대한 과거의 낡은 이해 방식을 깨부술 참이다. 당신은 새로운 생각을 받아들여야 할 것이다.

이것은 마치 엄청난 일처럼 들릴 수도 있다. 사실 어떤 면에서는 그렇기도 하다. 사람들이 이 책에 끌린 가장 큰 이유가 자신이 꿈꾸는 이상적인 삶을 위해 시도했던 육체적·감정적 혹은 영적인 변화의 노력들이 실패로 끝났기 때문이라고 나는 생각한다. 그런 노력이 실패한 이유는 의지나 시간, 용기, 상상력의 부족보다는 인생에 대한 당신의 믿음과 더 관련이 있다.

변화하기 위해서는 항상 자신과 세상에 대한 새로운 이해가 있어야 한다. 그래야 새로운 지식과 경험을 받아들일 수 있다. 이것이 이 책을 읽음으로써 당신이 얻을 수 있는 것이다.

자신의 단점들을 깊이 생각해 보면 아마 근본적으로 크게 간과한 사실이 한 가지 있었다는 걸 알게 될 것이다. "생각이 우리의 현실을 창조해 낼 정도로 커다란 힘을 지니고 있다"는 진실을 믿지 않았다는 사실 말이다.

우리 모두는 축복을 받았다. 우리는 적극적인 노력의 혜택을 모두 거두어들일 수 있다. 따라서 현실에 안주할 필요가 없다. 새로운 선택을 할 때마다 새로운 현실을 창조할 수 있기 때문이다. 우리 모두는 선택할 수 있는 능력을 지니고 있다. 좋든 나쁘든 우리의 생각은 정말로 삶에 영향을 미친다.

전에도 이런 이야기를 들어봤을 것이다. 하지만 대부분의 사람들이 이런 이야기를 진심으로 믿고 있는지는 의문이다. 만약 생각이 삶에 명백한 결과를 만들어낸다는 개념을 정말로 받아들인다면, 경험하고 싶지 않은 생각을 붙잡아두는 행위를 그만두어야 하지 않을까? 그리고 문제에 계속 집착하는 대신 원하는 것에 집중해야 하지 않을까?

생각해 보라. 이 원리가 진실임을 정말로 안다면, 바라던 운명을 의도대로 창조할 수 있는 하루를 그냥 놓치고 말 것인가?

삶을 바꾼다는 것은

나는 이 책이 세상이 돌아가는 방식을 바라보는 당신의 관점을 바꿔놓길 바란다. 그리고 자신이 알고 있는 것보다 당신이 훨씬 강력한 존재이며, 당신이 생각하고 믿는 것이 당신이 보는 세상에 엄청난 영향을 끼친다는 사실을 깨닫게 해주기를 바란다.

현실을 보는 관점을 깨지 않는다면 삶의 모든 변화는 그저 일시적이고 우연한 것으로 남게 될 것이다. 원하는 결과를 지속적으로 만들어내기 위해서는 어떤 일이 일어나는 이유에 대해 당신이 어떻게 생각하는지를 점검해 봐야 한다. 이를 위해 무엇이 실제이고 진실인지에 대한 새로운 해석에 마음을 열 필요가 있다.

사고방식을 전환하고 새로운 삶을 선택하여 창조하도록 돕기 위해 우주론(우주의 구조와 역학에 관한 연구)에 대한 설명부터 하겠다. 단지 '현실의 본질'과 그것에 대한 견해가 어떻게 발전해 왔는지 훑어보기만 할 테니 놀라지 않아도 된다. 이 모든 것은 생각이 어떻게 운명을 형성할 수 있는지를 쉽고 단순하게 설명하기 위한 것이다.

여기에서는 오랜 시간 동안 의식과 잠재의식에 프로그래밍되어 온 생각들을 기꺼이 버릴 의지가 있는지만 시험할 것이다. 일단 현실을 이루는 근본적인 힘과 요소에 대해 새롭게 알게 되면 현실에 대한 관점이 근본적으로 변하게 된다. 그리고 이 새로운 관점을 받아들이기 시작하면 당신의 정체성도 바뀌게 될 것이다. 더 이상 이전과 같은 모습으로 남지 않을 것이다.

사실 나는 당신이 지금 어떤 마음 상태인지 잘 알고 있다. 나 역시 내가 진실이라고 믿었던 것을 버리고 미지의 세계로 뛰어들어야 했기 때문이다. 세상의 본질에 대한 새로운 사고방식에 친숙해지기 위해 먼저 마음과 물질이 분리되어 있다는 초기의 믿음에 기초한 세계관을 살펴보도록 하자.

물질과 마음은 분리된 것인가?

관찰 가능한 외부의 물질 세계와 생각으로 이루어진 내면의 정신 세계를 연결 짓는 것은 과학자와 철학자 들에게 항상 어려운 도전이었다. 오늘날에도 대다수 사람들에게 마음은 물질 세계에 거의 영향을 주지 않거나 눈에 띌 만한 영향을 주지는 않는 것처럼 보인다. 아마도 물질 세계가 마음에 영향을 미친다는 것에는 동의할 것이다. 그렇지만 어떻게 우리의 마음이 일상의 견고한 것들에 물리적인 변화를 끼칠 수 있을까? 물질로 이루어진 단단한 것들이 실제로 어떻게 존재하는지에 대한 우리의 생각이 바뀌지 않으면, 마음과 물질은 분리된 것처럼 보인다.

전통적인 관점에 변화가 일어난 시점을 추적하기 위해 멀리까지 갈 필요는 없다. 역사가들은 근대인들이 우주는 본질적으로 질서정연하고, 따라서 예측과 설명이 가능하다고 믿었다고 말한다. 17세기의 수학자이자 철학자인 데카르트René Descartes를 떠올려보라. 그는 수학 및 다른 분야에서 지금도 널리 받아들여지는 많은 개념을 발전시켰다.("나는 생각한다, 고로 나는 존재한다"는 말을 많이 들어보지 않았는가?) 그러나 돌이켜 생각해 보면 그의 이론들 가운데 하나는 좋은 면보다는 해로운 면이 더 많았다. 데카르트는 우주는 예측 가능한 법칙의 지배를 받는다는 기계론적인 우주 모델의 지지자였다.

그러나 인간의 사고 기능에 이 모델을 적용하는 순간 커다란 장벽에 직면하게 된다. 인간의 마음은 어떤 법칙이 깔끔하게 들어맞기에는 너무 많은 변수를 지녔기 때문이다. 데카르트는 물질 세계와 마음에 대해 자신이 이해한 것들을 통합하지 못했다. 하지만 물질과 마음의 존재를 설명해야 했기에 재치 있는 심리 게임으로 피해갔다. 그는 마음은 객관적인 물질 세계의 법칙을 적용할 수 있는 대상이 아니며, 완전히 과학적 연구의 경계 밖에 있다고 했다. 물질에 대한 연구는 과학(결코 마음과는 관련이 없는 물질에 대한)의 관할 영역인 반면 마음은 신의 도구라는 것이다. 따라서 마음에 대한 연구는 종교(결코 물질과 관련이 없는 마음에 대한)의 몫으로 떨어졌다.

궁극적으로 데카르트는 마음과 물질의 개념에 이원성을 부여하는 믿음 체계를 세웠다고 할 수 있다. 수세기 동안 그러한 구분은 현실의 본질을 이해하는 일반적인 생각이 되었다.

데카르트의 믿음을 더욱 공고히 한 것은 아이작 뉴턴Isaac Newton의 실험과 이론이었다. 뉴턴은 우주가 기계라는 개념을 확고히 했을 뿐만 아니라, 물질 세계의 질서정연한 작동 방식을 정확히 알아내고 계산해서 예측할 수 있는 일련의 법칙도 만들었다.

뉴턴의 고전 물리학 모델에서는 모든 것을 견고한 것으로 간주한다. 예를 들어 에너지는 물체를 움직이거나 물리적 상태를 변화시키는 힘으로 설명된다. 하지만 이제 보게 될 것처럼 에너지는 물질적인 것에 가해지는 외부의 힘 이상의 것이다. 에너지는 모든 사물의 구조 자체이며, 마음에 반응한다.

더 나아가 데카르트와 뉴턴은 현실이 기계론적인 원리에 따라 작동되는 것이라면 인간은 그 결과에 거의 영향을 끼치지 못한다는 사고방식을 확립시켰다. 현실의 모든 것은 미리 결정되었다는 것이다. 이러한 관점으로 인해 사람들은 생각이 중요하다거나 자유 의지가 중요하다는 생각은 고사하고 행동이 중요하다는 생각조차 받아들이기 어려워했다. 오늘

날에도 많은 사람들이 우리 인간은 한갓 희생물에 지나지 않는다는 생각에 (잠재의식적으로 혹은 의식적으로) 괴로워하지 않는가?

수세기 동안 이런 믿음이 세상을 지배해 왔다는 사실을 감안한다면, 데카르트와 뉴턴을 반박하기 위해서는 혁명적인 사상이 필요하다.

아인슈타인, 우주를 뒤흔들다

뉴턴 이후 약 200년이 지나 아인슈타인Albert Einstein은 그 유명한 방정식 E=mc²(에너지=질량×광속의 제곱. 이는 질량과 에너지는 동등하며, 질량은 에너지로, 에너지는 질량으로 변환될 수 있음을 나타낸다—옮긴이)을 내놓았다. 이는 에너지와 물질이 근본적으로 연관되어 있기 때문에 그 둘은 하나이자 같은 것임을 증명하는 방정식이다. 그의 연구는 물질과 에너지가 서로 변환될 수 있다는 것을 보여주었다. 이 방정식은 뉴턴과 데카르트의 생각을 정면으로 부정하고, 우주가 어떻게 작동하는지 새롭게 이해할 수 있는 문을 열었다.

아인슈타인 혼자서만 현실의 본질에 대한 과거의 관점을 무너뜨린 것은 아니다. 하지만 그는 기존의 토대를 약화시키는 데 큰 공헌을 했고, 결국에는 좁고 융통성 없는 사고방식을 붕괴시키기에 이르렀다. 그의 이론들에 힘입어 과학자들은 빛의 이해하기 힘든 움직임을 탐구하기 시작했다. 그 무렵 과학자들은 빛이 어떤 때는 파동wave처럼 행동하고 어떤 때는 입자particle처럼 행동한다는 사실을 알게 되었다. 어떻게 빛이 파동인 동시에 입자일 수 있을까? 데카르트와 뉴턴의 관점에 따르면 이것은 불가능하다. 빛은 파동이거나 입자, 둘 중 하나여야 했다.

곧 이원론적인 데카르트-뉴턴의 모델은 모든 것의 가장 기본 단위인 아원자 수준에서 문제가 있다는 점이 분명해졌다.(아원자subatom는 모든 물질적인 것들의 최소 단위인 원자를 구성하는 전자, 양성자, 중성자 등을 지칭한다.) 물질 세계의 가장 기본적인 요소는 파동(에너지)과 입자(물질)이며, 관찰자의 마음에 따라 상태가 결정된다.(이 부분은 뒤에 다시 언급할 것이다.) 세상이 어떻게 작동하는지 이해하기 위해서는 그것을 구성하는 최소 단위부터 봐야 했고, 이러한 특별한 실험들의 결과로 양자 물리학quantum physics이라 불리는 새로운 과학 분야가 탄생하게 되었다.

우리는 견고한 지반 위에 서 있는가?

이러한 변화는 우리가 살고 있는 세상에 대한 생각을 완전히 뒤바꿔놓았다. 우리가 견고한 지반 위에 발을 딛고 서 있다는 생각을 뒤집어엎으며 우리를 아주 혼란스러운 상황으로 몰아넣은 것이다. 이쑤시개와 스티로폼 공으로 만든 고전적인 원자 모델을 떠올려보자.

양자 물리학이 등장하기 전 사람들은 하나의 원자는 비교적 단단한 원자핵과 그것을 둘러싼 더 작고 덜 견고한 물체들로 구성된다고 믿었다. 충분히 강력한 측정 도구가 있다면 원자를 구성하는 아원자 입자들을 측정할 수 있고(즉 양을 계산할 수 있고) 그 수를 셀 수 있다는 주장은 아원자 입자가 마치 목장의 소처럼 움직임이 둔한 것(비활성의 것)처럼 보이게 만들었다. 원자들은 단단한 물질로 구성된 것처럼 보였다. 과연 그럴까?

양자 모델에 의해 밝혀진 것처럼 뉴턴의 원자 모델은 더 이상 진실이 아니다. 원자는 대부분 빈 공간으로 되어 있으며 에너지이다. 우리의

고전적인 원자 모델

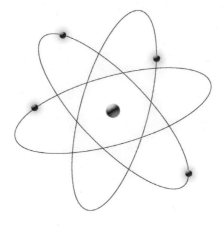

그림 1.1 뉴턴의 고전적인 원자 모델. 물질에 초점이 맞춰져 있다.

양자 역학적 원자 모델

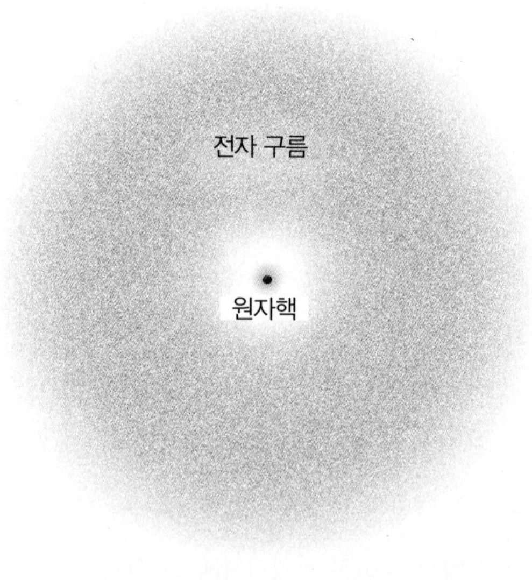

전자 구름

원자핵

그림 1.2 전자 구름이 있는 새로운 양자 역학적 원자 모델. 원자는 99.999999999999퍼센트가 에너지이고 0.000000000001퍼센트가 물질이다. 따라서 물질적으로는 거의 존재하지 않는 것이다.

진정한 양자 역학적 원자 모델

그림 1.3 이것이 원자의 가장 사실적인 모델이다. 원자는 물질적으로는 '아무것도 아니지만', 잠재적으로는 '모든 것'이다.

삶 속에서 만나는 모든 물리적인 것들은 단단한 물질이 아니다. 그보다는 온통 에너지의 장場이거나 정보의 주파수 패턴에 가깝다. 모든 물질은 '어떤 것some thing'(입자)이기보다는 '아무것도 아닌 것no thing'(에너지)이다.

작은 것들의 세상과 큰 것들의 세상

그러나 이것만으로는 현실의 본질을 설명하기에 충분하지 않다. 아인슈타인과 다른 과학자들은 또 다른 수수께끼를 풀어야 했다. 물질이 항상 같은 방식으로 행동하는 것처럼 보이지는 않았기 때문이다. 물리학자들이 원자 세계를 관찰하고 측정하기 시작했을 때, 양자 수준에서는 원자의 기본 요소들이 큰 물체들과 달리 고전 물리학 법칙을 따르지 않는다는 사실을 알아낸 것이다.

'큰' 세상에서 물체에 관련된 현상들은 예측할 수 있고 재현 가능하며 늘 일관된다. 사과가 나무에서 지구의 중심을 향해 떨어져 뉴턴의 머리에 부딪칠 때까지 그것은 일정한 힘으로 가속되었다. 하지만 입자 형태를 띤 전자들은 예측 불가능하고 특이한 방식으로 움직였다. 전자들이 원자의 핵과 상호 작용하며 그 중심으로 다가가자 이 전자들은 에너지를 얻었다가 잃고 나타났다가 사라지는 등 시공간에 구애받지 않고 아무 데서나 나타나는 것처럼 보였다.

그렇다면 '작은 것들의 세상'과 '큰 것들의 세상'은 서로 다른 법칙 아래에서 움직이는가? 자연 속의 모든 것들이 전자 같은 아원자 입자들로 이루어졌는데, 어떻게 아원자 입자들은 이 법칙을 따르고 이들로 이루어진 자연물은 저 법칙을 따라 행동하는 걸까?

물질에서 에너지로: 입자들이 사라지는 궁극의 마술

과학자들은 전자 수준에서 파장, 전압 등과 같은 에너지 의존적인 특징들을 측정할 수 있다. 하지만 이 입자들은 질량이 극미하고 일시적으로만 존재해서 거의 존재하지 않는 것이나 다름없다.

이것이 아원자 세계를 독특하게 만드는 점이다. 아원자는 단지 물리적인 특성뿐 아니라 에너지적 특성도 가지고 있다. 사실 아원자 수준에서 물질은 일시적인 현상으로 존재하며, 끊임없이 나타났다 사라지기를 반복한다. 3차원에 나타났다가 시간도 공간도 없는 무無의 상태인 양자장 속으로 돌아가면서 양자가 입자(물질)에서 파동(에너지)으로 바뀌거

파동 함수의 붕괴

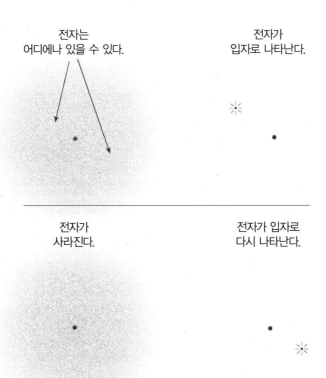

전자는
어디에나 있을 수 있다.

전자가
입자로 나타난다.

전자가
사라진다.

전자가 입자로
다시 나타난다.

그림 1.4 전자는 한 순간에는 확률의 파동으로 존재하고 그 다음 순간에는 견고한 입자로 나타난다. 그때 전자는 사라졌다가 다른 위치에서 다시 나타난다.

나, 거꾸로 양자장에서 3차원의 시공간 속으로 돌아오며 파동에서 입자로 바뀌는 것이다. 그런데 흔적도 없이 사라진 그 입자들은 어디로 간 것일까?

에너지는 온전한 집중에 반응한다

원자의 구성을 보여주는 과거의 이쑤시개-스티로폼 공 모델을 다시 생각해 보자. 우리는 행성이 태양의 주위를 돌듯 전자가 원자핵 주변의 궤도를 돈다고 배웠다. 만일 그렇다면 전자의 위치를 정확히 찾아낼 수 있지 않을까? 대답은 '예'이지만, 그 이유는 전혀 예상하지 못한 것이었다.

양자 물리학자들은, 원자를 구성하는 매우 작은 입자들을 관찰할(혹은 측정할) 경우 관찰하는 사람이 에너지와 물질의 행동에 영향을 미친다는 사실을 발견했다. 양자 실험은 전자들이 무한한 가능성 혹은 확률로서 보이지 않는 에너지장 안에 동시에 존재한다는 것을 입증했다. 그러나 관찰자가 어떤 한 전자의 위치에 주의를 집중할 때에만 그 전자가 나타났다. 다시 말해서 우리가 관찰할 때까지 입자는 현실(우리가 알고 있는 시공간)에 나타날 수 없다.[1]

양자 물리학에서는 이 현상을 '파동 함수의 붕괴collapse of the wave function' 혹은 '관찰자 효과observer effect'라고 부른다. 이제 우리는 관찰자가 전자를 찾는 순간 전자의 모든 확률이 하나의 물리적인 사건으로 붕괴되어 시공간의 한 특별한 지점에 나타난다는 것을 알게 되었다. 이런 발견으로 인해 마음과 물질은 더 이상 서로 분리되었다고 생각할 수 없게 되었다. 주관적인 마음이 객관적인 물질 세계에 측정 가능한 변화를 만들어내기 때문에 마음과 물질은 본질적으로 연관될 수밖에 없다.

아원자 수준에서 에너지는 관찰자의 주의집중에 반응하여 물질이 된다. 만약 관찰자 효과를 다루는 법과 무한한 확률 파동을 붕괴시켜 자신이 선택하는 현실을 실현시키는 법을 배우면 삶은 어떻게 변할까? 우리가 원하는 삶을 더 잘 창조할 수 있지 않을까?

무한히 가능한 현실이 관찰자를 기다리고 있다

깊이 생각해 보라. 물질 우주의 모든 것은 전자와 같은 아원자 입자들로 이루어져 있다. 본래 이러한 입자들은 순수한 가능성으로 존재할 때에는, 즉 관찰되지 않는 동안에는 파동 상태로 있다. 관찰될 때까지 그것들은 '모든 것every thing'이면서 동시에 '아무것도 아닌 것no thing'이다. 또 모든 곳에 있으면서 동시에 아무 데에도 없다. 따라서 물리적 현실의 모든 것은 순수한 가능성으로 존재한다.

만약 아원자 입자들이 무한한 장소에 동시에 존재할 수 있다면, 우리는 잠재적으로 무한대의 가능한 현실이 존재하도록 할 수 있다. 어떤 것이든 자신이 바라는 미래를 상상한다면, 그 현실은 이미 양자장 속에서 가능성으로 존재하면서 당신에게 관찰되기만을 기다리고 있는 것이다. 만약 마음이 전자의 출현에 영향을 미칠 수 있다면, 이론적으로 마음은 어떤 가능성의 출현에도 영향을 미칠 수 있다.

이는 양자장 안에 건강하고 부유하고 행복한 당신의 현실도 들어 있고, 당신이 생각하는 온갖 이상적인 자질이나 능력도 들어 있다는 말이다. 의도적으로 집중하고 새로운 지식을 성실하게 적용하며 날마다 되풀이해서 노력한다면, 관찰자로서 자신의 마음을 사용해 양자 입자들을 붕괴시키고 수많은 아원자의 확률 파동을 체계화해서, '경험'이라 불리는 자신이 바라는 물리적 사건을 만들어낼 수 있다.

무한한 가능성의 에너지는 당신의 마음인 의식consciousness에 의해 형성된다. 만약 모든 물질이 에너지로 이루어져 있다고 한다면, 의식과 에너지 혹은 마음과 물질은 하나라고 할 만큼 아주 밀접히 관련된다고 말할 수 있다. 즉 마음과 물질은 완전하게 얽혀 있다고 할 수 있다. 의식(마음)은 에너지(물질)에 영향을 미치는데, 그 이유는 의식이 에너지이고 에너지가 의식을 가지고 있기 때문이다. 우리는 물질에 영향을 끼칠 만큼 충분히 강력하다. 우리는 의식을 가지고 있는 에너지이자 의식적인 물질 mindful matter이기 때문이다.

양자 모델에서 물리적인 우주는 서로 비물질적으로 연결된 정보의 통합장unified field으로, 잠재적으로는 모든 것이지만 물리적으로는 아무것도 아니다. 양자 우주는 그저 의식을 지닌 관찰자(당신이나 나)가 나타나 마음과 의식(모두 에너지)으로 잠재적 물질 형태의 에너지에 영향을 미쳐 그 확률 파동을 물질화하도록 기다리고 있다. 확률 파동으로 존재하는 전자가 특정 순간에 입자의 형태로 나타나는 것과 똑같이 우리 관찰자들은 하나의 입자 혹은 입자 무리가 삶에서 실제 사건의 형태로 나타나는 것을 경험할 수 있다.

이것은 우리가 삶에 어떻게 영향을 미치고 변화를 만들어낼 수 있는지 이해하는 데 매우 중요한 부분이다. 의도적으로 운명에 영향을 주는 관찰 기술을 습득한다면, 우리는 자신이 바라는 바가 이미 실현된 모습을 보고 그 이상적인 삶을 향해 잘 나아갈 수 있다.

양자장 안에서 우리는 모든 것과 연결된다

어떻게 보면 우리는 물리적 시공간을 넘어선 차원에서 정보의 바다

와 연결되어 있다. 따라서 양자장의 물리적 요소들과 접촉하거나 그것에
다가가지 않아도 서로 영향을 주고받을 수 있다. 육체는 에너지와 정보의
패턴으로 조직되어 있고, 양자장 안의 모든 것과 통합된다.

사람들은 특정한 에너지 패턴이나 신호를 가진다. 사실 모든 물질
존재들은 항상 특정한 패턴의 에너지를 내뿜고 있다. 그리고 이 에너지
는 정보를 실어 나른다. 우리는 육체 이상의 존재이다. 마음의 상태가 변
화하면 순간순간 그 신호가 바뀐다. 우리는 몸과 뇌를 사용하여 다양한
마음 상태를 표현하는 의식이다.

양자 얽힘quantum entanglement 또는 양자 비국소적 연결quantum nonlocal
connection(양자 세계에서 두 개의 입자가 서로 연결되어 아무리 멀리 떨어져 있어도
영향을 주고받는 현상을 일컬음—옮긴이)이라는 개념을 통해서 우리가 양자
장과 어떻게 연결되어 있는지 확인할 수 있다. 두 개의 입자가 처음에 어
떤 방식으로든 연결되어 있다면, 시공간을 넘어서도 이 둘은 언제나 서
로 연결되어 있다는 것이다. 즉 그 둘이 공간적으로 서로 떨어져 있더라
도 하나의 입자에 행한 것은 나머지 입자에도 행해지게 된다. 이 말은 우
리 역시 입자들로 구성되어 있기 때문에 우리 모두가 시공간을 초월해
연결되어 있다는 것을 의미한다. 그러므로 우리가 다른 이들에게 행하는
것은 곧 우리 자신에게 행하는 것이 된다.

여기에 함축된 의미를 생각해 보자. 만약 이 개념을 이해할 수 있다
면 예상되는 미래에 존재하는 '나'와 현재의 '나 자신'이 시공간을 넘어선
차원에서 이미 연결되어 있다는 것에 동의해야 할 것이다.

우리가 과거에 영향을 미칠 수 있을까?

우리가 시공간을 가로질러 서로 연결되었다는 말은 우리의 생각과 느낌이 원하는 미래의 사건뿐만 아니라 과거의 사건에도 영향을 미칠 수 있다는 것을 의미할까?

2000년 7월, 이스라엘의 레너드 레이보비치Leonard Leibovici 박사는 무작위 이중 맹검(약효를 좀 더 정확하게 판정하기 위해 환자와 의사 모두에게 어느 것이 진짜 약이고 어느 것이 가짜 약인지 알려주지 않은 채 제3의 판정자가 약효를 검증하도록 하는 방법—옮긴이) 대조 실험을 실시했다. 그는 한 병원의 패혈증 환자 3,393명을 대조 집단과 '기도 집단'으로 나누었다. 기도가 환자들의 상태에 영향을 줄 수 있는지 알아보기 위해서였다.[2] '기도 실험'은 멀리 떨어져 있는 물질에 마음이 영향을 미칠 수 있는지 보여주는 훌륭한 예시이다.

레이보비치는 실험에 참가한 환자들의 절반은 기도를 받도록 하고 나머지 절반은 기도를 받지 않도록 했다. 그리고 세 가지 범주(열의 지속 시간, 입원 기간, 사망자 수)로 나눠 결과를 비교했다.

기도를 받은 집단의 환자들은 열이 일찍 내리고 입원 기간이 단축되었다. 그 반면 두 집단 사이의 사망자 수는 기도를 받은 집단이 조금 적긴 했지만 통계적으로 별 의미는 없었다.

이 실험은 기도가 영향을 끼쳤음을 입증할 뿐 아니라, 어떻게 생각과 느낌을 통해 양자장에 우리의 의도를 보낼 수 있는지도 보여준다. 그런데 이 이야기에는 놀라운 사실이 숨겨져 있다. 여러분은 2000년 7월이라는 한 시기에, 한 병원에서 동시에 3,000명 이상의 감염 환자가 발생했다는 것이 좀 이상하게 느껴지지 않는가? 그 병원이 소독 상태가 매우 열악했을까? 아니면 패혈증이 유행하기라도 했을까?

사실 기도를 받은 사람들은 실험이 있었던 그 해에 패혈증에 감염된 환자들이 아니었다. 그들은 실험이 있기 4년에서 10년 전에 이미 패혈증으로 입원해 있던 환자들이었다. 즉 기도를 해주던 사람들은 아무것도 모른 채 1990년부터 1996년까지의 환자 명단을 보고 기도했던 것이다. 기도를 받은 환자들은 입원해 있던 당시인 1990년대에 모두 측정이 가능할 정도로 건강상의 변화를 보였다. 기도를 받은 집단이 입원한 시점에서 몇 년 뒤인 2000년에 행해진 이 실험의 결과로 상태가 나아진 것이다. 기도는 현재 행해졌지만 변화는 과거에 일어났다.

이것은 우리의 의도와 생각과 느낌 그리고 기도가 현재나 미래에 영향을 미칠 뿐만 아니라 과거에도 영향을 줄 수 있다는 것을 증명한다. 이는 다음 질문으로 이어진다. 만약 당신이 더 나은 삶을 위해 기도한다면(혹은 의도에 집중한다면), 그것이 당신의 과거, 현재 그리고 미래에 영향을 줄 수 있는가?

양자 법칙은 모든 가능성들이 동시에 존재한다고 이야기한다. 우리가 생각하는 것과 느끼는 것은 시간과 공간을 넘어 삶의 모든 면에 영향을 미친다.

마음과 몸이 하나일 때

이제 나는 존재 상태state of being 또는 마음 상태state of mind를 갖거나 창조하는 것을 구별 없이 언급할 것이다. 어떻게 생각하고 느끼느냐가 존재 상태를 만들어낸다. 내가 존재 상태와 마음 상태라는 용어를 사용할 때, 당신의 육체가 그 상태의 일부분이라는 점을 이해하기 바란다. 많은 사람들이 오로지 몸에, 또 몸이 어떻게 느끼느냐에 지배당하고, 그 결과 몸이 곧 마음이 '되는' 상태로 존재한다. 따라서 관찰자가 결과에 영향을 끼치는 것처럼 단지 뇌뿐만 아니라 몸 또한 물질에 영향을 준다. 이것이 관찰자로서 외부 세계에 영향을 끼치는 당신의 존재 상태(마음과 몸이 하나일 때)이다.

생각과 느낌이 결과를 낳는다

우리는 주로 생각과 느낌을 사용하여 양자장과 의사소통한다. 우리의 생각은 에너지 그 자체이다.(뇌에서 발생한 전기 자극은 뇌전도 검사EEG로 쉽게 측정할 수 있다.) 생각은 우리가 양자장으로 신호를 보낼 때 사용하는 중요한 도구 중 하나이다.

이것이 어떻게 작동하는지 상세히 알아보기 전에, 우리의 생각과 느낌이 어떻게 물질에 영향을 끼치는지 보여주는 주목할 만한 연구 하나를 공유하고자 한다.

세포생물학자 글렌 레인Glen Rein 박사는 생물학적 시스템에 영향을 주는 치유자들의 능력을 테스트하기 위해 일련의 실험을 계획했다. DNA가 세포나 세균 배양물보다 안정적이기 때문에 그는 치유자들에게 DNA가 들어 있는 시험관을 쥐고 있도록 시켰다.[3]

이 연구는 캘리포니아의 하트매스 연구센터HeartMath Research Center에서 시행되었는데, 그곳 연구자들은 감정의 생리학, 심장-뇌의 상호 작용 등에 대한 연구를 수행해 오고 있었다. 기본적으로 그들은 우리의 감정 상태와 심장 박동 사이의 관계를 기록해 왔다. 우리가 분노와 두려움 같은 부정적인 감정을 느낄 때 심장 박동은 불규칙적이고 혼란스러워진다. 그와 반대로 사랑과 기쁨 같은 긍정적인 감정은 하트매스 연구자들이 심장 일관성heart coherence이라고 지칭하는 매우 규칙적이고 일정한 패턴을 만든다.

레인 박사는 먼저 이 심장 일관성을 조절하는 기술을 훈련받은 사람 열 명을 한 집단으로 묶었다. 이들은 이 기술을 적용해 사랑과 감사 같은 강렬하고 고양된 감정을 만들어내었다. 그런 다음 2분 동안 DNA 샘플을 담은 유리병을 들고 있게 했다. 그 샘플을 분석했을 때 통계적으로 의미 있는 변화가 일어나지는 않았다.(감정만 가진 그룹)

훈련된 참가자들로 구성된 두 번째 집단도 첫 번째 집단과 똑같이 진행했다. 하지만 단순히 사랑과 감사 같은 긍정적인 감정이나 느낌을 만들어내는 데 그치지 않고, DNA 사슬을 감거나 풀겠다는 의도나 생각을 동시에 갖게 했다. 이 집단은 DNA 샘플의 구조(형태)에서 통계적으로 의미 있는 변화를 보였다. 몇몇 사람의 경우에는 DNA가 25퍼센트 정도 감기거나 풀렸다!(감정과 의도를 가진 그룹)

세 번째 집단의 훈련된 참가자들은 DNA를 변화시키겠다는 명확한 의도를 가졌지만 긍정적인 감정 상태는 활용하지 않았다. 즉 그들은 물질에 영향을 주겠다는 생각(의도)만 사용하였다. 결과는 어땠을까? 그 DNA 샘플에는 아무런 변화도 일어나지 않았다.(의도만 가진 그룹)

첫 번째 집단이 가진 긍정적인 감정 상태는 그 자체로는 DNA에 아무런 영향도 주지 않았다. 세 번째 집단의 감정이 동반되지 않은 상태의 의도된 생각 또한 DNA에 아무런 영향을 미치지 않았다. 두 번째 집단처럼 피실험자가 대상에 대해 고조된 감정과 명확한 목적을 동시에 가질 때에만 그들이 의도하는 결과를 만들어낼 수 있었다.

의도를 품은 생각은 활력제, 촉매제를 필요로 한다. 그 촉매 에너지가 고양된 감정이다. 심장과 마음은 함께 작동한다. 감정과 생각은 하나의 존재 상태로 통합된다. 만약 우리가 DNA 사슬을 2분 내로 감고 풀 수 있다면, 이것이 우리의 현실 창조 능력에 대해 의미하는 바는 무엇일까?

하트매스 실험이 입증하는 것은 양자장이 단순히 우리의 소망, 즉 감정적인 요구에 반응하지 않는다는 것이다. 또한 우리의 목표, 즉 생각에만 반응하지도 않는다. 양자장은 오로지 생각과 감정이 정렬되거나 일관성을 띨 때, 즉 이 두 가지가 동일한 신호를 방출할 때에만 반응한다. 고양된 감정과 의식적인 의도를 결합시킬 때, 우리는 양자장에 놀라운 방법으로 반응하라는 신호를 보낸다.

양자장은 우리가 원하는 것에 반응하지 않는다. 그것은 우리의 존재 상태(생각과 감정—옮긴이)에 반응한다.

양자장에 신호 보내기

우주 안의 모든 잠재력은 사실상 전자기장을 갖는 에너지이고 확률의 파동이다. 우리의 생각과 느낌도 예외가 아니다.

나는 생각을 양자장 안의 전하電荷(electrical charge)로, 느낌을 자하磁荷(magnetic charge)로 보는 것이 유용한 모델이라는 것을 알게 되었다.[4] 우리가 하고 있는 생각들이 양자장 안으로 전기적 신호를 보낸다. 우리가 자기적

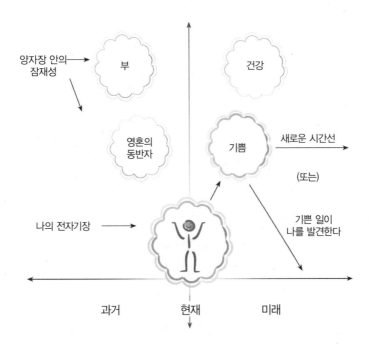

양자장 안의 전자기적 잠재성

양자장 안의 잠재성 → 부

건강

영혼의 동반자

기쁨 → 새로운 시간선

(또는)

나의 전자기장 →

기쁜 일이 나를 발견한다

과거　　현재　　미래

그림 1.5 모든 잠재 경험은 무한한 가능성의 바다인 양자장 안에 존재한다. 이곳에 이미 존재하는 어떤 것에 부합하기 위해 전자기 서명을 변화시킬 때, 당신의 몸이 그 일에 끌리게 되거나, 당신이 새로운 시간선으로 이동하게 되거나, 아니면 그 일이 새로운 현실에서 당신을 발견할 것이다.

으로 만들어내는 느낌은 사건을 끌어당긴다. 이렇게 생각하는 방식과 느끼는 방식 두 가지가 함께 존재 상태를 만들어내는데, 그 상태가 우리가 살아가는 세상 속의 모든 원자들에 영향을 주는 전자기 신호를 발생시킨다. 이것은 이런 질문을 던지게 한다. "내가 매일 (의식적으로 혹은 무의식적으로) 널리 내보내고 있는 것은 무엇인가?"

모든 잠재적 경험은 양자장 안에 전자기 서명electromagnetic signature

으로 존재한다. 이미 에너지의 주파수 패턴으로 존재하는 잠재적 전자기 서명(재능, 부, 자유, 건강 등등에 대한)이 무한히 많이 있다. 만약 양자장 안의 그 잠재성과 부합하도록 존재 상태를 변화시켜 새로운 전자기장을 만들어낼 수 있다면, 당신의 몸이 그 일(사건)에 이끌린다거나 그 일이 당신을 발견하는 것이 가능하다.

새로운 마음으로 새로운 결과를

간단히 말해서 늘 하는 일상적인 생각과 느낌이 그 똑같은 존재 상태를 지속시킨다. 그 상태는 똑같은 행동을 유발하고 똑같은 현실을 창조한다. 현실의 어떤 면을 바꾸고 싶다면, 새로운 방식으로 생각하고 느끼고 행동해야 한다. 즉 경험에 대한 반응이 바뀌어야 한다. 새로운 누군가가 되어야 한다. 새로운 마음 상태를 만들어내야 한다.…… 새로운 마음으로 새로운 결과를 관찰해야 한다.

양자 물리학의 관점에서 보자면 우리는 관찰자로서 다른 존재 상태를 창조해야 하고 새로운 전자기 서명을 만들어야 한다. 그렇게 할 때 전자기적 잠재성으로만 존재하는 양자장 내 잠재적 현실과 연결될 수 있다. 나의 존재 상태 또는 내가 내보내는 신호와 양자장 내의 전자기적 잠재성이 연결되면 내가 그 잠재적 현실로 이끌리거나 그것이 나를 발견하게 될 것이다.

삶이 부정적인 결과들을 끝없이 만드는 것 같을 때 우리는 좌절감을 느낀다. 하지만 당신이 전자기 서명을 변화시키지 않고 예전 모습 그대로 있는 한 새로운 결과를 기대할 수는 없다. 인생을 바꾸려면 에너지를 변화시켜야 한다. 마음과 감정에 근본적인 변화가 있어야 하는 것이다.

새로운 결과를 원한다면 지금 나의 모습을 버려야 할 것이다. 그리고 새로운 나를 다시 창조해야 한다.

변화는 생각과 느낌의 일관성을 요구한다

우리의 존재 상태와 레이저 사이의 공통점은 무엇일까? 이 둘을 연관 지어, 삶을 변화시키기 위해 우리가 알아야 할 것을 설명하고자 한다.

레이저는 매우 일관성 있는 신호이다. 물리학자들이 말하는 일관된 신호coherent signal란 같은 위상位相(파동의 저점과 고점이 평행을 이룬다는 의미)에 있는 파동들로 이루어진 신호이다. 같은 위상에서 일관성을 띨 때 그 파동들은 더욱 강력해진다.

한 신호 안의 파동들은 일정하거나 불규칙하다. 즉 일관성이 있을 수도 있고 없을 수도 있다. 생각과 느낌도 마찬가지이다. 머리로는 가능하다고 생각하지만 가슴으로는 불가능하다고 느끼면서 우리는 무언가 창조하려고 한 적이 얼마나 많은가? 그러나 그 일관성 없는(다른 위상에 있는) 신호의 결과는 어땠는가? 왜 그것은 아무것도 창조하지 못했는가? 하트매스 연구에서 보았듯이, 변화는 생각과 느낌이 정렬될 때에만 생겨난다.

파동이 일관성을 띨 때 훨씬 더 강력해지는 것처럼, 생각과 느낌이 정렬될 때 더욱 강력한 신호를 내보낼 수 있다. 열정적인 감정과 함께 목적에 대한 분명한 생각을 가지고 있을 때 우리는 원하는 잠재적 현실로 자신을 끌어당겨 줄 더 강력한 전자기 신호를 내보내게 된다.

파동의 패턴

일관성 있는 파동

일관성 없는 파동

그림 1.6 같은 위상에 있고 간격이 일정한 파동이 그렇지 않은 파동보다 더욱 강력하다.

나는 종종 워크숍 참가자들에게 나의 할머니 이야기를 한다. 할머니는 옛날 사고방식을 가진 이탈리아 인으로, 교회에서 가르쳐준 대로 늘 죄의식을 지니고 살아오셨다. 할머니는 무언가를 위해 끊임없이 기도하며 짐짓 새로운 삶을 산다면 어떨지 생각하기도 했지만, 평생 주입된 죄의식이 할머니가 보내는 그런 신호를 교란시켰다. 할머니는 죄의식을 느낄 더 많은 이유들을 만들어낼 뿐이었다.

만약 당신의 의도와 바람이 지속적인 결과를 만들어내지 못했다면, 당신도 일관성 없는 메시지를 보냈을 확률이 크다. 당신은 부자가 되기를 원해 그에 대해 생각할지 모르지만 만약 자신이 가난하다고 느낀다면 경제적 풍요를 끌어당길 수 없다. 왜 그럴까? 생각은 뇌의 언어이고 느낌은 몸의 언어이기 때문이다. 당신은 이런 방식으로 생각하면서 동시에 저런 방식으로 느끼고 있다. 마음과 몸이 반대로 움직일 때, 양자장은 결코 일관되게 반응하지 않을 것이다.

마음과 몸이 함께 작동할 때, 생각과 느낌이 정렬될 때, 새로운 존재 상태에 있을 때, 그때 비로소 우리는 보이지 않는 방송파에 일관성 있는 신호를 담아 내보내게 된다.

예측할 수 없는 미래를 기대하라

이제 퍼즐의 나머지 조각을 채워보자. 현실을 바꾸기 위해서는 내가 끌어당긴 결과들이 나를 놀라게 해야 한다. 새로운 창조물이 어떻게 나타날 것인지 전혀 예측할 수 없어야 한다. 내가 늘 보아오던 익숙한 현실의 꿈에서 깨어나도록 해야 한다. 나의 의식이 양자장의 지능과 접촉하고 있으며, 따라서 다시금 이렇게 새로운 현실을 창조하도록 영감을 받으리라는 것을 믿어 의심치 말아야 한다. 이것이 창조 과정의 즐거움이다.

왜 그런 놀라움이 필요할까? 만약 어떤 사건을 예측할 수 있다면 그것은 새로운 것이 아니다. 그것은 판에 박힌 자동적인 일이며 이전에 내가 수없이 경험해 봤던 것이다. 미래를 예측할 수 있다면 똑같은 익숙한 결과만을 만들어낼 것이다. 어떻게 결과가 나타날지 통제하려 한다면 당신은 '뉴턴주의자'가 된 것이다. 뉴턴의 고전 물리학은 일어날 사건을 예측하기 위한 것이다. 그것은 전부 원인과 결과에 관한 것이다.

'뉴턴주의자가 된다'는 것은 어떤 의미일까? 그것은 외부 환경이 내면 환경(생각하는 것과 느끼는 것)을 통제하고 있다고 믿는 것을 의미한다. 그것이 원인과 결과이다.

그 대신 먼저 나의 내면 환경(내가 생각하고 느끼는 방식)을 바꿔보라. 그리고 나의 노력에 따라 외부 환경이 어떻게 바뀌는지 보라. 미지의 새로운 미래를 창조하기 위해 노력해 보라. 예상치 못한 일이 당신에게 도움되는 쪽으로 나타날 때 당신은 뜻밖의 기쁨을 맛볼 것이다. 이제 막 당신은 자기 삶의 창조자가 되었다. '원인과 결과'에서 '결과를 창조하기causing an effect' 쪽으로 옮겨갔다.

내가 원하는 것에 대해 분명한 의도를 가져라. 하지만 원하는 것을 이루는 '방법'은 양자장에 맡겨라. 그것이 나의 인생에서 일어나는 일들을 나에게 딱 맞는 방법으로 만들어내도록 하라. 예기치 못한 것을 기대하라. 바라는 일이 어떻게 펼쳐질지 내맡기고 믿고 흘려보내라.

이것은 우리가 극복해야 할 가장 큰 장애물이다. 왜냐하면 우리는 언제나 과거와 똑같은 방식으로 미래가 일어나길 바라기 때문이다.

경험하기 전에 감사하라

지금까지 원하는 결과를 얻으려면 생각과 느낌을 정렬시키되 그러한 결과를 얻기 위한 구체적인 방법은 양자장에 내맡기라고 이야기했다. 이것이 바로 믿음의 도약이다. 단조롭고 뻔한 결과로 가득한 인생을 버리고 새로운 경험과 놀라운 일들로 가득한 즐거운 인생을 살려면 믿음의 도약이 필요하다.

그런데 우리가 원하는 것을 현실화하기 위해서는 또 다른 믿음의 도약이 필요하다.

당신은 주로 어떤 상황에서 감사함을 느끼는가? 당신은 "우리 가족과 좋은 집, 친구들 그리고 직업에 감사한다"고 대답할지 모른다. 하지만 이것들은 당신의 삶에 이미 존재하는 것들이다.

일반적으로 우리는 이미 일어났거나 이미 가지고 있는 무언가에 대해 감사한다. 우리는 즐거움에는 이유가 필요하고, 감사함을 느끼려면 동기가 필요하고, 사랑을 하는 데는 그럴 만한 이유가 필요하다는 믿음에 길들여져 왔다. 그것은 외부 현실에 의지해 내적인 느낌을 바꾸는 것이다. 이것이 바로 뉴턴 모델이다.

새로운 현실 모델은 감각으로 물리적 증거를 경험하기 전에, 양자적 창조자인 내가 내 안의 무언가(마음과 몸, 생각과 느낌 속의 무언가)를 바꾸라고 요구한다.

당신은 원하는 일이 일어나기 전에 먼저 감사하고 당신이 바라는 일과 관련해 고양된 감정을 느낄 수 있는가? 이러한 현실을 아주 완벽하게 상상해서 지금 그 미래의 삶 속에 존재할 수 있는가?

양자장 안에 잠재성으로 존재하지만 아직 실현되지는 않은 어떤 것에 감사할 수 있는가? 만약 그렇다면, 당신은 '원인과 결과'(내면을 변화시키기 위해 외부의 무언가를 기다리는 것)에서 '결과를 창조하기'(외부에 어떤 결과를 낳기 위해 내면의 무언가를 변화시키는 것)로 옮겨가고 있는 것이다.

감사의 상태에 있을 때 당신은 어떤 일이 이미 발생하고 있는 양자장으로 신호를 보낸다. 감사는 지적인 사고 과정 이상의 것이다. 원하는 것이 무엇이든 바로 이 순간에 그것이 현실에 존재하는 것처럼 느껴야 한다. 오직 느낌만을 이해하는 나의 몸이 지금 나에게 일어나고 있는 미래 경험의 감정적 몫을 가지고 있다고 확신해야 한다.

우주 지성과 양자장

"모든 물리적 현실은 시공간을 가로질러 하나로 연결된 광대한 그물 안에 존재하는 에너지"라는 것이 양자 역학 모델의 기본 개념이다. 그물, 즉 양자장은 모든 가능성을 지니고 있다. 우리는 생각(의식), 관찰, 느낌, 그리고 존재 상태를 통해 그 가능성들을 실현시킬 수(즉 현실로 붕괴시킬 수) 있다.

그런데 현실은 서로 영향을 주고받으며 반응하는 전자기력에 불과한 것일까? '생명력을 불어넣는 우리 안의 영animating spirit'은 단지 생물학과 무작위성의 함수에 지나지 않는 것일까? 나는 그렇다고 생각하는 사람들과 대화를 나눠왔다. 그들과의 논의는 결국 다음과 같은 대화로 이어진다.

"우리의 심장 박동을 유지하는 지능은 어디에서 옵니까?"
—그건 자율신경계의 일부분이에요.

"자율신경계는 어디에 위치해 있죠?"
—뇌에 있어요. 뇌의 변연계가 자율신경계의 한 부분이죠.

"그러면 뇌 안에 심장 박동 유지를 담당하는 조직들이 있나요?"
—맞아요.

"그런 조직들은 무엇으로 구성되었죠?"

―세포요.

"그럼 그 세포들은 무엇으로 구성되어 있죠?"

―분자요.

"그 분자들은 무엇으로 이루어져 있나요?"

―원자요.

"그럼 그 원자들은 무엇으로 이루어졌죠?"

―아원자 입자요.

"그러면 그 아원자 입자들은 주로 무엇으로 구성되어 있죠?"

―에너지요.

　　우리의 몸이 우주와 같은 물질로 구성되어 있고, 몸에 생명을 불어넣어 주는 것이 물질 우주를 구성하는 99.999999999999퍼센트의 형체 없는 에너지라는 사실과 맞닥뜨릴 때, 사람들은 알 수 없다는 듯 어깨를 으쓱하며 자리를 뜨거나, 하나의 통합 원리가 모든 물리적 현실에 스며 있다는 이 관념에 무언가 있다는 것을 깨닫게 된다.

　　물리적 현실의 0.000000000001퍼센트에 불과한 부분에만 온 관심을 쏟는 것은 이상한 일이다. 우리는 뭔가를 놓치고 있다.

　　만약 우주가 정보를 실어 나르는 에너지 파동들로 구성되어 있고 그 힘이 우리의 물리적 구조와 기능을 만들어낸다면 양자장은 '보이지 않는 지성'이라고 말할 수 있을 것이다. 에너지가 모든 물리적 현실의 기반이기 때문에 그 보이지 않는 지성은 스스로를 물질로 조직해 왔다.

이 지성이 어떻게 현실을 만들어왔는지에 대한 일종의 본보기로서 바로 앞의 대화를 생각해 보자. 양자장은 보이지 않는 잠재 에너지인데 그것은 스스로를 에너지에서부터 아원자 입자, 원자, 분자에 이르는 모든 것으로 조직할 수 있다. 생리학적인 관점에서 보면 에너지는 분자들을 조직해 세포, 조직, 기관, 계system, 그리고 마침내 전체 몸을 만든다. 달리 말하면 이 잠재 에너지는 실제로 보거나 만질 수 있는 형태로 실현될 때까지 자신의 파동 주파수 패턴을 낮춘다.

양자장과 그 안의 모든 것에 생명을 주는 것이 바로 이 우주 지성 universal intelligence이다. 이 힘은 물질 우주의 모든 측면에 생명을 불어넣는 우주 마음universal mind과 동일하다. 이 지성이 우리의 심장 박동과 소화 작용을 유지시키고, 모든 세포에서 매초마다 셀 수 없이 많이 일어나는 화학 반응을 감독한다. 또한 나무가 자라 열매를 맺게 하는 것, 멀리 떨어져 있는 은하계를 생성하거나 붕괴하는 것도 이 똑같은 의식이다.

그것은 모든 장소와 모든 시간에 존재하고, 우리 안과 우리를 둘러싼 모든 것에 힘을 가한다. 그렇기 때문에 이 지성은 개인적인 동시에 우주적이다.

우주 지성과의 공명

이 우주 지성이 우리를 하나의 개별적인 존재로 만들어주는 의식과 동일한 의식consciousness을 가진다는 사실을 이해해야 한다. 이 힘은 우주적이고 객관적이지만, 동시에 하나의 의식(자기 자신과, 물질 우주 안에서 움직이고 행동하는 자신의 능력에 대한 의식)을 가지고 있다.

또한 이 우주 지성은 자기 자신뿐 아니라 당신과 나에 대해서도 모든 차원에서 완전하게 의식하고 있다. 모든 것을 의식하기 때문에, 이 우주 지성은 우리를 관찰하고 우리에게 주의를 기울인다. 그것은 우리의 생각, 꿈, 행동, 그리고 욕망을 알고 있으며, 모든 것을 물질 형태로 '관찰'한다.

모든 생명을 창조한 의식, 에너지와 의지를 확장해 우리 몸의 모든 기능을 끊임없이 조정하고 그 결과 우리가 살아있도록 만드는 의식, 그처럼 깊고 끝없는 관심을 우리 안에서 표현해 온 의식, 그 의식이 곧 순수한 사랑이 아니면 무엇이겠는가?

우리는 의식의 두 가지 측면을 살펴보았다. 하나는 양자장의 객관적인 의식(지성)이고, 다른 하나는 자유 의지를 가지고 자기를 인식하는 개인의 주관적인 의식이다. 이런 의식의 특성을 그대로 따라할 때 우리는 창조자가 될 수 있다. 이 사랑의 지성과 공명을 느낄 때 우리는 그것처럼 사랑 넘치는 지성이 된다. 이 우주 지성은 주관적인 마음이 양자장에 보내는 것은 무엇이든지 그것에 일치하는 사건, 즉 에너지 반응을 만들어낸다. 우리의 의지와 마음이 양자장의 그것과 일치할 때, 또 삶에 대한 우리의 사랑이 삶에 대한 양자장의 사랑과 일치할 때 우리는 이 우주 의식을 그대로 재현하게 된다. 우리는 과거를 초월하고 현재를 치유하며 미래의 문을 여는 고양된 힘이 된다.

양자장에 보낸 그대로 돌아온다

양자장에 내보낸 신호와 똑같은 사건들이 삶에서 만들어지는 과정은 이렇다. 만약 우리가 고통을 경험해서 마음과 몸 안에 그 고통을 붙잡아두고 그것을 생각과 감정으로 표현한다면, 우리는 이 에너지 서명을 양자장으로 보내는 셈이다. 그러면 우주 지성은 그것과 똑같은 정신적·감정적 반응을 재현할 또 다른 사건을 우리 삶 속에 내보낸다.

생각은 신호("너무 괴로워")를 내보내고, 감정("괴로워 미치겠어")은 그 감정 주파수에 맞는 사건(괴로워해야 할 충분한 이유)을 삶 속으로 끌어들인다. 사실 우리는 언제나 우주 지성이 존재한다는 증거를 요구하고, 우주 지성은 언제나 우리의 외부 환경 속에 그 피드백을 보낸다. 그만큼 우리는 강력한 존재이다.

핵심 질문은 이것이다. "왜 우리는 긍정적인 결과를 불러들일 신호를 내보내지 않는가?" 어떻게 하면 우리가 삶에서 이루고 싶은 것과 일치하도록 신호를 보낼 수 있는가? 어떤 생각(신호)을 내보낼지 선택함으로써, 우리가 관찰할 수는 있지만 예측할 수는 없는 결과를 만들어낼 수 있다고 확고히 믿는다면 우리는 변할 것이다.

이 객관적인 지성이 우리의 죄(즉 우리의 생각, 느낌, 행동)에 대한 대가로 우리에게 벌을 주는 것이 아니다. 우리가 그 지성에게 보낸 생각과 느낌, 행동에 대한 반응이 돌아올 뿐이다. 과거의 부정적 경험으로 생긴 생각과 느낌의 신호를 양자장으로 보냈으니 양자장이 똑같이 부정적인 방식으로 반응하는 것은 당연한 일이다.

당신은 "믿을 수 없어…… 왜 나한테 늘 이런 일이 일어나는 거지?"

같은 말을 몇 번이나 입 밖으로 내뱉었는가?

이런 말은 우리가 '원인과 결과'의 희생자라고 주장하는 뉴턴-데카르트 모델에 빠져 있음을 보여준다. 우리는 스스로 결과를 빚어낼 수 있는 완전한 능력이 있다는 사실을 깨달아야 한다. 위와 같이 반응하는 대신 자신에게 이렇게 물어볼 수 있어야 한다. "내가 원하는 결과를 만들어 내려면 나의 생각과 느낌, 행동을 어떻게 바꾸어야 할까?"

우리가 해야 할 일은 우주 지성과 연결될 수 있는 의식 상태로 들어가, 우리가 원하는 결과가 피드백의 형태로 우리 삶에 나타나는 것을 보고 싶다는 분명한 신호를 그 가능성의 장에 직접 보내는 것이다.

양자장에 피드백을 요청하라

목적을 가지고 삶을 변화시키려 할 때 자신이 접촉하는 양자 의식에 신호를 요청하라. 내가 바라는 특정 결과와 관련된 동시성synchronicity(서로 다른 사건이 동시에 일어나는 것, 우연의 일치처럼 보이는 필연—옮긴이)을 과감히 요청하라. 그렇게 요청한다는 건 이 양자 의식이 정말로 실재하고, 그래서 나의 노력을 인지하고 있음을 알고 싶다고 용기 있게 표명하는 것이다. 이 사실을 일단 받아들이고 나면 우리는 기쁨과 영감 속에서 삶을 창조해 나아갈 수 있다.

이 원리는 지금까지 안다고 생각한 것들을 내려놓고 미지의 세계에 자신을 내맡긴 뒤 우주 의식이 삶에 보내주는 결과를 지켜보라고 요구한다. 이것이 우리가 가장 잘 배울 수 있는 방법이다. 긍정적인 신호를 받을 때(외부 환경이 좋은 방향으로 변하는 것을 볼 때), 우리는 우리가 내면에서

한 것이 바른 것이었음을 알게 된다. 그리고 자연스럽게 우리가 한 것을 기억해서 다음에도 똑같이 할 것이다.

우주가 나의 노력을 돕고 있으며 내가 그만큼 강력하다는 사실을 명확히 깨닫기 위해 이 과정에서 내 삶에 일어나는 변화들을 주시해 보는 것이 중요하다.

그렇다면 나는 어떻게 우주 의식과 연결될 수 있는가?

양자 물리학은 감각에 기반하지 않는다

뉴턴 물리학은 예측 가능하고 반복 가능한 일련의 선형적인 상호 작용이 항상 존재한다고 가정한다. 하지만 양자 역학 모델이라는 이상한 세계에서는 모든 것이 우리가 알고 있는 시공간을 넘어 고차원의 정보장 안에서 서로 소통하고 있다.

양자 물리학을 이해하기 힘든 이유는 우리가 오랫동안 감각을 기반으로 생각하는 데 익숙해져 있기 때문이다. 감각으로 현실을 측정하고 재확인한다면 뉴턴의 패러다임에 갇히게 된다.

양자 역학 모델은 감각에 기반해서 현실을 이해하지 말라고 요구한다.(양자 물리학은 '비감각적non-sense'이다.) 미래 현실을 창조하는 과정에서 우리의 감각은 마음이 창조한 것을 제일 마지막에 경험한다. 즉 경험의 가장 마지막에 오는 것이 감각 피드백이다. 왜일까?

양자quantum는 아무 몸도 없고 아무 사물도 없으며 아무 시간도 없는, 감각 너머의 영역에 존재하는 다차원적인 실재이다. 따라서 그 영역으로 들어가서 삶을 변화시키기 위해서는 잠깐 동안 자신의 몸을 잊어야

62

한다. 또한 우리의 인식을 외부 환경(삶에서 나의 정체성을 이루는 모든 것)으로부터 일시적으로 벗어나게 해야 한다. 배우자, 자녀, 재산 그리고 삶의 문제들이 모두 내 정체성의 일부이다. 그것들을 통해 우리는 외부 세계를 자신과 동일시한다. 마지막으로 직선적인 시간의 흐름도 잊어버려야 한다. 즉 잠재적인 미래의 경험을 의도적으로 관찰하는 순간에, 그 현재 순간에 완전히 머묾으로써 우리 마음이 과거에 대한 기억과 '전과 똑같은' 미래를 기대하는 것 사이에서 더 이상 흔들리지 않도록 해야 할 것이다.

현실(환경)에 영향을 주고, 몸을 치유하며, 미래(시간)의 어떤 사건을 변화시키기 위해서는, 외부 세계를 완전히 놓아버리고(아무 사물도 없고no thing), 몸에 대한 인식을 내려놓고(아무 몸도 없고no body), 시간의 흐름도 잊는(아무 시간도 없는no time) 순수한 의식이 되어야 한다는 것이 아이러니컬하지 않은가?

순수한 의식이 될 때 우리는 환경과 몸, 그리고 시간(나는 이것들을 애정을 담아서 '빅 쓰리Big 3'라고 부른다)에 대한 지배권을 갖게 될 것이다. 양자장의 아원자 세계는 순수하게 의식으로 이루어졌기 때문에, 스스로 순수한 의식이 되지 않고서는 달리 들어갈 방법이 없다. '어떤 몸some body'의 상태로는 양자장으로 들어갈 수 없다. '아무 몸도 아닌no body' 상태로 들어가야 한다.

뇌는 이 기술을 활용하는 타고난 능력을 가지고 있다. 당신이 이 모든 것을 할 수 있는 능력을 완전히 갖추고 있다는 사실을 이해하며 시공간을 초월한 새로운 현실로 들어갈 때, 자연스럽게 그 능력을 삶에 적용하게 될 것이다.

시공간을 넘어서기

시간과 공간을 넘어선다는 것은 무슨 뜻일까? 시간과 공간은 위치와 관련된 물리 현상과 일시적인 것에 대한 우리의 감각을 설명하기 위해 인간이 만들어낸 개념이다.

우리는 탁자 위에 놓인 유리컵을 보고 그것이 위치하는 공간과 그것이 그 공간에 머무른 시간을 말할 수 있다. 우리는 이 두 가지 개념에 집착한다. 우리가 어디에 있는지, 얼마나 있었는지, 얼마나 있을 것인지, 그 다음에는 어디로 갈 것인지⋯⋯ 시간이 실제로 감지할 수 있는 것이 아닌 데도 불구하고 우리는 우리가 공간 속 어디에 있는지 감지하는 것처럼 시간이 지나가는 것을 느낀다. 의자에 기댄 몸이나 땅 위에 딛고 선 발을 느끼는 것처럼, 우리는 몇 초, 몇 분, 몇 시간이 흘러가는 것을 느낀다는 말이다.

양자장의 무한한 현실 실현 가능성은 시간과 공간 너머에 있다. 왜냐하면 잠재성은 아직 존재하는 것이 아니기 때문이다. 존재하지 않는다면 그것은 어떤 장소를 차지하거나 시간적인 위치를 점유하지 않는다는 말이다. 물질적 실체를 갖고 있지 않은 것(확률 파동이 입자 현실로 붕괴되지 않은 것)은 무엇이든 시공간 너머에 존재한다.

양자장은 비물질의 가능성이기 때문에 시간과 공간의 바깥에 존재한다. 그 무한한 가능성들 중 하나를 관찰해서 그것에 물질적 현실성을 부여하는 순간 양자장은 시간과 공간 속에 존재하게 된다.

양자장 속으로 들어가기

우리는 양자장에서 어떤 가능성을 선택함으로써 선택한 그 가능성을 물리적으로 실현시킬 힘을 가지고 있다. 그러려면 어떻게든 양자장에 접근해야 하는데, 사실 우리는 언제나 그것에 연결되어 있다. 그렇다면 양자장이 우리에게 반응하게 하려면 어떻게 해야 할까? 만약 우리가 끊임없이 에너지를 내보내며 양자장과 정보를 주고받고 있다면, 어떻게 그것과 더 효과적으로 소통할 수 있을까?

우선 알아야 할 것은 시공간 너머에 존재하는 양자장에 들어가기 위해서는 우리가 먼저 그와 비슷한 상태가 되어야 한다는 것이다.

시간과 공간이 사라진 것 같은 경험을 해본 적이 있는가? 운전에 완전히 몰입하거나 생각에 깊이 빠져 있을 때를 떠올려보라. 어떤 것에 집중하고 있으면 몸을 잊고(공간에 대한 느낌이 없어진다), 환경을 잊고(외부 세계가 사라진다), 시간을 잊어버린다.(자신이 얼마나 오랫동안 '무아 상태'에 있었는지 모른다.)

바로 이런 순간에 우리는 양자장으로 들어가는 문턱을 넘어서서 우주 지성과 함께 작업할 수 있게 된다. 우리는 이미 생각을 다른 어떤 것보다 더 현실적인 것으로 만든 셈이다.

이제 그러한 의식 상태에 규칙적으로 들어가는 방법, 양자장에 접근하여 모든 것에 생명을 불어넣는 우주 지성과 더욱 직접적으로 소통하는 방법을 알아보자.

마음을 바꾸면 삶이 바뀐다

마음과 물질이 완전히 분리되어 있다는 관념에서부터 마음과 물질은 분리될 수 없다는, 즉 마음은 물질이고 물질은 마음이라는 양자 모델까지 살펴보았다.

당신이 과거에 그토록 변하려고 노력했어도 잘 안 되었다면 그것은 근본적으로 당신의 사고가 제한되어 있었기 때문이다. 당신은 항상 외부의 상황이 바뀌어야 한다고 믿었을 것이다. "맡은 일이 이렇게 많지 않다면 군살을 뺄 수 있을 텐데. 그러면 행복할 텐데"라는 식으로 말이다. 우리는 모두 이와 비슷한 이야기를 많이 해왔다. "만약 이랬다면 정말 그렇게 했을 거야⋯⋯" 이것이 바로 '원인과 결과'의 사고방식이다.

시공간의 경계 밖에서 당신의 마음, 생각, 느낌 그리고 존재 방식을 바꿀 수 있다면 어떨까? 시간에 앞서 변할 수 있고, '내면'의 변화가 '외부' 세계에 영향을 미치는 것을 본다면? 이것은 꿈같은 이야기가 아니다.

나를 비롯한 수많은 사람들의 삶을 완전히 그리고 긍정적으로 변화시킨 것은, 마음을 바꾸는 것이—그리고 그 결과로 새로운 경험을 하고 새로운 통찰력을 얻는 것이—단순히 '내가 되어버린 습관'을 깨기만 하면 되는 문제라는 깨달음이었다. 나의 감각을 극복할 때, 내가 결코 과거의 사슬에 매여 있지 않다는 걸 알 때(몸, 환경, 시간을 뛰어넘는 삶을 살 때) 불가능한 일이란 없다. 모든 존재에 생명을 불어넣는 우주 지성은 당신을 놀라게 하고 또 기쁘게 할 것이다. 우주 지성이 바라는 것은 당신이 원하는 모든 것에 다가갈 기회를 제공하는 것뿐이다.

마음을 바꿀 때 삶이 바뀐다.

원하는 것을 꿈꾸기

앞으로 나아가기 전에, 위대한 지성과의 접촉이 삶을 변화시키는데 얼마나 강력하고 효과적인지 보여주는 이야기를 하나 나누고자 한다.

이제는 다 자란 나의 아이들은 이 책의 3부에 나올 명상 방법과 비슷한 명상을 해왔다. 그 결과 아이들은 몇몇 놀라운 일들을 해냈다. 우리 아이들은 어렸을 때부터 자신이 바라는 물건이나 일을 스스로 만들어나가기로 나와 약속했다. 아이들이 결과를 만들어내는 데 내가 방해하거나 도와주지 않는다는 것이 이때 우리의 규칙이었다. 아이들은 자신의 마음을 사용하고 또 양자장과 상호 작용하면서 원하는 현실을 스스로 창조해야 했다.

내 딸은 이십대로 현재 대학에서 미술을 공부한다. 어느 봄날, 나는 다가올 여름 방학에 무슨 일이 펼쳐지면 좋겠는지 딸에게 물었다. 아이는 원하는 것을 많이 적어놓은 목록을 갖고 있었다! 방학 기간에 집에 와 있으면서 아르바이트를 하는 다른 대학생과는 달리 내 딸은 이탈리아에 가서 일도 하고, 새로운 것도 경험하고, 적어도 여섯 개 정도의 도시들을 여행하며, 한 주는 친구가 있는 플로렌스에서 보내고 싶어 했다. 그리고 방학의 첫 6주 동안 일을 해서 돈을 모으면 나머지 기간은 집에서 보내길 원했다.

나는 딸에게 자신이 원하는 것에 대한 명확한 비전을 가지라고 하면서, 우주 지성이 딸아이가 꿈꾸는 여름을 실현시켜 줄 것임을 상기시켰다. 아이가 원하는 '무엇'에 집중하면 위대한 의식은 그것을 '어떻게' 현실화시킬지 궁리할 것이다.

내 딸은 실제 경험하기 전에 미리 생각하고 느끼는 법을 연습해 왔다. 그래서 나는 딸에게 단지 여름에 어떤 사람들을 만나게 될지, 어떤 일들이 일어날지, 어떤 곳들을 가게 될지에 대한 명확한 의도만 가질 것이 아니라, 이런 일을 경험하는 것이 어떤 느낌일지 또한 매일 느껴보라고 했다. 나는 딸에게 생각하는 것만으로도 실제로 그것을 경험하는 것 같고 뇌의 시냅스가 그 정보를 현실인 양 받아들일 수 있을 만큼 분명하고 생생하게 그 장면을 그려보라고 말했다.

만약 딸아이가 이탈리아에 간다는 꿈을 꾸는 기숙사생으로만 계속 '존재'했다면, 여전히 똑같은 현실을 사는 똑같은 사람으로 남았을 것이다. 아직 3월이었는데도 딸아이는 여름의 절반을 이탈리아에서 보낸 것처럼 행동하기 시작했다.

"문제없어요." 딸이 말했다. 딸아이는 뮤직 비디오에 출연하고 싶었을 때와 원하는 대로 실컷 쇼핑을 하고 싶었을 때 이런 경험을 해본 적이 있었다. 아이는 이 두 가지를 다 멋지게 해냈었다.

나는 딸에게 다시 한 번 말했다. "마음속으로 이런 경험을 상상하고 나서 일어날 때는 처음과 똑같은 사람으로 일어나면 안 돼. 마치 네 인생에서 최고로 멋진 여름을 막 보내고 난 것처럼 자리에서 일어나야 해."

"알겠어요." 딸이 대답했다. 아이는 매일 새로운 존재 상태로 변해야 한다는 내 말을 이해했다. 그리고 매번 정신적 창조 과정을 마친 후에는 원하는 경험이 이미 실현되었을 때 느끼는 감사의 기분으로 하루를 시작했다.

딸이 몇 주 후에 전화를 했다. "아빠, 학교에서 이탈리아에 미술사 여름 학기 강의를 개설한대요. 강의료는 제가 낼 수 있어요. 그래서 총

비용이 7천 달러에서 4천 달러로 낮아졌어요. 혹시 그 돈을 좀 보태주실 수 있어요?"

나는 자녀에게 경제적으로 인색한 부모는 아니었지만, 딸아이의 상황이 그애가 애초에 세운 목표에 아직은 도달하지 못했다는 생각이 들었다. 아이는 양자장이 그 일을 하도록 허용하는 대신, 스스로 이 가능한 운명의 결과를 끌어내려 애쓰고 있었다. 나는 딸에게 그 경험 속에 푹 빠질 때까지 진짜로 이탈리아 여행 속으로 들어가 이탈리아 어로 생각하고 느끼고 말하고 꿈을 꾸라고 조언했다.

몇 주가 지나 딸이 다시 전화를 걸어왔을 때 아이의 흥분된 기분을 느낄 수 있었다. 딸은 도서관에서 미술사 교수와 이야기를 나누었는데 점점 이탈리아 어로, 그것도 유창하게 이야기를 나누었다고 했다. 그 순간 교수가 말을 했단다. "방금 기억이 났는데 내 동료 한 사람이 이번 여름에 이탈리아에서 공부할 미국 학생들에게 초급 이탈리아 어를 가르칠 사람을 찾고 있어."

물론 내 딸이 고용되었다. 딸아이는 강의료를 받게 되었을 뿐만 아니라(모든 비용이 충당되었다) 6주 동안 이탈리아의 여섯 개 도시에 머무르게 되었고 마지막 한 주는 플로렌스에서 보내게 되었다. 그리고 여름 방학의 나머지 절반은 집에서 보낼 수 있었다. 내 딸은 꿈꾸던 일자리와 여름 방학 계획을 모두 실현시켰다.

이것은 인터넷을 검색하고 교수를 따라다니는 등 불굴의 의지로 기회를 찾아낸 어떤 사람의 이야기가 아니다. 내 딸은 '원인과 결과'를 따라가는 대신, 자신의 존재 상태를 변화시켜 스스로 결과를 불러일으켰다. 딸아이는 양자 법칙에 따라 살고 있었다.

양자장에 존재하는 하나의 의도된 운명에 전자기적으로 연결되었기 때문에, 딸아이의 몸은 미래의 사건으로 이끌리게 되었다. 그 경험이 내 딸을 찾아냈다. 결과는 예측할 수 없었으며, 전혀 예상하지 못한 방식으로 왔다. 그 일은 동시성을 통해 일어났고, 딸의 내적인 노력에 따른 결과임에 의심의 여지가 없었다.

잠시 생각해 보라. 어떤 기회들이 나를 찾기 위해 밖에서 기다리고 있는가? 이 순간에 나는 누구로 존재하는가? 그리고 다른 모든 순간에는? 현재의 존재 상태로 내가 바라는 모든 것을 끌어올 수 있는가?

당신은 자신의 존재 상태를 바꿀 수 있는가? 새로운 마음으로 새로운 운명을 관찰할 수 있는가? 그 대답이 이 책의 나머지 부분의 주제이다.

2장

브레이킹 첫 번째: 환경을 넘어서기

지금까지 주관적인 마음이 객관적인 세계에 영향을 미친다는 개념을 살펴보았다. 관찰자가 하나의 전자를 에너지 파동에서 입자로 붕괴시키는 것만으로 아원자 세계에 영향을 주어 특정 사건을 일으킬 수 있다는 것 또한 살펴보았다. 이제는 당신도 내가 언급했던 양자 역학 실험들을 믿을지 모른다. 아원자 요소들이 근본적으로 의식과 에너지로 이루어졌으며, 따라서 아주 작은 원자의 세계를 의식이 직접적으로 지배한다는 것을 입증한 실험들 말이다. 이것이 바로 양자 물리학이 작용하는 방식이다.

그러나 당신은 마음이 삶에 실제로 커다란 영향을 미친다는 개념에 대해서는 여전히 반신반의하고 있을지도 모른다. 스스로에게 이렇게 질문을 던지고 있을 수도 있다. '어떻게 내 마음이 현실에 영향을 끼쳐 삶을 변화시킬 수 있다는 거지? 어떻게 내가 전자를 붕괴시켜 새로운 경험이라는 특정한 사건을 만들어낼 수 있다는 거야?' 당신이 현실 세계에서 실제 경험들을 창조할 수 있는 자신의 능력에 대해 의심을 품는다 해도 놀랄 일은 아니다.

이 책의 목표는 생각이 자신의 현실을 창조할 수 있다는 과학적 근거가 무엇인지 이해하고 실제로 확인할 수 있게끔 하는 것이다. 여전히 의심이 들더라도 내가 생각하는 방식이 곧바로 나의 삶에 영향을 준다는 가능성만이라도 열어두기를 바란다.

판에 박힌 삶

만약 이 패러다임을 가능한 일로 받아들인다면, 새로운 무언가를 창조하기 위해서는 일상적으로 생각하고 느끼는 방식을 바꿔야만 한다는 데 동의할 것이다. 매일 동일한 방식으로 생각하고 느낀다면 계속해서 똑같은 상황을 만들어낼 수밖에 없다. 그 상황들은 똑같은 감정을 경험하게 할 것이고, 그로 인해 그 감정에 부합하는 똑같은 생각을 하게 될 것이다.

이 상황을 쳇바퀴 속의 다람쥐에 비유해 보자. 어떤 문제에 대해 의식적으로건 무의식적으로건 계속 생각한다면, 똑같은 유형의 어려운 상황을 더 많이 끌어들이게 될 것이다. 애초에 그 문제들을 만든 게 당신의 생각이기 때문에, 당신이 그 문제들에 대해 그렇게 많이 생각하는지도 모른다. 처음 문제를 만들어내던 때의 그 익숙한 느낌을 지속적으로 다시 떠올리기 때문에 그 문제들은 정말 실제처럼 느껴질 것이다. 지금 마주한 상황에서 이전과 똑같이 생각하고 느낀다면 그 특정한 현실을 재확인할 수밖에 없다.

이어지는 몇 개 장章에서, 변화하기 위해 이해할 필요가 있는 것들을 중점적으로 다룰 것이다.

환경, 몸, 시간

대부분의 사람들은 삶에서 세 가지, 바로 환경, 몸, 시간에 초점을 맞춘다. 사람들은 이 세 가지에 집중하기만 하는 것이 아니다. 그것과 자신을 동일시하고 있다. 자신이 되어버린 습관에서 벗어나기 위해서는 삶의 환경보다 더 크게 생각하고, 몸에 기억된 느낌들보다 더 커져야 하며, 새로운 시간선에서 살아야 한다.

변화를 원한다면 특정한 환경, 몸, 시간에 존재하는 지금의 '나'보다 나은 이상적인 자아상을 머릿속에 품고 있어야 한다. 역사 속의 위대한 사람들은 모두 이상적인 자아상을 가지고 있었다. 당신도 앞으로 소개할 개념과 테크닉을 습득하면 자신을 변화시킬 수 있다.

이 장에서는 환경을 극복하는 방법에 초점을 맞출 것이다. 그리고 이어지는 두 장에서 몸과 시간을 극복하는 방법을 이야기할 것이다.

기억이 내부 환경을 구성한다

자신이 되어버린 습관을 어떻게 바꿀 수 있는지 이야기하기에 앞서 짚고 넘어가야 할 것이 있다. 계속해서 똑같이 생각하고 느끼는 이런 습관은 어떻게 시작되었을까?

생각과 감정의 시작점인 뇌에 대한 이야기로 그 물음에 답할 수 있다. 최신 신경 과학 이론은 우리의 뇌가 주변 환경을 통해 알고 있는 모든 것을 반영하도록 조직되었다고 설명한다. 살아가면서 지식과 경험의 형태로 접하는 모든 정보는 뇌의 시냅스에 저장된다.

'사람'들과의 관계, 가지고 있는 다양한 '물건', '시간'대를 달리하며 살았거나 다녀본 '장소', 그리고 인생을 통틀어 받아들인 무수한 '경험'들 모두가 뇌에 저장되어 있다. 심지어 지금까지 살아오면서 우리가 기억하고 반복적으로 해온 수많은 동작과 행동도 우리 뇌의 복잡한 주름에 각인되어 있다.

따라서 특정 '시간'에 특정 '장소'에서 '사람'이나 '사물'과 한 개인적인 '경험'은 모두 말 그대로 뇌를 구성하는 뉴런(신경 세포)에 반영된다.

특정 장소와 시간에 경험한 사람과 사물에 대한 이 모든 '기억들'을 통틀어 '외부 환경'이라 부른다. 대개 우리의 뇌는 각자의 환경, 즉 개인적인 과거의 기록이요 살아온 삶에 대한 반영이다.

사람들은 깨어 있는 동안 일상적으로 세상의 다양한 자극과 상호 작용한다. 따라서 우리의 외부 환경은 뇌의 다양한 회로를 활성화한다. 거의 자동적인 반응의 결과로 우리는 각자의 환경에 걸맞게 생각하고 행동하기 시작한다. 환경이 우리로 하여금 생각하도록 만들면, 뇌 속에 이미 깔려 있는 익숙한 신경 세포망이 활성화된다. 결국 과거의 기억에서 비롯된 익숙한 방식으로 생각하게 되는 것이다.

생각이 자신의 현실을 결정한다면, 그리고 똑같은 생각(환경의 산물이요 반영인)을 계속 한다면, 우리는 매일 똑같은 현실을 창조하게 될 것이다. 그리하여 내면의 생각과 느낌은 외부의 삶과 정확히 일치하게 된다. 외부 현실이 내부 현실에서 생각하고 느끼는 방식에 영향을 주고 있기 때문이다.

익숙한 기억이 똑같은 경험을 부른다

매일 똑같은 사람들(상사, 배우자, 자녀)을 보고, 똑같은 일(출근길, 업무, 똑같은 운동)을 하고, 똑같은 장소(단골 커피숍, 식품점, 직장)에 가고, 똑같은 대상(차, 집, 칫솔 심지어 당신 몸까지)을 보면서 그 기지旣知의 세상에 익숙해진 기억들은 똑같은 경험을 재생산하도록 당신 마음을 '상기re-mind' 시킨다.

사실상 환경이 마음을 지배하고 있다고 말할 수 있다. '마음mind'을 신경 과학에서는 '활동중인 뇌brain in action'라고 정의한다. 외부 세계와 관련지어 내가 누구라고 생각하는지 스스로에게 '상기'시킴으로써 우리는 동일한 마음의 수준을 반복적으로 재생산한다. 자신의 정체성은 외부 환경의 모든 것에 의해 정의된다. 왜냐하면 우리는 외부 세계를 구성하는 모든 요소들과 자신을 동일시하기 때문이다. 자신의 현실과 일치하는 마음으로 자신의 현실을 관찰하고 있는 것이다. 그렇게 우리는 양자장의 무한한 확률(가능성) 파동을 붕괴시키고 그 마음을 반영하는 일치하는 사건을 만들어낸다. 당신은 여전한 현실에 머무를 수밖에 없다.

당신은 그렇게까지 환경에 맞추어 생각하지 않으며 똑같은 현실이 그렇게 쉽게 재생산되지는 않는다고 여길지도 모른다. 하지만 뇌가 과거의 완전한 기록이고 마음이 의식의 산물이라고 할 때, 어떤 의미에서 당신은 항상 과거 속에서 생각하고 있다고 할 수 있다. 기억에 상응하는 뇌의 어떤 부분이 반응함으로써 당신은 과거와 동일한 수준의 마음을 만들어내고 있는 것이다. 뇌는 당신이 이미 알고 있고 경험한 바 있으며, 따라서 예측할 수 있는 모든 것들을 반영하는 기존 회로를 자동으로 활성화시키기 때문이다. 양자 법칙에 따르면 당신의 과거는 이제 당신의 미래가 된다.

과거의 기억을 바탕으로 생각하면 오직 과거의 경험들만 창조할 수 있다. 삶에서 '알고 있는' 모든 것은 뇌로 하여금 익숙한 방식으로 생각하고 느끼도록 한다. 따라서 당신은 예측 가능한 결과를 창조할 것이고, 이미 알고 있는 대로의 삶을 끊임없이 재확인하게 될 것이다. 당신의 뇌는 당신의 환경과 동일하기 때문에, 매일 아침 당신의 감각은 당신을 동일한 현실에 연결하며, 동일한 의식의 흐름을 일으킨다.

감각(시각·후각·청각·촉각·미각)을 통해 입력한 모든 것은 현실에서 익숙한 모든 것과 자신을 동일하게 생각하도록 뇌를 활성화한다. 아침에 눈을 떴을 때 옆에 누워 있는 사람이 나의 배우자임을 알게 되는 것은 함께한 과거의 경험들 때문이다. 문밖에서 개 짖는 소리가 들리면 우리는 개가 밖으로 나가고 싶어 한다는 것을 안다. 등에서 통증을 느끼면 전날에도 똑같은 통증을 느꼈다는 것을 기억한다. 우리는 이 특정한 시공간 차원 속에 있는 나를 기억함으로써 자신을 외부의 익숙한 세계와 연결한다.

우리는 과거를 반복한다

매일 아침 내가 누구이고 어디에 있는지 떠올리게 하는 감각 정보로 현실과 연결된 다음에 우리는 무엇을 하는가? 틀에 박힌 일들, 이제는 자동이 되어버린 무의식적인 행동들을 해나가며 우리는 계속 과거의 자아에 연결된다.

똑같은 자리에서 잠을 깨고 평소와 똑같은 방법으로 옷을 입는다. 거울을 들여다본 뒤 자동적으로 샤워를 한다. 사람들이 예상하는 모습대로 머리를 다듬고, 늘 하던 방식대로 이를 닦는다. 가장 좋아하는 잔에 커피를 따라 마시고, 늘 먹는 아침용 시리얼을 먹는다. 늘 입는 겉옷을 걸치고 무의식적으로 지퍼를 올린다.

집을 나와서 익숙한 길을 따라 차를 몰고 출근한다. 직장에 도착해서 잘 알고 있는 익숙한 일들을 한다. 똑같은 사람들을 만나고, 그들은 당신의 똑같은 감정 버튼을 누르며, 당신은 그 사람들에 대해서, 일에 대해서 그리고 삶에 대해서 똑같은 생각을 한다. 업무가 끝나면 서둘러 집으로 돌아가, 식사를 하고, 제일 좋아하는 텔레비전 프로를 본 뒤, 잠자리에 든다. 이런 하루는 내일 또다시 반복된다. 하루 종일 우리의 뇌는 변화했을까?

똑같은 생각을 하고 똑같은 행동을 하며 똑같은 감정을 매일 경험하면서 어떻게 인생에 다른 것이 나타나기를 기대할 수 있을까? 우리 모두는 이렇게 제한된 삶의 먹이가 되고 있다.

똑같은 일상은 매일 똑같은 수준의 마음을 재생산하고 있다. 양자세계는 환경이 마음의 연장이며 마음과 물질이 하나임을 보여준다. 그렇다면 마음이 동일한 수준에 머무는 한, 삶은 '지금 모습' 그대로 남게 될 것이다.

환경이 똑같고, 따라서 생각도 똑같다면, 양자 모델에 따를 때 우리는 지금 이상의 것을 창조할 수 없다. 입력한 것이 같다면 출력되는 것도 같을 수밖에 없다. 그렇다면 어떻게 새로운 현실을 창조할 수 있을까?

헵의 법칙과 상자 안의 삶

　매일 똑같은 방식으로 살며 똑같은 신경 패턴을 활성화할 때 발생할 수 있는 또 하나의 결과가 있다. 똑같은 마음을 재창조함으로써(똑같은 신경 세포를 커서 뇌가 똑같은 방식으로 작동하도록 함으로써) 익숙한 현실에 반응할 때마다 현실의 습관적인 조건들에 걸맞게 뇌 회로를 고정한다는 것이다. 그것이 우리에게 좋은 쪽이든 나쁜 쪽이든 말이다.

　신경 과학에는 헵의 법칙Hebb's Law이라고 부르는 원리가 있다. 이 원리에 따르면 기본적으로 "함께 활성화된 신경 세포들은 서로 연결이 강화된다." 헵의 법칙은 똑같은 신경 세포들이 여러 차례 함께 활성화되면 다시 발화할 때 함께 활성화되기가 더 쉬워진다는 점을 보여준다. 결국 그러한 신경 세포들은 장기적인 관계로 발전한다.[1]

　'고정된다는 것hardwired'은 신경 세포의 군집들이 동일한 방식으로 자주 활성화되어 장기간 지속되는 특별한 연결 패턴을 구성하게 된다는 의미이다. 이런 신경 세포망이 더욱 자주 활성화될수록 활동 경로는 더욱 강하게 고정된다. 결국 자주 되풀이하는 생각과 행동 혹은 느낌은 자동적이고 무의식적인 습관으로 굳어진다. 환경이 그 정도로 마음에 영향을 미칠 때 우리는 그런 습관대로 살게 된다.

　똑같은 생각을 계속 하고, 똑같은 일을 계속 하고, 똑같은 감정을 계속 느낀다면, 우리는 제한된 현실을 반영하는 제한된 패턴에 뇌를 고정시키게 된다. 결과적으로 똑같은 마음을 재생산하는 것이 더욱 쉽고 자연스럽게 느껴진다.

　이런 반응은 뇌와 마음이 외부 세계의 특정 현실을 더욱 강화하도록 만든다. 외부 환경에 반응하며 동일한 회로를 활성화할수록 우리는 뇌를 자신의 개인적 세계에 맞게 구성하게 되고, 삶의 조건들에 신경화학적으로 얽매이게 될 것이다. 결국 우리는 '상자 안에서' 생각을 하게 될 것이다. 뇌는 제한된 신경 회로들만을 활성화하여 특정한 정신적 서명들만 만들어낼 것이기 때문이다. 이러한 서명을 우리는 자신의 성격personality이라고 부른다.

습관은 어떻게 만들어지는가?

이런 신경 습관화의 결과, 내부의 마음과 외부의 세계라는 두 가지 현실은 거의 분리될 수 없는 것처럼 보인다. 예를 들어 당신이 어떤 문제에 대해 멈추지 않고 계속해서 생각한다면, 이때 당신의 마음은 당신의 삶과 하나로 합쳐진다. 객관적인 세계는 이제 주관적인 마음의 인식에 의해 채색되고, 현실은 계속 그 인식을 따라간다. 당신은 꿈의 환영 속에서 길을 잃게 되는 것이다.

우리는 모두 이런 함정에 빠진다. 이 함정의 깊이는 생각보다 훨씬 깊다. 여기에 빠지면 행동뿐만 아니라 태도와 느낌도 반복적이 된다. 환경의 노예가 되어 형성한 습관이 곧 당신이 된다. 생각은 삶의 조건들과 똑같아지고, 당신은 양자 관찰자로서 특정 현실 속에서 그러한 환경을 재차 삼차 확인하는 마음을 창조한다. 당신이 하는 일은 기지旣知의 변하지 않는 외부 세계에 반응하는 것이 전부이다.

우리는 외부 환경의 결과물이 되었고, 자신의 운명을 자신이 아닌 외부 환경이 통제하도록 허락했다. 〈사랑의 블랙홀Groundhog Day〉이라는 영화 속 빌 머레이와는 다르게, 우리는 삶의 끝없는 단조로움에 맞서 싸우려고조차 하지 않는다.(이 영화에서 주인공은 매일 깨어나면 똑같은 하루가 되풀이되는 것을 깨닫고 이미 알고 있는 삶을 단조롭고 지루하게 사는 대신 다른 사람들을 도우며 의미 있게 살기로 결심한다.—옮긴이) 중요한 것은 우리를 이 반복되는 고리에 가둔 것이 어떤 보이지 않는 힘이 아니라는 것이다. 그 고리를 만든 것은 바로 '나'이다.

내가 이 고리를 만들었기 때문에 그것을 끊는 것도 나의 선택에 달렸다.

현실에 대한 양자 모델은 삶을 변화시키려면 내가 생각하고 행동하고 느끼는 방식을 근본적으로 바꾸어야 한다고 말한다. 나의 존재 상태를 변화시켜야 한다. 생각하고 느끼고 행동하는 방식이 본질적으로 나의 성격을 만들기 때문이다. 나의 개인적 현실personal reality을 창조하는 것은 바로 나의 성격personality이다. 따라서 새로운 개인적 현실, 즉 새로운 삶을 창조하려면 새로운 성격을 창조해야 한다. 우리는 다른 누군가가 되어야 한다.

결국 변화한다는 것은 나의 현재 상황과 환경을 뛰어넘어 더 크게 생각하고 행동한다는 것이다.

환경보다 큰 꿈을 꾼 사람들

환경을 넘어서서 나의 모습을 바꿀 수 있는 방법을 탐구하기 전에 몇 가지 기억해야 할 것이 있다.

먼저, 당신은 현재 현실보다 더 크게 생각할 수 있다. 우리는 역사 속에서 마틴 루터 킹 주니어, 윌리엄 월리스William Wallace(스코틀랜드의 독립 영웅. 영화 〈브레이브 하트〉의 실존 모델―옮긴이), 퀴리 부인, 마하트마 간디, 토머스 에디슨, 잔 다르크와 같이 현실보다 더 크게 생각한 위인들을 볼 수 있다. 이들은 모두 양자장 속에 잠재성으로 존재하는 미래 현실을 마음속에 하나의 이상으로 지니고 있었다. 이러한 비전vision은 감각을 초월한 마음속 가능성의 세계에 살아있었고, 그들은 그 생각을 현실로 만들었다.

그들은 모두 자신보다 훨씬 더 큰 꿈이나 비전, 목표를 가지고 있었다. 그들은 모두 미래의 운명을 믿었고, 그것이 마음속에 얼마나 생생한지 마치 그 꿈이 이미 현실로 이루어진 것처럼 살았다. 그들은 운명을 볼 수도 들을 수도 맛볼 수도 느낄 수도 없었지만, 꿈에 몰입한 나머지 그 시간이 되기도 전에 그 잠재 현실에 맞춰 행동을 했다. 그들은 마음속으로 그리던 것이 이미 현실인 것처럼 행동한 것이다.

예를 들어 1900년대 초반 인도를 지배하던 영국의 식민 통치 모토는 인도 국민들이 스스로 뭔가를 하지 못하도록 사기를 꺾어놓으라는 것이었다. 그럼에도 간디는 인도 국민의 삶 속에 아직 실현되지 않은 현실을 믿었다. 그는 불멸의 확신을 가지고 진심을 다해 자유, 평등 그리고 비폭력을 지지했다.

간디는 모든 이의 자유를 주장했지만, 영국의 압제 아래 있던 당시 현실은 매우 달랐다. 그 시대의 일반적인 믿음은 그의 희망이나 염원과는 정반대였다. 그가 처음 인도를 변화시키려고 할 당시 자유의 경험은 현실과 멀었지만, 그는 그러한 표면적인 어려움이 자신의 이상을 포기하도록 흔들게 내버려두지 않았다.

아무리 살펴봐도 외부 세계는 뭔가 변화를 만들어내기 어려울 것처럼 보였다. 하지만 간디는 자신이 처한 환경 조건들이 자신의 존재 방식을 통제하도록 허락하지 않았다. 그가 믿던 미래가 아직 감각으로 보이거나 느껴지지 않았지만 마음속에서는 생생히 살아있었기 때문에 그는 자신의 믿음과 다른 방식으로는 살 수 없었다. 그는 물리적으로 현재의 삶을 살아감과 동시에 미래의 새로운 삶을 끌어안았다. 그는 자신이 생각하고 행동하고 느끼는 방식이 현재의 환경 조건을 변화시키리라는 것을 알았다. 그리고 마침내 그의 노력으로 현실이 바뀌기 시작했다.

우리의 행위가 우리의 의도와 일치할 때, 행동이 생각과 일치할 때, 마음과 몸이 함께할 때, 말과 행동이 일치할 때…… 우리는 우리 안에 있는 어마어마한 힘을 발견할 수 있다.

역사의 거인들, 무모한 꿈을 꾸다

역사 속의 위대한 사람들은 환경에 얽매이지 않고 미래 운명에 대한 확고한 믿음을 가졌다. 그들은 바라던 미래가 아직 감각적 징후나 물리적 증거로 나타나지 않더라도 개의치 않았다. 그들은 자신이 집중하는 미래 현실을 날마다 떠올렸다. 그들의 마음은 현재의 환경을 앞서 있었다. 환경이 더 이상 그들의 생각을 지배하지 못했기 때문이다. 역사의 거인들은 그들의 시간보다 앞서 있었다.

이러한 위대한 존재들이 공통으로 지니고 있는 또 다른 특징이 있다. 그들은 자신이 바라는 것이 정확히 무엇인지 마음속으로 명확하게 그릴 줄 알았다.

이들은 비현실적인 사람이라고 손가락질받기도 했다. 실제로 그들은 완전히 비현실적이었고, 그것은 그들의 꿈도 마찬가지였다. 그들이 생각과 행동, 감정 속에 품은 사건은 전혀 현실적이지 않았다. 그 현실이 아직 일어나지 않았으니까 말이다. 무지하고 냉소적인 사람들은 그들의 비전을 허튼소리라고 비난했다. 어떻게 보면 그런 비관론자들이 옳을 수도 있다. 미래 현실에 대한 비전은 '감각되지 않는non-sense' 것이기 때문이다. 그것은 오감 너머의 현실에 존재했다.

또 다른 예를 들면 잔 다르크는 무모하고 심지어 미친 사람으로 여겨졌다. 그녀의 생각은 당대의 믿음에 대한 도전이었고, 따라서 그녀는 당시의 정치 세계를 위협하는 존재였다. 하지만 그녀의 비전이 현실로 드러나자 그녀는 곧 고결한 존재로 추앙받았다.

환경에 구애받지 않고 꿈을 품는 것이 바로 위대함이다. 우리는 환경을 극복하는 것이 몸과 시간을 극복하는 것과 불가분의 관계에 있다는 것을 곧 보게 될 것이다. 간디의 경우, 그는 외부 세계(환경)에서 벌어지는 일들에 흔들리지 않았다. 그는 자신의 기분이 어떨지, 자신(몸)에게 어떤 일이 일어날지 걱정하지 않았다. 그는 자유를 향한 꿈을 실현하는 데 시간이 얼마나 걸릴지도 신경 쓰지 않았다. 그는 그저 이 모든 요소들이 조만간 자신의 의도에 굴복하게 되리라는 것을 알았다.

역사의 모든 거인들에게는 마음속에 꽉 들어찬 이상이 있었고, 그들의 뇌는 그 이상이 이미 실현되었다고 느꼈다. 우리도 생각 하나만으로 나의 현재 모습을 바꿀 수 있다.

머릿속 시연: 생각이 경험이 된다

신경 과학은 우리가 환경 속의 어떤 것도 변화시키지 않고 단지 생각을 달리하는 것만으로 뇌를 변화시킬 수 있으며, 따라서 나의 행동과 태도, 믿음을 바꿀 수 있다는 사실을 입증했다. 우리는 머릿속 시연mental rehearsal(어떤 행동을 하는 모습을 마음속으로 반복해 그려보는 것. 정신적 시연)을 통해서 뇌 속의 회로를 나의 목적에 맞게 재조직할 수 있다. 뇌는 생각을 실재하는 것처럼 만들어 그것이 이미 물리적 현실이 된 것처럼 느끼게 한다. 우리는 외부 세계에서 어떤 실제적인 경험을 하기에 앞서 뇌를 변화시킬 수 있다.

《꿈을 이룬 사람들의 뇌》에서 나는, 실제로 피아노를 만지지 않고 닷새 동안 매일 두 시간씩 마음속으로 피아노 연습을 한 피실험자들이 어떻게 같은 기간 동안 실제 몸으로 피아노 연습을 한 사람들과 거의 동일하게 뇌의 변화를 보여주었는지 설명한 바 있다.[2] 뇌 영상을 찍어본 결과 모든 참가자들의 뇌에서 같은 부위에 있는 신경 세포들이 활성화되고 확장된 것이 보였다. 마음속으로 음계와 코드 연습을 한 사람들과 실제로 피아노를 치며 연습한 사람들의 뇌 회로 숫자가 거의 비슷하게 증가한 것이다.

이 연구는 두 가지 중요한 점을 입증한다. 우리는 그저 생각을 바꾸는 것만으로도 뇌를 바꿀 수 있을 뿐 아니라, 한 마음으로 집중할 때 뇌는 마음 내부의 세계와 외부 환경에서 일어나는 경험의 차이를 구분하지 못한다는 것이다. 이것은 곧 생각이 경험이 될 수 있다는 것을 뜻한다.

이러한 개념은 오래된 습관을 새로운 습관으로 대체하고자(오래된 신경 연결을 끊어내고 새로운 네트워크를 만들고자) 할 때 매우 중요한 역할을 한다. 마음속으로만 연습하고 실제로는 피아노를 치지 않았던 사람들에게 어떻게 이런 학습 결과가 일어났는지 좀 더 깊이 살펴보자.

●◉●

어떤 기술을 몸으로 습득하든 정신적으로 습득하든 뇌를 변화시키려면 네 가지 요소가 필요하다. 그것은 바로 새로운 지식을 학습하는 것, 직접 지도를 받는 것, 주의를 기울이는 것, 반복하는 것이다.

학습은 시냅스 연결을 만든다. 지도instruction는 새로운 경험을 하도록 몸을 훈련시키는데 이때 그 새로운 경험이 뇌를 더욱 강화시킨다. 이와 더불어 주의를 기울이고 새로운 기술을 계속 반복하면 뇌는 변화한다.

실제로 피아노를 치며 연습한 참가자들은 이 공식에 따라 새로운 뇌의 회로를 만들었다. 마음속으로 연습한 참가자들도 학습 과정에서 몸을 직접 쓰지 않았을 뿐 이 공식을 따랐다. 그들은 자신이 피아노를 연주하는 모습을 마음속으로 상상했다.

이 피실험자들이 마음속으로 반복 연습을 한 후에 그들의 뇌가 실제로 피아노를 치며 연습한 참가자들과 동일한 신경학적 변화를 보였다는 사실을 기억하라. 이것은 뇌에 새로운 신경망이 구축되어 실제로 피아노를 연습한 것과 똑같은 효과를 냈다는 사실을 입증한다. 피아노를 실제로 연주하기 전에 그들의 뇌가 먼저 "그 미래에 존재했다"고 말할 수 있다.

생각을 다른 무엇보다 더 실제적인 것으로 만들어내는 전두엽 특유의 능력 덕분에, 전뇌前腦는 자연스럽게 우리가 집중하고 있는 생각 외에는 아무것도 처리되지 않도록 외부 환경의 잡음을 차단한다. 우리가 이처럼 마음속의 상상에 몰입하면 할수록 뇌는 그 일을 실제로 경험하지 않아도 마치 경험한 것처럼 자신의 연결 상태를 바꾼다. 우리가 환경에 관계없이 마음을 변화시키고 흔들림 없이 이상에 집중할 때 뇌는 환경을 앞서게 된다.

이것이 바로 자신이 된 습관을 깨는 중요한 도구, 머릿속 시연이다. 만약 우리가 어떤 한 가지만 반복해서 생각한다면, 우리는 그 생각이 경험이 되는 순간을 맞게 된다. 이때 신경 하드웨어는 생각을 경험으로 반영하기 위해 다시 연결된다. 이 순간이 바로 우리의 생각이 뇌를 변화시키고, 그럼으로써 우리의 마음을 변화시키는 순간이다.

신경학적인 변화가 환경과의 물리적 상호 작용 없이도 일어날 수 있다는 점을 이해하는 것, 이것이 우리의 습관을 깨는 데 매우 중요하다. 피아노 연습 실험이 함축하고 있는 더 큰 의미를 생각해 보라. 만약 이와 동일한 과정, 즉 머릿속 시연을 우리가 원하는 다른 일에도 적용한다면, 우리는 구체적인 경험을 하기에 앞서 뇌를 먼저 변화시킬 수 있을 것이다.

만약 원하는 미래의 사건을 경험하기 전에 뇌를 변화시킬 수 있다면, 사건이 현실화되기 전에 나의 의도와 행동을 일치시킬 적절한 신경 회로를 만들 수 있다. 더 나은 생각과 행동과 존재 방식을 마음속으로 반복 연습함으로써 새로운 상황에 맞게 생리적으로 준비시킬 신경 하드웨어를 '설치'하게 된다.

여기에서 뇌의 하드웨어란 뇌의 물리적 구조, 해부학적 구조, 그리고 그 신경 세포들을 가리킨다. 계속해서 자신의 신경학적 하드웨어를 설치하고 강화하고 다듬어나간다면 그러한 반복의 최종 결과물로 새로운 소프트웨어 프로그램인 신경망을 만들게 된다. 마치 컴퓨터 소프트웨어처럼 이 프로그램(예컨대 행동, 태도 또는 감정 상태)은 이제 자동으로 작동된다.

지금까지 당신은 새로운 경험을 할 수 있도록 뇌를 준비시켰다. 이제 당신은 그 새로운 도전을 감당할 마음의 준비가 되었다. 마음을 바꿀 때 뇌가 바뀐다. 그리고 뇌가 바뀌면 마음이 바뀐다.

변함없이 확고한 신념으로 생각하고 행동할 때 외부의 악조건을 뛰어넘어 자신의 비전을 입증할 수 있다. 미래의 자신의 행동을 더 많이 상상할수록 새로운 모습으로 살아가기가 더 쉬워진다.

아직 감각으로 확인할 수 없는 미래의 경험을 마음속으로 자꾸 떠올려 마치 그 경험이 외부 세계에 실제로 일어난 것처럼 여기도록 뇌를 변화시킬 수 있는가? 그럴 수 있다면 뇌는 더 이상 과거의 기록으로 남지 않는다. 그것은 미래로 가는 지도가 되어 있을 것이다.

이제 다르게 생각함으로써 뇌를 변화시킬 수 있다는 것을 알았다. 그렇다면 실제로 바라는 상황이 일어나기에 앞서 어떤 경험을 이미 한 것처럼 '보이도록' 몸을 변화시키는 것도 가능할까? 우리의 마음은 그럴 수 있을 정도로 강력한가? 이제 그 점을 살펴보자.

3장

브레이킹 두 번째:
몸을 넘어서기

우리는 진공 상태에서 생각하지 않는다. 우리가 어떤 생각을 할 때마다 뇌 속에서는 생화학 반응이 일어난다. 화학 물질이 만들어지는 것이다. 뇌는 몸에 특정한 화학적 신호들을 보내는데, 이것들은 몸 속에서 생각을 전달하는 메신저 역할을 한다. 뇌로부터 화학적 메시지를 전달받으면 몸은 곧장 뇌의 생각에 부합하는 일련의 반응을 내보인다. 그리고 즉각 뇌에게 지금 정확히 뇌가 '생각하는' 대로 '느끼고' 있다는 확인 메시지를 보낸다.

우리가 어떻게 몸과 일치하는 생각을 하게 되는지, 그리고 어떻게 새로운 마음을 만들어내는지 그 과정을 이해하기 위해서는 먼저 뇌와 뇌에서 분비되는 화학 물질이 삶에 어떠한 역할을 하는지 알아야 한다. 지난 수십 년 사이에 우리는 뇌와 몸이 강력한 전기 화학적 신호를 통해 상호 작용한다는 사실을 발견했다. 인간의 두 귀 사이에는, 무수히 많은 신체 기능을 조정하는 대규모의 화학 공장인 뇌가 있다. 하지만 그리 겁먹을 필요는 없다. 지금부터 다룰 내용들은 뇌 화학 개론 수준이 될 것이고, 알아야 하는 용어도 몇 가지 되지 않는다.

모든 세포는 표면에 수용체 부위가 있어서 그것을 통해 외부로부터 정보를 받아들인다. 세포의 수용체 부위와 외부에서 들어오는 신호 사이에 화학적 성질과 진동수, 전하電荷가 일치하면 세포가 '켜져turned on' 특정 임무를 수행하게 된다.

신경 전달 물질neurotransmitter, 신경 펩티드neuropeptide, 호르몬은 뇌 활동 및 신체 기능과 관계가 있는 화학 물질이다. 이 세 가지 화학 물질을 리간드ligand('묶다'라는 뜻의 라틴 어 '리가레ligare'에서 파생되었다)라고 부르는데, 이들은 수천분의 1초 만에 세포와 결합하여 상호 작용한다.

세포의 활동

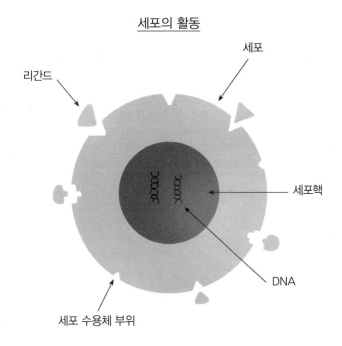

그림 3.1 세포는 수용체 부위를 통해 세포 바깥에서 오는 필수 정보를 받아들인다. 이런 신호는 세포가 수많은 생물학적 기능을 수행하는 데 영향을 미친다.

—신경 전달 물질은 주로 신경 세포들 사이에 신호를 보내는 화학적 메신저로, 뇌와 신경계가 소통할 수 있게 해준다. 신경 전달 물질에는 여러 종류가 있는데 저마다 독특한 역할을 수행한다. 어떤 것은 뇌 활동을 촉진시키는가 하면 어떤 것은 떨어뜨리고, 어떤 것은 우리를 졸리게 하는 반면 어떤 것은 깨어나게 만든다. 이 물질들은 현재의 연결 상태를 풀거나 혹은 더 단단히 조이라는 메시지를 신경 세포에 전하기도 한다. 심지어 어떤 메시지가 전달되는 동안 그 메시지를 바꾸어, 연결되어 있는 모든 신경 세포들에 새로운 메시지가 전달되도록 할 수도 있다.

—신경 펩티드는 리간드의 두 번째 유형으로, 이러한 메신저의 대부분이 이 신경 펩티드로 이루어진다. 이들 대부분은 뇌의 시상하부라는 곳에서 만들어진다.(최근 연구에 따르면 면역계 역시 이 물질들을 만들어낸다.) 이 화학 물질은 뇌하수체를 거친 뒤에 특정 지시 사항이 포함된 화학적 메시지를 몸에 내보낸다.

—신경 펩티드는 혈류를 타고 흐르면서 다양한 조직(주로 분비샘)의 세포에 달라붙어 리간드의 세 번째 유형인 호르몬을 활성화한다. 호르몬은 우리가 특정한 방식으로 느끼도록 영향을 준다. 신경 펩티드와 호르몬은 감정을 담당하는 화학 물질이다.

정리해 보자. 신경 전달 물질은 주로 뇌와 마음이 보내는 화학적 메신저이다. 신경 펩티드는 뇌와 몸을 이어주는 다리와도 같으며, 우리가 생각하는 대로 느끼게 해주는 화학적 신호수signaler 역할을 한다. 호르몬

뇌와 몸 속에서 작용하는 리간드의 역할

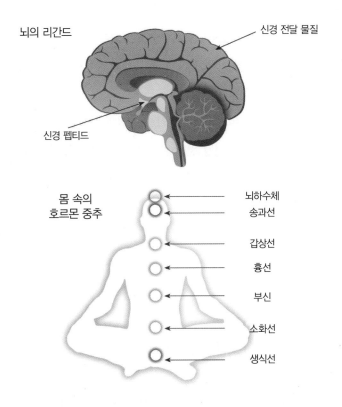

뇌의 리간드

신경 전달 물질

신경 펩티드

몸 속의
호르몬 중추

뇌하수체
송과선
갑상선
흉선
부신
소화선
생식선

그림 3.2 신경 전달 물질은 신경 세포들 사이를 오가는 다양한 화학적 메신저들이다. 신경 펩티드는 몸의 여러 분비선에 신호를 보내 호르몬이 나오게 하는 화학적 신호수이다.

은 주로 몸에서 느껴지는 감정과 관련된 화학 물질이다.

예를 들어 당신이 어떤 성적인 환상에 빠질 때 이 세 가지 요소가 모두 활동에 들어간다. 생각을 하기 시작하면 뇌는 금세 몇몇 신경 전달 물질을 만들어내고, 이들이 신경 세포망을 자극해 마음속에 관련 이미지들이 떠오르게 한다. 이 화학 물질들은 혈류 속으로 특정한 신경 펩티드가 방출되도록 자극한다. 신경 펩티드가 생식선에 도착하면 그곳 조직의 세포들과 결합하여 호르몬계를 활성화한다. 그러면 일이 매우 빠르게 진행되기 시작한다. 마음속으로 아주 생생하게 상상한 나머지 몸은 그 일이 일어나기도 전에 실제 성적 경험을 위한 준비를 한다. 마음과 몸은 이토록 강력하게 연결되어 있다.

마찬가지로 당신이 차를 찌그러뜨린 십대 자녀를 마주할 생각을 하기 시작했다면, 당신의 신경 전달 물질은 뇌 속에서 특정한 마음의 상태를 만들어내는 사고 과정을 시작하고, 신경 펩티드는 특정한 방식으로 몸에 화학적 신호를 보낸다. 당신은 조금씩 짜증을 느끼기 시작할 것이다. 신경 펩티드가 부신에 도달하면 부신이 자극을 받아 아드레날린과 코르티솔 호르몬을 분비한다. 이제 당신은 틀림없이 화를 느끼게 된다. 화학적으로 당신 몸은 싸울 준비가 되었다.

생각과 느낌의 순환 고리가 현재 상태를 만든다

다른 생각을 할 때마다 뇌 속 회로들은 그에 상응하는 순서와 패턴, 조합으로 불이 켜지며, 불이 켜진 회로들은 그 생각들과 동일한 수준의 마음을 만들어낸다. 이렇게 신경 세포들 간의 특정 연결망이 활성화되면 뇌는 그 생각들에 정확히 일치하는 서명을 지닌 특정 화학 물질들을 생성한다. 그 결과 우리는 생각하는 그대로 느낄 수 있게 된다.

그러므로 위대한 생각이나 사랑이 가득한 생각, 즐거운 생각을 할 때 우리는 멋진 기분, 사랑이 차오르는 기분, 즐거운 기분이 느껴지게 하는 화학 물질을 생성한다고 할 수 있다. 부정적이거나 두려운 생각을 할

생각과 느낌의 순환

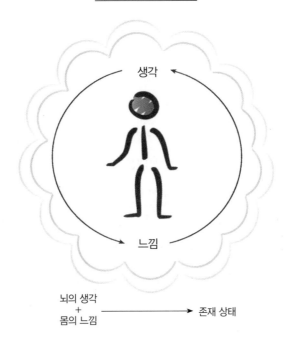

뇌의 생각
+
몸의 느낌 ─────────→ 존재 상태

그림 3.3 뇌와 몸의 신경 화학적 관계. 어떤 생각을 하면 뇌는 정확히 생각하는 대로 느끼게 하는 화학 물질을 생성한다. 일단 생각하는 대로 느끼게 되면, 이제는 느끼는 대로 생각하기 시작한다. 이 끝없는 순환은 '존재 상태'라 불리는 피드백 고리를 형성한다.

때도 마찬가지다. 부정적이거나 두려운 생각을 하는 그 순간 우리는 그런 느낌을 갖게 된다.

뇌와 몸 사이에는 순간순간 일종의 '동시성'이 발생한다. 생각하는 대로 느끼기 시작하면 느끼는 대로 생각하게 된다. 뇌는 몸과 끊임없이 소통하고 있기 때문이다. 뇌는 몸이 어떻게 느끼고 있는지 계속 관찰한다. 그리하여 몸으로부터 받은 화학적 피드백을 기반으로, 몸의 느낌에 상응하는 화학 물질을 생성해 낼 생각을 더 많이 만들어낸다. 그래서 우리는 먼저 생각하는 대로 느끼기 시작하고, 그 다음에 느끼는 대로 생각하게 된다.

생각은 주로 마음(그리고 뇌)과 관련되고 느낌은 몸과 관련된다. 결국 몸의 느낌이 특정한 마음 상태에서 비롯된 생각에 맞춰지면, 마음과 몸은 하나가 되어 함께 작동하게 된다. 그리고 마음과 몸이 하나가 될 때 마지막으로 '존재 상태state of being'가 만들어진다. 생각과 느낌, 느낌과 생각의 끊임없는 순환 과정이 존재 상태를 만들어내고, 그 존재 상태가 우리의 현실에 특정한 결과를 불러온다고도 말할 수 있다.

존재 상태라는 것은 어떤 정신적·감정적인 상태, 즉 어떤 생각의 방식과 느낌의 방식에 익숙해진다는 뜻이다. 이것은 자아 정체성을 이루는 필수 요소가 된다. 우리는 자신에 대해 설명할 때, 현재 순간에 내가 어떤 생각을 하고 있는지(따라서 어떤 느낌이 드는지) 혹은 어떤 상태에 있는지를 말한다. "나는 화가 나. 나는 고통스러워. 난 의욕이 생겨. 난 자신이 없어. 난 부정적이야……"

하지만 똑같은 생각을 하고, 그에 따라 똑같은 감정을 느끼고, 그 느낌에 맞춰 또다시 똑같은 생각을 하는 일을 계속 하게 되면, 우리는 그 존재 상태를 기억 속에 저장한 뒤 자신은 늘 그런 사람이라고 절대적으로 받아들이게 된다. 이 존재 상태가 바로 자신이라고 정의 내리게 된다는 뜻이다. 생각과 느낌이 한 덩어리가 되어버린 것이다.

예를 들어 우리는 이렇게 말한다. "난 항상 게을러. 난 걱정이 많아. 난 늘 내 자신에 대한 확신이 없어. 난 자존감에 문제가 있어. 난 성질이 급하고 참을성이 없어. 난 그리 똑똑하지 못해……" 이렇게 기억 속에 저장된 특정 느낌은 개인의 성격 특성으로 이어진다.

여기서 주의해야 할 점이 있다. 느낌이 생각의 수단이 되거나 우리가 느낌보다 더 크게 생각하지 못한다면 우리는 결코 변화할 수 없다. 변화한다는 것은 자신이 느끼는 것보다 더 크게 생각한다는 뜻이다. 또한 변화한다는 것은 기억된 자아의 익숙한 느낌보다 더 크게 행동한다는 뜻이다.

당신이 오늘 아침 차를 몰고 출근을 하고 있는데 며칠 전 한 동료 때문에 화가 났던 일이 떠올랐다고 해보자. 그 사람과 그날의 경험에 대해 생각하자 뇌는 몸 속을 순환하는 화학 물질들을 분비하기 시작한다. 순식간에 당신은 정확히 당신이 생각하고 있는 그대로 느끼기 시작한다. 아마도 화가 나기 시작할 것이다.

몸은 뇌에게 "맞아. 정말 한 방 얻어맞은 기분이야"라고 답 메시지를 보낸다. 물론 몸과 끊임없이 소통하면서 몸 속의 화학적 명령을 관찰하는 뇌 역시 갑작스런 느낌의 변화에 영향을 받는다. 그 결과 당신은 다르게 생각하기 시작한다.(생각하는 대로 느끼기 시작하는 순간 당신은 느끼는 대로 생각하기 시작한다.) 당신은 화나고 불만스러운 생각을 계속 하면서 똑같은 느낌을 무의식적으로 강화시킨다. 그래서 더 화가 나고 더 불만스런 기분이 된다. 결국 느낌이 생각을 조종한다. 몸이 마음을 몰아가고 있는 것이다.

이러한 순환이 계속될수록 화난 생각은 몸에 더 많은 화학적 신호를 보내고, 이 신호는 화난 느낌과 관련된 부신의 화학 물질을 활성화시킨다. 이제 당신은 격분하고 공격적이 된다. 얼굴이 빨개지고, 장이 꼬이고, 머리가 지끈거리며, 근육에 힘이 들어가기 시작한다. 이 모든 고조된 느낌들이 몸을 가득 채워 생리 기능을 바꾸어놓는 동안, 이 화학적 혼합물은 뇌 속의 일련의 회로들을 작동시켜 그 감정과 일치하는 생각을 하게 만든다.

이제 당신은 마음속에서 혼자 여러 가지 방식으로 그 동료에게 화를 내고 있다. 현재의 분노를 정당화해 줄 과거 사건들도 하나하나 떠올린다. 그리고 평소에 제기하고 싶었던 온갖 불만 사항을 편지에 세세히 열거하자는 데 생각이 모인다. 직장에 도착하기도 전에 마음속에서는 벌써 그 편지를 동료에게 건넸다. 당신은 그 사람을 죽이고 싶을 만큼 분노에 휩싸인 상태로 차에서 내린다. 그런데 이 모든 것은 하나의 생각에서 시작되었다. 이 시점에 이르면 느끼는 것보다 더 크게 생각하기는 불가능해 보인다. 변화하기가 그토록 어려운 이유이다.

이처럼 뇌와 몸 사이의 뱅뱅 도는 소통의 결과로 우리는 그런 상황에 닥칠 때마다 늘 예측 가능한 방식으로 반응하게 된다. 전과 똑같은 익숙한 생각과 느낌의 패턴을 만들어내고 무의식적으로 자동 반사적인 행동을 한다. 습관 속에 갇혀버린 것이다. 이것이 화학적인 '당신'이 기능하는 방식이다.

변화는 왜 이렇게 힘든 것일까?

자꾸만 고통을 호소하는 어머니를 오랫동안 관찰한 결과 그게 어머니가 자신이 원하는 걸 얻기 위한 행동 패턴이란 사실을 당신이 은연중 알게 되었다고 해보자. 또 당신이 살아오면서 몇몇 힘든 경험으로 인해 많은 고통을 겪었다고 해보자. 그러한 기억들은 나중에도 특정 시간, 특정 장소, 특정 사람과 연관되어 감정 반응을 불러일으킨다. 이것은 과거의 경험을 자동으로 회상할 수 있을 정도로 자주 떠올리는 등 오랫동안 고통을 생각하고 느끼는 연습을 해왔음을 의미한다.

이제 당신은 느낌을 만들어내기 위해 더 이상 과거의 사건을 생각할 필요가 없다. 늘 느끼던 방식과 다른 방식으로 생각하거나 행동하기가 더 어렵게 되었을 테니 말이다. 과거 사건과 관련된 생각과 느낌을 계속 되풀이함으로써 우리는 고통을 기억시키게 된다. 그렇게 되면 당신 자신이나 삶에 대해 생각할 때마다 당신은 피해 의식과 자기 연민으로 가득 찰 수밖에 없다. 똑같은 생각과 느낌을 계속 반복하면 몸은 의식적인 생각 없이도 고통의 느낌을 기억하도록 길들여진다. 그 느낌이 아주 자연스럽고 정상적인 것처럼 느껴지면 이제 그것이 우리의 정체성이 된다. 그리고 자신의 어떤 점을 변화시키려고 할 때는 언제나 그 생각과 느낌이 되살아난다. 우리는 결국 예전의 나로 되돌아가고 만다.

사람들이 모르고 있는 사실이 있다. 우리가 아주 강렬한 감정적 경험을 떠올릴 때 뇌는 그것을 경험했던 예전과 똑같은 순서와 패턴으로 작동하기 시작한다는 사실이다. 즉 우리는 뇌의 회로를 과거에 만들어진 네트워크에 더 강하게 연결시킨다. 아울러 그 순간에 그 사건을 실제로 다시 경험하는 것처럼 동일한 화학 물질을 (정도는 다르지만) 뇌와 몸속에 만들어낸다. 이 화학 물질이 그 감정을 더 잘 기억하도록 몸을 길들이기 시작한다. 함께 발화하고 연결되는 신경 세포들은 물론이고 생각과 느낌의 결과로 생성되는 화학 물질들까지 모두 마음과 몸을 정형화된 자동 프로그램에 따라 작동하도록 조건화한다.

우리는 과거의 사건을 이런 식으로 몇 번이고 다시 체험할 수 있다. 아마 평생 동안 수천 번은 그럴 것이다. 그 감정적인 상태를 의식적인 마음보다 훨씬 잘 기억하게끔 몸을 훈련시키는 것이 바로 이 무의식적인 반복이다. 몸이 의식적인 마음보다 더 잘 기억하게 될 때(즉 몸이 마음이 될 때) 이것을 '습관'이라고 부른다.

심리학자들은 삼십대 중반쯤에 우리의 정체성이나 성격이 완전히 형성된다고 말한다. 이 말은 35세가 넘은 사람들은 잠재의식에 이미 프로그래밍된 일련의 행동, 태도, 믿음, 감정적 반응, 습관, 기술, 연상 기억, 조건화된 반응, 인식을 갖고 있다는 뜻이다. 그러한 프로그램들이 우리를 움직이게 하는데, 그 이유는 몸이 마음이 되었기 때문이다.

이는 우리가 똑같은 생각을 하고, 똑같은 감정을 느끼고, 똑같이 반응하고, 똑같이 행동하며, 똑같은 신조를 믿고, 똑같은 방식으로 현실을 인지할 것이라는 의미이다. 운전하기, 양치질하기, 스트레스를 받았을 때 과식하기, 미래에 대해 걱정하기, 친구를 비난하기, 삶에 대해 불평하기, 부모님을 원망하기, 자신을 믿지 않기, 불행한 채로 살기를 고집하기 등 중년에 이른 성인이 하는 행동의 약 95퍼센트가 이처럼 잠재의식에 프로그래밍된 자동 반응이다.[1]

우리는 정말 깨어 있는 걸까?

몸이 잠재의식적 마음subconscious mind이 되었을 때 의식적인 마음 conscious mind은 더 이상 행동에 영향을 미치지 않는다. 어떤 감정을 느끼거나 어떤 생각에 반응하는 순간 몸은 자동으로 기능한다. 이렇게 우리는 무의식적인 상태에 빠진다.

아이들을 학교에 데려다주기 위해 운전을 하는 중이라고 해보자.

당신은 길을 찾아가고, 아이들의 말다툼을 말리고, 커피를 마시고, 기어를 바꾸고, 아이가 코 푸는 것을 도와준다. 당신은 어떻게 이 모든 행동을 한꺼번에 할 수 있는 걸까? 당신이 하는 동작들을 보면 마치 컴퓨터 프로그램처럼 아주 쉽고 자연스럽다. 수많은 반복을 통해서 이 모든 동작을 어떻게 하면 되는지 기억했기에 당신 몸은 이를 능숙하게 해낸다. 당신은 더 이상 어떻게 해야 하는지 의식적으로 생각하지 않는다. 습관적으로 하는 것이다.

마음의 5퍼센트만이 의식적이며, 이것이 잠재의식적 자동 프로그램을 작동시키는 나머지 95퍼센트와 맞서 싸우고 있다. 우리는 일련의 행동들을 너무나 잘 기억한 나머지 습관적으로 알아서 작동하는 몸-마음body-mind이 되었다. 몸이 어떤 생각이나 행동, 느낌을 기억해서 마음이 되는 단계에 도달할 때(몸과 마음이 하나가 되었을 때) 우리는 그 기억이 곧 자신이 된 상태가 된다. 우리가 하는 행동의 95퍼센트가 무의식적인 프로그램, 기억된 행동, 습관적 감정 반응에서 나온다면, 우리는 하루의 95퍼센트를 무의식적인 상태로 보내는 셈이다. 겉으로만 깨어 있는 것처럼 보일 뿐이다.

따라서 행복하고 건강하고 자유로워지길 의식적으로 원한다고 해도, 오랫동안 고통과 통증과 힘겨움의 화학 물질을 반복적으로 만들어왔다면 몸은 습관에 길들여져 있을 것이다. 내가 무슨 생각을 하고 무슨 행동을 하며 어떤 감정을 느끼는지 더 이상 알아차리지 못한다면 삶은 습관이 된다.

우리가 깨야 할 가장 큰 습관은 우리 자신이 되어버린 습관이다.

마음이 된 몸

몸이 습관적인 상태 속에 있음을 보여주는 몇 가지 예가 있다. 자주 사용하던 전화번호가 아무리 생각해도 온전히 떠오르지 않았던 경험이 있는가? 그래도 당신은 수화기를 들었고, 그러자 손가락이 번호를 누르고 있다. 당신의 의식적인, 생각하는 뇌는 숫자를 기억할 수 없지만, 이 동작을 손가락으로 수없이 많이 한 결과 이제 몸이 더 잘 알고 기억하는 것이다. 현금인출기 사용시 비밀 번호를 누를 때나 온라인 사이트에서 비밀 번호를 입력할 때도 아마 이와 같은 경험을 해본 적이 있을 것이다.

나도 비슷한 경험을 한 적이 있다. 헬스 클럽에 다니던 때 그곳에 번호 자물쇠가 달린 사물함이 있었다. 운동 후 너무나 피곤했던 나는 자물쇠의 비밀 번호를 기억해 낼 수가 없었다. 숫자들의 순서를 떠올리려 애썼지만 아무 생각도 나지 않았다. 그런데 자물쇠를 돌리기 시작하자 그 숫자들이 마법처럼 떠올랐다. 그 숫자들을 수없이 돌려본 몸이 의식적인 마음보다 더 잘 기억하고 있었기 때문이다. 몸이 잠재의식적 마음이 된 것이다.

35세 무렵이 되면 우리의 95퍼센트에 해당하는 부분이 동일한 잠재의식적 기억 속에 자리하게 된다는 사실을 기억하라. 그 속에서 몸은 프로그래밍된 일련의 행동과 감정 반응을 자동으로 실행한다. 몸이 우리를 이끌어가는 것이다.

하인이 주인이 되다

　몸은 마음을 따라야 한다. 몸이 마음이 되었다면 하인이 주인이 되었다는 뜻이다. 진짜 주인(의식적인 마음)은 잠들어 버렸다. 마음은 자기가 여전히 모든 것을 맡고 있다고 생각할지 모른다. 하지만 기억된 감정들과 일치하는 결정을 내리도록 명령하고 있는 것은 몸이다.

　마음이 다시 모든 것을 지배하고 싶다고 해보자. 몸은 뭐라고 말할까?

　"이제껏 어디 있었어? 계속 잠이나 자. 모든 걸 훌륭하게 하고 있는 내가 있잖아? 너는 의지도 없고 끈기도 없어. 지금까지 무의식적으로 내 명령을 따라왔음에도 넌 내가 뭘 하는지 전혀 몰랐잖아. 난 너의 말을 듣기 위해 수년 동안 세포 수용체까지 바꿨어. 너는 아직도 주인이라고 생각하겠지만 이제껏 명령을 내리고 있었던 건 바로 나야."

　의식적인 5퍼센트가 무의식적 자동 프로그램이 작동되는 95퍼센트에 맞서면, 아주 작은 생각이나 자극만으로도 자동 프로그램에 불이 켜진다. 그때 우리는 늘 똑같은 나 자신으로 되돌아간다. 똑같은 생각과 똑같은 행동을 하면서도 삶에서 뭔가 색다른 일이 일어나길 바라는 나 자신으로 말이다.

　마음이 지배권을 되찾으려고 하면 몸은 뇌에게 그 의식적인 마음이 목표를 달성하지 못하게 설득하라는 신호를 보낸다. 우리가 평소와 다른 것을 시도하려고 하거나 익숙한 존재 상태에서 벗어나려고 할 때 몸은 그래선 안 되는 수많은 이유를 갖다 댄다. 그것은 우리의 모든 약점을 끄집어내 우리 앞에 내놓는다.

그 익숙한 느낌들을 넘어설 수 없도록 우리는 마음속에 최악의 시나리오를 만들어낸다. 습관이 되어버린 내부의 화학적 질서를 깨뜨리려고 하면 몸이 혼란에 빠지고 말기 때문이다. 그래서 우리는 그 앞에 자주 굴복하고 만다.

변화를 원한다면 잠재의식 속으로 들어가라

잠재의식적 마음은 단지 우리가 작동하도록 프로그래밍해 놓은 것이 무엇인지 알고 실행할 뿐이다. 그런데 컴퓨터를 쓰던 중 지시하지도 않았는데 갑자기 컴퓨터가 자동 프로그램을 실행한 적이 있지 않은가? 의식적인 마음을 이용해 몸 속에 저장된 잠재의식적 자동 프로그램들을 멈추려고 하는 것은 제멋대로 돌아가는 컴퓨터에게 소리를 지르는 것과 같다. 아무리 멈추라고 소리쳐도 컴퓨터는 그 명령을 인식하지 못한다. 운영 시스템으로 들어가서 몇 가지 설정을 바꿔놓기 전까지는 말이다.

이 책에서 우리는 잠재의식적 마음 속에 들어가 그것을 새롭게 재프로그래밍하는 법을 배우게 될 것이다. 그 결과 낡은 생각과 느낌의 패턴을 잊어버리고unlearn 혹은 연결을 끊고unwire 우리가 되고자 하는 모습에 맞는 새로운 생각과 감정의 패턴을 재학습relearn 혹은 재연결하게 rewire 될 것이다. 몸을 새로운 마음에 길들이면 이 둘은 더 이상 반대로 작용하지 않고 조화를 이루게 된다. 이것이 변화의 핵심이자 자기 창조의 핵심이다.

변화를 결심할 때 일어나는 일

기억 속에 저장된 감정 상태에서 벗어나 마음을 변화시키기로 결심하면 어떤 일이 일어날까? 누구나 흔히 느끼는 죄책감을 예로 들어 이 '생각과 느낌'의 순환이 실제로 어떻게 변화의 결심을 가로막는지 살펴보자. 그러고 나서 그 죄책감 상태를 통제하고 유지하기 위해 뇌-몸 시스템이 어떤 노력을 기울이는지 알아보자.

이런저런 일로 자주 죄책감을 느낀다고 해보자. 말이 잘 통하지 않는다든지 누군가 부당하게 화를 낸다든지 인간 관계에서 뭔가 잘못되면 그게 자기 책임인 것 같아서 기분이 좋지 않다. "그건 내 잘못이야"라고 계속해서 말하고 생각하는 나를 상상해 보라.

지속적으로 이런 마음을 가지면 자동으로 죄책감을 느끼고 자책하는 생각을 하게 된다. 스스로 죄의식 환경을 만드는 셈이다. 다른 요소들도 이에 기여했겠지만 여기서는 생각과 느낌이 어떻게 나의 존재 상태와 환경을 만들어냈는지를 살펴보자.

자신에게 잘못이 있다고 생각할 때마다 우리는 죄책감을 이루는 특정 화학 물질을 생성하도록 몸에 신호를 보낸다. 이런 일이 자주 있다 보면 이제 몸의 세포들은 죄책감이라는 화학 물질에 잠기게 된다.

세포 표면의 수용체 부위는 죄책감이라는 특별한 화학적 표현물을 더 잘 받아들이고 처리할 수 있도록 스스로를 조정한다. 죄책감이 쌓이면 몸은 그 감정을 정상적이라고 인식하게 되고, 결국은 기꺼이 받아들이기 시작한다. 이것은 오랫동안 공항 근처에서 살다 보니 비행기 소음에 매우 익숙해져서 더 이상 그 소리를 의식적으로 듣지 못하는 상태와 같다. 세포에도 똑같은 일이 일어난다. 세포들은 화학적 죄책감에 말 그대로 둔감해진다. 이들은 다음번에도 켜지기 위해서 당신에게 더 강력하고 생생한 감정, 즉 더 높은 수준의 자극을 달라고 요구할 것이다. 그렇게 더욱 강한 죄책감의 화학 물질이 몸의 주의를 끌면 세포들은 그런 자극에 갑자기 활기를 띤다. 마치 커피를 좋아하는 사람들이 그날의 첫 번째 커피를 마실 때처럼 말이다.

세포들이 분열하여 딸세포를 만들면, 이 새로운 세포의 수용체 부위는 활성화되기 위해서 더 높은 수준의 죄책감을 필요로 할 것이다. 몸은 살아있음을 느끼기 위해 기분 나쁜 감정을 더 많이 요구한다. 우리는 이렇게 스스로 죄책감에 중독된다.

무언가가 잘못되거나 엉망이 될 때 우리는 자동으로 자신에게 잘못이 있다고 생각한다. 그런데 이제 죄책감은 생각할 필요조차 없는 당연한 것이 되었다. 마음은 우리가 말이나 행동으로 얼마나 죄책감을 표현하는지 의식하지 못하는데, 몸은 죄책감을 느끼고 싶어 한다. 우리가 그렇게 스스로를 길들였기 때문이다. 우리는 무의식적으로 거의 언제나 죄책감을 느끼며 살아간다. 우리 몸이 죄책감의 마음이 된 것이다.

"점원이 거스름돈을 잘못 준 거지 네가 사과할 필요가 없었다"고 친구가 지적할 때에야 비로소 자신에게 죄책감이 얼마나 깊이 배어 있었는지 깨달을 수도 있다. 당신은 생각한다. '친구 말이 맞아. 나는 왜 늘 사과를 하지? 왜 내가 다른 사람들의 실수에 책임을 지는 거지?' 끊임없이 죄책감을 지어냈던 자신을 돌아보며 마음속으로 이렇게 생각한다. '이제부터는 나 자신을 탓하면서 다른 사람들의 잘못을 대신 변명하지 않겠어. 난 변할 거야.'

이렇게 결심한 당신은 더 이상 똑같은 느낌을 낳는 똑같은 생각을 (또는 그 반대를) 하지 않는다. 결심이 흔들릴 때마다 처음의 다짐을 기억하겠다고 자신과 약속할 수도 있다. 두 시간쯤 지나서 기분이 좋아져 혼자 생각한다. '와, 이게 정말 되네.'

그러나 불행히도 몸의 세포들은 기분이 그리 좋지 않다. 이제까지 당신은 화학적 요구를 충족하기 위해 더 많은 감정 분자(이 경우에는 죄책감)들을 요구하라고 세포들을 길들여왔다. 익숙한 화학 물질에 몸을 계속 길들여왔는데, 이제 몸의 화학적 요구를 거부하고 잠재의식적 프로그램이 작동하지 못하도록 방해하고 있는 것이다.

몸은 약물에 중독되는 것처럼 죄책감 같은 감정에 중독된다.[2] 처음에는 그저 작은 자극만으로도 그것을 느낄 수 있지만, 몸이 둔감해지면 세포들은 똑같은 강도를 느끼기 위해서 갈수록 더 강한 자극을 원하게 된다. 감정의 패턴을 바꾸려고 애쓰는 것은 약물의 금단 증상을 겪는 것과도 같다.

더 이상 뇌로부터 평소와 같은 죄책감의 신호를 받지 못하면 세포들은 불안해하기 시작한다. 전에는 몸과 마음이 죄책감이라는 존재 상태를 만들기 위해 서로 협력했지만 이제는 아니다. 긍정적인 생각을 더 많이 하고자 의도적으로 노력하고 있지만, 몸은 여전히 죄책감을 생각하고 느끼기 위해 움직이고 있다.

이것을 일종의 고도로 전문화된 조립 라인이라고 생각해 보자. 뇌는 몸을 이 커다란 조립 라인의 한 파트에서 일하도록 프로그래밍했다. 그런데 갑자기 당신이 몸을 과거의 '죄책감' 파트가 아닌 다른 파트로 보내버렸다. 알람이 울리고, 라인은 작동을 멈추기에 이른다.

세포들은 뇌와 마음에 무슨 일이 일어나고 있는지 항상 염탐하고 있다. 몸만 한 마음 판독기reader는 없다. 세포들은 모두 하던 일을 멈추고 뇌를 올려다보며 생각한다.

'위에서 뭐하고 있는 거야? 넌 스스로 죄가 있다고 주장했어. 우리는 오랫동안 명령을 충실하게 따랐어! 반복적인 생각과 느낌을 통해 죄책감을 프로그래밍했지. 너의 그 마음을 반영하기 위해 수용체 부위까지 바꿨어. 자동으로 죄책감을 느낄 수 있도록 우리의 화학 물질을 바꾼 거야. 어떤 외부 상황 속에서도 우리는 이 화학적 순서를 지켜왔어. 그래서 이제는 너의 그 새로운 존재 상태가 불편하고 낯설어. 우리는 익숙한 것, 예상할 수 있는 것, 그리고 자연스러운 느낌을 원해. 갑자기 변하겠다고? 그렇겐 안 돼!'

이제 세포들은 한데 뭉친다. '뇌에게 항의 메시지를 보내자. 하지만 영리하게 해야 해. 이 모든 생각이 자신의 생각이라고 믿게 만드는 거야. 이 생각이 우리한테서 나온 거라는 사실을 들켜선 안 돼.' 세포들은 '긴급'이라고 표시된 메시지를 척수를 통해 곧장 '생각하는 뇌'의 표면에 올려 보낸다. 메시지는 '빠른 길'을 통해 순식간에 중추 신경계로 올라간다.

이런 일이 일어나고 있는 동안 몸의 화학 작용(죄책감의 화학 작용)은 조금 잦아든다. 당신이 같은 방식으로 생각하고 느끼지 않기 때문이다. 그러나 이를 바로 알아채고 뇌의 시상하부가 경고 신호를 보낸다. "화학적 수치가 떨어지고 있어. 더 많이 만들어야 해!"

시상하부는 생각하는 뇌에게 예전의 습관으로 되돌아가라는 신호를 보낸다. 이 메시지는 '느린 길'로 전해지는데, 이 메시지를 담은 화학 물질이 혈류를 타고 순환하며 느리게 퍼져나가기 때문이다. 몸은 당신이 익숙한 화학적 자아로 돌아오길 바라고, 따라서 늘 하던 방식으로 생각하게끔 만들려고 한다.

이 '빠른 길'과 '느린 길'의 세포 반응은 동시에 일어난다. 그리고 어느 틈엔가 머릿속에서 다음과 같은 생각의 속삭임이 들려오기 시작한다. '넌 오늘 너무 피곤해. 이건 내일 시작해도 돼. 정말이야. 나중에 할 수 있어. 뭔가 느낌이 안 좋아.'

이 방법이 통하지 않으면 두 번째 기습 공격이 시작된다. 몸-마음은 다시 주인이 되길 원하기 때문에 조금씩 트집을 잡으며 당신을 괴롭히기 시작한다. '지금 기분이 좀 나빠도 괜찮아. 그건 네 아빠 탓이야. 과거에 네가 한 일을 생각하면 기분이 나쁘지 않아? 사실 너의 과거를 보면 지금 네가 왜 이런지 알 수 있지. 네 꼴을 봐. 넌 엉망이고 패배자야. 한심한데다 약해빠졌지. 네 인생은 실패했어. 넌 절대 안 변해. 넌 네 엄마랑 너무나 똑같아. 그냥 포기하는 게 어때?' 몸은 무의식적 기억 상태로 돌아가라고 마음을 유혹하며 계속 상황을 부정적으로 보게 만든다. 이성적으로 보면 이건 말도 안 되는 것 같지만 다른 측면에서 보면 기분이 나빠야 기분이 좋은 것이다.

이러한 몸의 속삭임을 듣고 이런 생각을 믿으며 익숙한 감정을 느끼는 순간, 우리는 원래의 목표를 잊어버린다. 여기서 흥미로운 것은 뇌가 몸이 말한 것을 실제로 믿기 시작한다는 것이다. 우리는 다시 그 자동 프로그램 속으로, 예전의 자아로 돌아간다.

사람들은 대부분 이 짧은 시나리오에 공감할 것이다. 그동안 고쳐보려고 노력한 수많은 습관들도 결국 이렇게 실패했기 때문이다. 담배, 초콜릿, 알코올, 쇼핑, 도박, 손톱 깨물기 등등 무엇이 됐든 습관적인 행동을 멈추려고 하면 몸과 마음 사이에 대혼란이 온다. 습관으로 돌아가고 픈 유혹에 굴복하면 우리는 계속해서 전과 똑같은 결과를 만들어낼 것이다. 마음과 몸이 대치하고 있기 때문이다. 우리의 생각과 느낌이 서로 반대로 작용하고 있는데, 만약 몸이 마음이 되어버리면 우리는 늘 느낌이 시키는 대로 하게 될 것이다.

익숙한 느낌에 빠져 있는 한 자기 자신을 변화시킬 수 없다. 자신의 내부 환경보다 더 크게 생각할 수도 없다. 과거의 부정적인 결과와 다른 가능성을 볼 수도 없다. 생각과 느낌은 이 정도로 강력하게 우리를 지배하고 있다.

작은 생각의 차이가 다른 결과를 가져온다

자신이 되어버린 습관을 깨는 다음 단계는 마음과 몸이 협력하는 것이 얼마나 중요한지 이해하는 것이다. 또 죄책감, 수치심, 분노, 우울함 등 부정적 존재 상태의 화학적 지속성을 깨는 일이 얼마나 중요한지 아는 것이다. 과거의 불건강한 습관을 회복하려는 몸의 요구에 저항하기가 쉽지 않지만, 생각 하나의 차이가 전혀 다른 결과를 가져오기도 한다.

진정한 변화가 일어나기 위해서는 우리의 일부가 되어버린 감정을 '기억에서 지우고unmemorize' 몸을 새로운 마음에 재조건화하는 것이 필수이다.

감정의 화학 물질이 우리 몸을 화나 질투, 분개, 슬픔 등등의 존재 상태로 길들여왔다는 사실을 깨닫게 되면 절망감을 느끼기 쉽다. 이러한 프로그램들, 이러한 성향들은 우리의 잠재의식 속에 쌓인다.

우리가 할 일은 이러한 성향들을 의식적으로 인식하는 일이다. 성격을 변화시키려면 기억 속에 저장한 느낌과 밀접히 연결되어 있는 자신의 존재 상태를 변화시켜야 한다. 부정적인 감정들이 잠재의식의 작동 시스템 속에 깊숙이 박힐 수 있는 것처럼 긍정적인 감정들 역시 그렇게 될 수 있다.

긍정적인 생각, 부정적인 느낌

한 번쯤 의식적으로 이렇게 외쳐본 적이 있을 것이다. "행복해지고 싶어." 하지만 다른 식으로 지시받기 전까지 몸은 죄책감이나 슬픔, 불안 등 부정적 감정을 계속해서 표현한다. 의식적인 마음은 자신이 기쁨을 원한다고 생각할지 모르지만 몸은 오랫동안 다르게 길들여져 왔다. 변화가 최선이라고 외치고는 있지만 진정한 행복의 감정은 너무나 멀게 느껴진다. 이것은 마음과 몸이 함께 움직이고 있지 않기 때문이다. 의식적인 마음은 행복을 원하는데, 몸은 다른 것을 원하고 있는 것이다.

오랫동안 부정적인 느낌에 빠져 있었다면 그 느낌들이 당신의 존재 상태를 만들었을 것이다. 그렇다면 당신은 잠재의식적으로 행복하지 않다고 말할 수 있다. 당신의 몸은 부정적인 상태로 길들여졌다. 몸은, 의식적인 마음이 행복해지는 법을 아는 것보다, 불행해지는 법을 더 잘 알고 있다. 어떻게 부정적이 되는지 굳이 생각하지 않아도 된다. 당신은 그저 자신이 어떤 상태인지만 알면 된다. 그렇다면 당신의 의식적인 마음이 어떻게 이런 잠재의식적인 몸-마음의 태도를 지배할 수 있을까?

어떤 이들은 '긍정적인 생각'이 그 해답이라고 주장한다. 하지만 긍정적인 생각 그 자체만으로는 절대 효과가 없다. 긍정적으로 생각하지만 여전히 삶을 부정적으로 느끼고 있다면 소용이 없다. 그들은 생각으로 마음속의 느낌을 억누르는 분열된 상태에 있다. 의식적으로는 이렇게 해야 한다고 생각하지만 실제로는 반대 상태에 있는 것이다. 마음과 몸이 대립하면 변화는 결코 일어나지 않는다.

중독된 기억: 과거에 사로잡힌 미래

감정은 과거 경험들의 최종 결과물이다. 어떤 경험의 한가운데에 있을 때 뇌는 다섯 가지 감각(시각, 후각, 청각, 미각, 촉각)을 통해 외부 환경으로부터 필수 정보를 받아들인다. 누적된 감각 정보가 뇌에 도달하면 신경 세포망은 그것들을 가지고 외부 사건을 반영하는 특정 패턴을 형성한다. 그 순간 뇌는 화학 물질을 분비한다. 이 화학 물질을 감정 혹은 느낌이라고 부른다.(나는 이 책에서 '느낌feeling'과 '감정emotion'이라는 단어를 섞어 쓰고 있다.)

감정이 몸을 화학적으로 가득 채우기 시작하면 우리 안의 질서에 무언가 변화가 생긴다.(우리는 방금 전과 다르게 생각하고 느낀다.) 내부 상태의 변화를 알아채는 순간, 우리는 자연스레 외부 환경의 무엇이 그런 변화를 불러일으켰는지에 주의를 기울일 것이다. 내부에 변화를 가져온 것이 무엇인지 외부에서 찾아내면 우리는 그것을 '기억'한다. 신경학적·화학적으로 그 환경 정보를 뇌와 몸 속에 암호화하는 것이다. 어떤 경험을 잘 기억할 수 있는 이유는 그 일이 일어났을 때의 느낌을 떠올리기 때문이다. 느낌과 감정은 과거 경험들의 화학적 기록이다.

상사가 당신의 인사 평가를 하고 있다고 해보자. 그의 얼굴이 붉게 상기된 것을 보고 당신은 즉시 상사가 화가 났음을 알아챈다. 그가 큰소리로 말을 시작하자 입에서 마늘 냄새가 난다. 그는 사람들 앞에서 당신을 깎아내리며 당신을 승진에서 제외시켰다고 말한다. 그 순간 당신은 초조해지고 온몸의 힘이 빠지며 메스꺼움을 느낀다. 심장은 마구 요동친다. 두려움, 배신감, 화를 느낀다. 누적된 모든 감각 정보(냄새 맡고, 보고, 느끼고, 듣는 모든 것)가 당신의 내부 상태를 변화시키고 있다. 당신은 이러한 외부 경험을 내부 느낌의 변화와 연결한다. 그리고 그것은 감정적으로 강한 인상을 남긴다.

집에 가서 마음속으로 이 일을 다시 되새기면, 자신을 비난하고 위협하던 상사의 얼굴, 그가 고함치던 모습, 그가 한 말, 풍기던 냄새까지 떠오른다. 그때 당신은 다시 한 번 두려움과 분노를 느낀다. 아직도 평가를 받고 있는 것처럼 뇌와 몸 속에 똑같은 화학 물질을 만들어낸다. 몸이 같은 사건을 반복해 경험하고 있다고 믿기 때문에 당신은 당신 몸을 과거에 살도록 길들이고 있는 것이다.

몸을 무의식적인 마음이라고 혹은 의식의 명령을 받는 하인이라고 생각해 보자. 몸은 실제 경험에서 비롯된 감정과 머릿속 생각만으로 만들어낸 감정의 차이를 알지 못한다. 몸에게는 이 둘이 똑같다.

상사와의 경험을 허구한 날 곱씹거나 그때 느꼈던 감정을 계속 떠올린다면, 당신은 끊임없이 과거와 연관된 화학적 감정들로 몸에게 신호를 보내는 셈이다. 이러한 화학적 지속성으로 인해 몸은 아직도 과거를 경험하고 있다고 믿게 된다. 그래서 몸은 똑같은 감정적 경험을 계속 되풀이하는 것이다. 기억된 생각과 느낌이 끊임없이 몸을 '과거 속에 존재'

하도록 강요할 때, 몸은 과거에 대한 기억이 되어버린다.

오랫동안 배신감이라는 느낌이 생각을 조종해 왔다면, 몸은 하루 스물네 시간, 일 년 열두 달을 계속 과거 속에서 살아온 것이다. 결국 몸은 과거에 뿌리를 내린다.

반복해서 똑같은 감정을 재생산하면, 생각이 느낌보다 더 커지지 않는 한, 느낌은 생각의 수단이 되어버린다. 느낌은 과거의 경험에 대한 기록이므로 당신은 과거 속에서 생각하고 있으며, 양자 법칙에 따라 이제 더 많은 과거를 불러올 수밖에 없다.

중요한 점은 우리들 대부분이 과거 속에서 살며 새로운 미래에 저항한다는 것이다. 몸이 과거의 경험이라는 화학적 기록을 기억하는 데 너무 길들여진 나머지 그 감정에 대한 애착이 커졌기 때문이다. 실제로 우리는 그 익숙한 느낌에 중독된다. 그래서 우리가 아무리 미래에 대한 기대를 품고 현실 속에 펼쳐질 새로운 앞날을 꿈꾸길 원하더라도 몸은 그런 갑작스런 방향 전환에 저항한다.

변화에는 노력이 필요하다. 많은 사람들이 새로운 운명을 창조하려고 애쓰지만, 과거의 기억, 즉 자신이 느끼는 나를 극복하지 못하고 좌절한다. 낯선 모험을 갈망하고 새로운 가능성을 꿈꾼다 하더라도 과거에서 벗어나는 것은 쉽지 않은 일이다.

느낌과 감정이 나쁜 것이 아니다. 단지 경험의 최종 결과물일 뿐이다. 그러나 항상 같은 감정을 재경험한다면 그 어떤 새로운 경험도 받아들일 수가 없다. 언제나 '좋았던 옛 시절'만 이야기하는 사람들이 있는가? 그들은 이렇게 생각한다. "인생에는 내 기분을 자극하는 새로운 일이 없어. 그러니까 과거의 아름다웠던 순간들로부터 위안을 얻어야 해." 우리의 생각이 우리의 운명과 어떤 관계가 있다고 믿는다면, 우리는 인생의 창조자로 살지 못하고 그저 제자리걸음만 하고 있는 것이다.

내부 환경 조절하기: 유전자 신화

지금까지 현실에 대한 양자 모델이 변화와 어떤 관련이 있는지 논의하면서 감정, 뇌, 몸에 대해 살펴보았다. 이로써 우리 자신이 되어버린 습관을 바꾸려면 몸이 기억하는 반복적인 생각과 감정을 극복해야 한다는 사실을 발견했다.

습관을 바꾸는 데 중요한 또 한 가지는 육체적 건강과 관련된다. 인생에서 바꾸고 싶은 것들의 순위를 매긴다면 사람들은 틀림없이 건강 문제를 상위에 꼽을 것이다. 그런데 건강 문제를 다룰 때 우리가 혹 갖고 있지 않은지 살펴보고 버려야 할 잘못된 믿음이 있다. 바로 유전자가 질병을 낳는다는 유전자 결정론이다. 그리고 아마도 생소하게 들릴 과학 분야인 후성後成유전학epigenetics도 살펴보아야 한다.(후성유전학은 세포 바깥에서 유전자를 조절하는 것, 더 정확히는 DNA 염기 서열의 변화 없이 유전자 기능이 변화하는 현상을 연구하는 학문이다.)[3]

스스로 새로운 경험을 창조할 수 있는 것처럼 우리는 흔히 '유전적 운명'이라고 부르는, 삶에서 아주 중요한 측면을 스스로 통제할 수 있다. 그러자면 자신의 유전자에 대해 알고 무엇이 유전자들에게 발현되도록 혹은 발현되지 않도록 신호를 보내는지 알아야 한다. 그래야 왜 변화가 내부에서부터 시작되어야 하는지 이해할 수 있다.

과학계에서는 대부분 질병의 원인이 유전자에 있다고 주장해 왔다.

그러나 20, 30년 전 과학자들은 그것이 오류였음을 밝히고 특정 유전자를 활성화하거나 비활성화하는 환경이 질병을 일으키는 가장 주요한 요인이라고 발표했다. 이제 우리는 모든 질병의 5퍼센트 이하만이 단일 유전자 장애에서 비롯되며 나머지 95퍼센트는 생활 방식, 만성 스트레스, 유해한 환경 요소들과 관련된다는 사실을 알고 있다.[4]

하지만 외부 환경 요소들은 그림의 일부분에 불과하다. 두 사람이 똑같이 유해한 환경에 노출되었을 때, 한 사람은 아프거나 질병에 걸리는데 다른 사람은 그렇지 않은 이유를 어떻게 설명할 것인가? 다중 인격 장애를 가진 사람이 어떤 항원이나 자극에 대해 한 인격에서는 심한 알레르기 반응을 보이는데 다른 인격일 때는 그렇지 않은 이유는 어떻게 설명할 것인가? 또 의사들은 매일같이 병원균에 노출되는데 왜 아프지 않은 것인가?

똑같은 유전자를 가진 일란성 쌍둥이라도 건강 상태와 수명이 다르다는 것을 보여주는 수많은 연구 사례들도 있다. 예를 들면 이들 쌍둥이가 특정 질병에 대한 가족력을 가지고 있어도, 그 질병이 한 명에게만 자주 나타나고 나머지 한 명에게는 나타나지 않는 것이다. 똑같은 유전자를 가졌어도 결과는 달라질 수 있다.[5]

이 모든 경우를 종합해 볼 때 건강을 유지하는 사람은 매우 일관되고 균형 잡히고 활력 있는 내부 질서를 지니고 있기 때문에, 똑같이 해로운 환경 조건에 노출되어도 외부 세계가 그 사람의 유전자를 발현시키지 않으며, 따라서 질병을 일으키라는 신호를 유전자에게 보내지 않는다고 할 수 있다.

외부 환경이 우리의 내부 환경에 영향을 미친다는 것은 사실이다.

그렇다면 우리가 내면 상태를 변화시킴으로써 스트레스나 유해 환경이 주는 영향을 극복하여 특정 유전자들이 활성화되지 않도록 할 수 있을까? 외부 환경 조건을 모두 통제할 수는 없겠지만, 우리는 분명 우리의 내부 환경을 스스로 조절할 수 있다.

유전자: 과거 환경에 대한 기억

내부 환경을 어떻게 조절할 수 있는지 설명하려면 세포들이 생물체의 구성 요소인 특정 단백질을 만들 때 몸 속에서 발현되는 유전자의 본질에 대해 이야기해야 한다.

몸은 단백질 제조 공장이다. 근육 세포는 액틴과 미오신이라는 근육 단백질을 만들고, 피부 세포는 콜라겐과 엘라스틴이라는 피부 단백질을 만든다. 세포가 단백질을 만들기 위해서는 유전자가 작용해야 한다. 우리는 특정 단백질을 만드는 특정 세포들을 통해 특정 유전자를 발현시킨다.

대부분의 생물은 점진적인 유전자 변형을 통해 자신의 환경 조건에 적응한다. 어떤 생물이 극심한 온도차, 위험한 포식자, 재빠른 먹잇감, 거친 바람, 급류 등과 같은 혹독한 환경에 처해 있다면, 살아남기 위해서 그 세계의 불리한 측면들을 극복해야만 한다. 생물체들은 뇌 속 회로와 몸 속 감정에 그러한 경험을 기록하며 변화해 간다. 사자가 자신보다 더 빠른 먹잇감을 뒤쫓고 있다면, 수세대에 걸쳐 같은 경험을 반복하면서 더욱 긴 다리와 더 날카로운 이빨, 더 큰 심장을 발달시키게 될 것이다. 이 모든 변화들은 환경에 적응할 수 있도록 몸을 변형시켜 주는 단백질을 유전자가 만들어낸 결과이다.

동물들의 적응과 진화 과정을 예로 들어 이 점을 좀 더 설명해 보자. 가상의 포유류 무리가 혹독하게 추운 곳으로 이주를 했다고 하자. 수세대에 걸쳐 이 같은 환경에서 살면서 이 포유류의 유전자는 결국 더 두꺼운 털을 더 많이 생산하는 새로운 단백질을 만들어내게 될 것이다.

수많은 곤충들은 자신들을 위장하는 능력을 발달시켰다. 나무나 나뭇잎에 사는 어떤 곤충들은 새들 눈에 띄지 않도록 자신을 나무의 잔가지처럼 보이는 쪽으로 적응했다. 카멜레온은 가장 잘 알려진 위장술사이다. 카멜레온의 색깔 바꾸기 능력은 유전자 발현을 통한 새로운 단백질 생산 덕분이다. 이러한 과정에서 유전자는 외부 세계의 조건들을 암호화한다. 이것이 진화이다.

유전자에 신호를 보내 미래를 다시 쓰다

유전자는 뇌만큼이나 가변적이다. 최근의 유전학 연구는 다른 유전자들이 각기 다른 시간에 활성화된다는 것을 보여준다. 즉 유전자가 유동적이며 영향을 받는다는 말이다. 유전자에는 성장하거나 치유하거나 학습할 때 활성화되는 경험 의존적 유전자experience-dependent gene와, 스트레스를 받거나 감정적으로 흥분할 때, 꿈을 꿀 때 영향을 받는 행동 상태 의존적 유전자behavioral-state-dependent gene가 있다.[6]

오늘날 아주 활발한 연구 분야 중 하나인 후성유전학은 환경이 어떻게 유전자의 활동을 조절하는지 연구하는 학문이다. 후성유전학은 DNA가 삶 전체를 지배하며 모든 유전자 발현이 세포 내부에서 일어난다고 주장하는 전통 유전자 모델에 반대한다. 기존의 유전자 모델에서는 미래란 예측 가능하고 우리의 운명은 유전적으로 미리 결정되어 있다고 말한다.

실제로 DNA 발현의 후성유전적 변화는 미래 세대에 전달될 수 있다. 하지만 DNA 암호가 똑같은 상태를 유지하는데 어떻게 후성유전적 변화가 전달될까?

유전자 서열을 설계도에 비유해 보자. 먼저 설계도를 스캔하여 컴퓨터에 저장한다. 그러면 설계도를 직접 수정하지 않고 포토샵을 이용해 화면상으로 외관을 변경할 수 있다. 색깔, 크기, 규모, 치수, 재료 등과 같은 변수들을 바꿔보는 것이다. 수많은 사람들이 여러 가지 이미지를 만들어낼 수 있겠지만, 그 모두는 똑같은 설계도를 바탕으로 한 것이다.

후성유전학은 변화에 대해 좀 더 깊이 생각해 볼 수 있도록 해준다. 후성유전적 패러다임으로의 전환은 우리에게 유전자 활동을 활성화시키고 유전적 운명을 바꿀 수 있는 자유 의지를 준다. 유전자 활성화를 이해하기 쉽게 단순화해서 '유전자를 켠다turn on'고 표현할 수 있다. 실제로 유전자가 켜지거나 꺼지진 않지만, 이들은 화학적 신호에 의해 활성화되며, 다양한 단백질을 만들면서 특정한 방식으로 자신을 발현한다.

생각, 느낌, 감정적 반응, 행동을 변화시키는 것만으로(예를 들어 몸에 좋은 것을 먹거나 스트레스를 줄이는 등 건강한 생활 방식을 선택하는 것만으로) 우리는 세포에게 새로운 신호를 보내고, 세포들은 그 신호를 받아 유전자 설계도를 변경하는 일 없이 새로운 단백질을 발현한다. DNA 암호가 같은 상태로 있어도 일단 세포가 새로운 정보에 따라 새로운 방식으로 활성화되면 그 세포는 동일한 유전자의 수많은 변형들을 만들어낼 수 있다. 우리는 유전자에게 미래를 다시 쓰도록 신호를 보낼 수 있다.

유전적 운명 속에 갇히는 경우

뇌의 어떤 부분은 고정적인 반면 어떤 부분은 가소성이 있는 것처럼, 즉 학습과 경험에 의해 바뀔 수 있는 것처럼 유전자 역시 그렇다고 할 수 있다. 쉽게 잘 켜지는 유전자 부분들이 있는 반면, 다른 유전자 서열들은 훨씬 고정되어 있는 것이다. 고정적hardwired이라는 말은 유전의 역사가 오래되어 잘 활성화되지 않는다는 뜻이다. 적어도 이것이 현대 과학에서 이야기하고 있는 것이다.

어떻게 하면 어떤 유전자는 켜고 어떤 유전자는 꺼놓을 수 있을까? 화난 상태, 우울한 상태, 불안한 상태, 무기력한 상태에 계속 머무르면 이런 화학 신호들이 동일한 유전자 버튼을 계속 눌러 결국 특정 질병을 활성화시킨다. 스트레스 감정들이 실제로 유전자의 방아쇠를 당겨서 세포 조절 장애(생리 조절 기능 장애)를 일으키고 질병을 유발하는 것이다.

계속 똑같은 방식으로 생각하고 느끼며 익숙한 존재 상태를 기억해 내면, 우리 내부의 화학적 상태는 계속해서 똑같은 유전자를 활성화시킨다. 이는 곧 똑같은 단백질을 계속 만들어냄을 의미한다. 그러나 몸은 이러한 반복적인 요구를 다 따라가지 못하고 망가지기 시작한다. 10년, 20년 그렇게 한다고 해보자. 유전자들은 닳기 시작하고, 점점 '질이 떨어지는' 단백질을 만들게 된다. 무슨 뜻인가? 나이를 먹을 때 무슨 일이 일어나는지 생각해 보라. 피부는 축 처진다. 피부를 구성하는 콜라겐과 엘라스틴이 질이 떨어지는 단백질로 만들어지기 때문이다. 근육은 또 어떤가? 근육도 위축되는데, 근육을 구성하는 액틴과 미오신 역시 단백질이다.

비유하자면, 자동차의 금속 부품은 금형이나 주형 속에서 만들어진다. 금형이나 주형은 사용될 때마다 열과 마찰 등 일정한 힘을 받아 점점 마모된다. 자동차의 부속품은 섬세하게 만들어야 한다. 그런데 시간이 가면서 금형이나 주형은 점점 닳아가다 결국 허용 오차를 넘어서 제품에 제대로 맞지 않는 부품을 만들게 된다. 몸에도 이와 비슷한 일이 일어난다. 스트레스를 받거나 반복적으로 화를 내고 두려워하고 슬퍼하는 습관을 갖게 되면 펩티드가 단백질을 만들기 위해 사용하는 DNA는 기능 장애를 일으키기 시작한다.

계속 똑같은 감정 반응을 하면서 익숙한 상태에 머문다면 어떤 유전적 영향을 낳을까? 그것은 우리를 원치 않는 유전적 운명으로 이끈다. 우리는 이전 세대들과 똑같은 패턴 속에서 늘 비슷한 상황을 마주한다. 과거의 감정적 기억을 되풀이한다면 뻔한 미래를 향해 갈 수밖에 없다. 우리 몸이 이전 세대와 동일한 유전 조건을 만들어내기 시작하는 것이다.

따라서 우리가 매일처럼 똑같은 감정을 느낀다면 몸은 똑같은 상태를 유지할 것이다. 만약 진화에 관여하는 유전자에게 신호를 보내는 것이 환경이라고 한다면, 그 환경이 절대 변하지 않을 경우엔 어떻게 될까? 외부 세계의 똑같은 조건들을 기억하여 똑같은 생각과 행동과 느낌에 따라 살고 있다면 어떻게 될까? 인생의 모든 것들이 늘 똑같다면?

외부 환경은 경험할 때 생기는 감정을 통해 유전자에게 화학 신호를 보낸다. 따라서 삶의 경험이 바뀌지 않는다면 유전자에 전달되는 화학 신호도 바뀌지 않는다. 외부 세계의 어떤 새로운 정보도 세포에 도달하지 못한다.

양자 모델은 어떤 물리적 경험이 실제로 선행되지 않아도 우리가 몸에 그 경험과 관련된 감정 신호를 보내 유전적 사슬을 바꿀 수 있다고 주장한다. 꼭 경주에서 이기고 복권에 당첨되고 승진을 해야 그와 관련된 감정을 경험할 수 있는 것은 아니다. 생각만으로 감정을 만들어낼 수 있다는 사실을 기억하라. 이미 그 사건 '속'에 있다고 몸이 믿으면 우리는 환경에 앞서 기쁨이나 감사를 미리 경험할 수 있다. 우리는 현재의 환경보다 앞서서 몸을 변화시키는 단백질을 만들도록 유전자에 신호를 보낼 수 있다.

마음을 바꾸면 유전자도 바뀔까?

미래 사건이 실제로 일어나기 전에 그것을 감정적으로 받아들이기 시작할 때 우리가 어떻게 새로운 유전자에게 새로운 방식으로 신호를 보낼 수 있는지 예를 하나 들어보자.

일본에서 환자의 마음 상태가 질병에 어떤 영향을 미치는지 알아내기 위한 연구가 시행되었다. 당뇨병 환자들을 두 집단으로 나누었는데, 이들은 모두 인슐린에 의존하고 있었다. 대부분의 당뇨병 환자들은 혈류 속의 포도당을 세포로 유입시켜 에너지로 소모할 수 있도록 인슐린을 투여받는다. 당시 참가자들은 높아진 혈당 수치를 조절하기 위해 인슐린 알약이나 주사로 치료를 받고 있었다.[7]

참여자들은 모두 기준치를 설정하기 위해 공복 상태에서 혈당 수치를 검사했다. 그리고 한 시간 동안 한쪽 집단에는 코미디 쇼를 보여주고, 대조 집단에는 지루한 강의를 보여주었다. 그런 다음 실험 참가자들은 모두 똑같은 식사를 하고 다시 혈당 수치를 검사받았다.

코미디 쇼를 즐긴 집단과 따분한 강의를 시청한 집단 사이에는 커다란 차이가 있었다. 강의를 시청한 사람들은 혈당 수치가 평균적으로 1데시리터당 123밀리그램 상승했는데, 이것은 위험 수준에서 벗어나기 위해 인슐린을 투여해야 할 만큼 높은 수치였다. 그 반면 한 시간 동안 웃으며 코미디 쇼를 즐긴 집단은 저녁 식사 후 혈당 수치 상승이 대략 그 절반에 그쳤다.

실험을 실시한 연구자들은 코미디 쇼를 즐긴 집단의 경우 웃을 때 복부와 횡격막의 근육이 수축되면서 혈당 수치가 낮아진 것으로 생각하였다. 근육이 수축할 때 포도당 에너지가 소모된다고 추론한 것이다.

그런데 연구자들이 유쾌한 시간을 보낸 환자들의 유전자 서열을 조사한 결과, 이 환자들이 코미디 쇼를 보며 웃는 것만으로 23개나 되는 유전자 발현을 바꿨다는 사실을 발견했다. 그들의 고양된 마음 상태가 뇌를 자극해 세포에 새로운 신호를 보내도록 했고, 이것이 유전적 변이를 불러와 혈당을 처리하는 유전자를 자연스럽게 활성화한 것이다.

이 연구는 우리의 감정이 유전자 서열에 영향을 미칠 수 있음을 보여준다. 코미디 쇼를 보며 웃은 환자들은 새로운 감정으로 몸에 신호를 보내는 것만으로 몸 속의 화학 작용을 바꾸어 자신의 유전자 발현을 변화시켰다.

때로는 유전자 발현의 변화가 갑작스럽게 극적으로 나타날 수도 있다. 극도의 스트레스를 받은 사람이 하룻밤 사이에 머리가 허옇게 변했다는 이야기를 들어본 적이 있는가? 너무도 강한 감정적 반응을 경험한 나머지 단 몇 시간 만에 몸의 화학 작용이 변하면서 흰머리 발현 유전자는 켜지고 정상적인 머리칼 발현 유전자는 꺼진 것이다. 감정적·화학적으로 전과 다른 방식으로 유전자에 신호를 보냈고, 그 결과 내부 환경이 바뀐 것이다.

앞 장에서 이야기했듯이 미래의 어떤 사건을 머릿속 시연을 통해 반복해서 경험하면, 그 사건이 실제로 펼쳐지기 전에 그것이 어떤 기분일지 느끼게 된다. 새로운 방식으로 생각함으로써 뇌 속 회로를 변화시키고 그것이 주는 감정을 미리 받아들일 때 우리는 몸을 유전적으로 변화시킬 수 있다.

양자장 속에 이미 존재하는 모든 잠재성 중 하나를 선택하라. 그리고 그것을 실제로 경험하기 전에 그 미래의 사건을 감정적으로 받아들여라. 몸을 새로운 마음에 감정적으로 길들이고 새로운 유전자에 새로운 방식으로 신호를 보내라. 그러면 원하는 잠재적 현실이 실제로 나타나기 전에 뇌와 몸이 물리적으로 변화할 것이다.

손가락 하나 까딱하지 않고 몸을 변화시킨다고?

우리가 생각으로 뇌를 변화시킬 수 있다면 그것이 몸에는 어떤 영향을 끼칠까? 어떤 활동을 마음속으로 연습하는 간단한 과정을 통해 우리는 손가락 하나 까딱하지 않고도 많은 것을 바꿀 수 있다. 말 그대로 어떻게 손가락 하나 까딱하지 않고도 이런 일이 가능한지 예를 하나 들어보자.

1992년에 발간된 《신경생리학저널 *Journal of Neurophysiology*》[8]에 다음과 같이 참여자들을 세 집단으로 나누어 진행한 실험이 소개되었다.

- 첫 번째 집단은 4주 동안 한 번에 한 시간씩 매주 5회에 걸쳐 왼손의 손가락 하나를 수축하고 이완하는 연습을 했다.
- 두 번째 집단은 첫 번째 집단과 똑같은 시간 동안 똑같은 연습을 하되, 실제로 손가락 근육을 움직이지는 않고 마음속으로만 연습(머릿속 시연)을 했다.
- 대조 집단에 속한 사람들은 실제 손가락을 움직이지도 않고 머릿속 시연도 하지 않았다.

결과를 비교해 보았다. 첫 번째 집단의 손가락 힘을 대조 집단의 손가락 힘과 비교했다. 다들 예상했겠지만, 실제로 손가락 연습을 한 집단이 대조 집단보다 30퍼센트 정도 손가락 힘이 더 세졌다. 반복적으로 근육 운동을 하면 근력이 증가한다는 사실을 우리는 다 알고 있다. 그런데 예상하지 못했던 것은 마음속으로만 연습한 집단의 손가락 힘이 22퍼센트나 증가했다는 점이다! 마음이 몸에 물리적 효과를 가져온 것이다. 이것은 몸이 실제의 물리적인 경험 없이도 변화했음을 의미한다.

연구자들은 이두박근의 힘을 키우는 근육 운동을 실제로 한 사람들과 마음속으로 연습한 사람들을 비교해 보는 실험도 실시했다. 결과는 같았다. 실제로 이두박근 운동을 했든 마음속으로만 연습했든 참가자 모두 이두박근의 힘이 증가한 것이다. 머릿속 시연을 통해 연습한 사람들은 실제로 운동을 하지 않고도 생리학적 변화가 나타났다.[9]

단지 생각이나 정신적 노력만으로 몸이 물리적·생물학적으로 변한다면, 양자적 관점에서 볼 때 그 사건은 이미 현실에서 일어났다고 할 수 있다. 그 사건을 물리적으로 이미 경험한 것처럼 뇌의 하드웨어가 업그레이드되고 몸이 유전적·생물학적으로 변한다면, 즉 실제로 어떤 일을 '하지' 않아도 뇌와 몸이 변화한다면, 그 사건은 의식의 양자 세계와 물리적 현실 세계에서 모두 일어난 것이다.

어떤 미래 현실을 마음속으로 잘 연습해서 뇌가 마치 그 현실을 이미 경험한 것처럼 변할 때, 그리고 새로운 의도를 감정적으로 받아들여서 몸에 그 경험이 반영될 때, 이때가 바로 그 사건이 우리를 찾아내는 순간이다. 그 순간은 예기치 않은 방식으로 우리를 찾아올 것이다. 우리는 자꾸만 그 경험을 하고 싶어질 것이다.

4장

브레이킹 세 번째:
시간을 넘어서기

현재 순간에 머무는 것이 얼마나 중요한지 말해주는 수많은 자료들이 있다. 사람들이 현재 순간에 머물지 못해서 얼마나 힘들어하는지 보여주는 통계 자료도 얼마든지 있다. 이 개념을 양자적 관점에서 생각해보자. 양자장 속에는 모든 잠재성이 동시에 존재하고 있다. 현재에 머물 때, '순간 속에' 있을 때, 우리는 시간과 공간을 넘어설 수 있고, 그때 그 모든 잠재성 가운데 어떤 것이라도 현실로 만들어낼 수 있다. 그러나 과거 속에 빠져 있으면 그 어떤 새로운 잠재성도 존재할 수 없다.

변화를 위한 노력은 쉽지 않다. 그 이유는 우리가 익숙한 화학적 존재 상태에 중독되었기 때문이다. 그 어떤 것에 중독된다는 것은 몸이 자기만의 마음을 가지는 것과 같다. 과거 사건을 떠올려 실제 사건과 똑같은 화학적 반응이 일어날 때마다 우리 몸은 똑같은 사건을 다시 경험하고 있는 것이다. 이 과정을 통해서 몸은 잠재의식적인 마음이 되도록 길들여지며, 결국 마음을 대신하게 된다. 즉 몸이 곧 마음이 되고, 어떤 의미에서 몸이 생각하게 되는 것이다.

생각과 느낌, 느낌과 생각의 순환을 통해서 몸이 어떻게 마음이 되는지는 앞서 언급했다. 그런데 몸이 마음이 되는 또 다른 방식이 있다. 그것은 과거의 기억을 토대로 이루어진다.

우리는 어떤 경험을 할 때 감정적 자극을 받는다. 그러면 그 특별한 과거 사건에 대한 하나의 생각을 갖게 된다. 그 생각은 기억이 되어 경험할 때 생기는 감정을 반사적으로 재생산한다. 그 기억을 계속 반복해서 생각하면 생각과 기억과 감정은 하나로 합쳐지고, 우리는 그 감정을 '기억'하게 된다. 이제 과거 속에서 사는 것은 의식적인 과정이라기보다는 잠재의식적인 과정이 된다.

우리가 의식하지 못하는 가운데 일어나는 대부분의 육체적·정신적

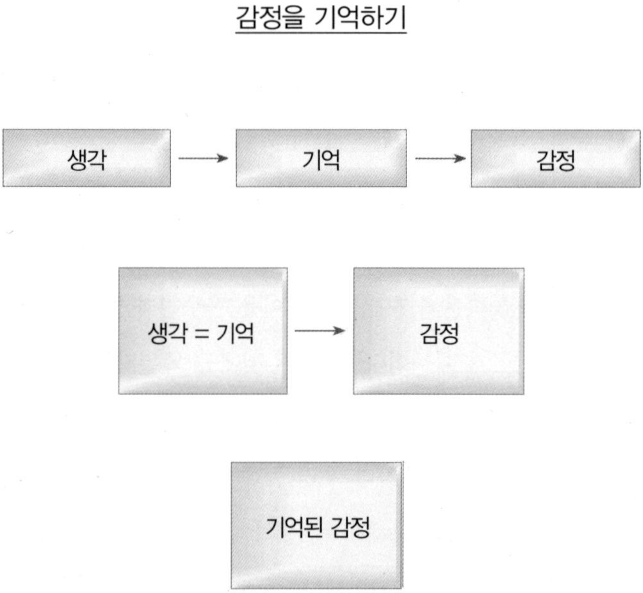

감정을 기억하기

그림 4.1 생각은 기억을 만들고 기억은 감정을 만든다. 이 과정을 되풀이하면 생각과 기억과 감정은 하나가 된다. 그리고 우리는 감정을 기억한다.

과정이 잠재의식 안에서 이루어진다. 잠재의식은 주로 몸의 기능을 유지시키는 활동을 한다. 이 조절 시스템을 자율신경계라고 부른다. 숨을 쉰다거나, 심장 박동을 유지한다거나, 체온을 조절한다거나, 그 외 몸의 질서를 유지하고 아픈 곳을 치유하는 데에는 의식적인 생각이 필요 없다.

일상의 감정적 반응을 통제하는 힘을 우리의 기억과 환경에, 즉 이 자율신경계에 넘겨주는 것은 꽤 위험한 일이다. 잠재의식적인 습관 반응은 항공기의 자동 조종 시스템이나 컴퓨터 안에서 보이지 않게 돌아가는 실행 프로그램 등에 비유할 수 있다. 이것은 우리가 어떻게 행동할지를 통제하는 무언가가 의식의 표면 아래에 있다는 것을 말한다.

어느 날 집에 와보니 좋아하던 애완동물이 죽은 채 바닥에 쓰러져 있었다고 해보자. 그 경험에서 비롯한 모든 감각적 인상은 뇌 속에 깊이 새겨졌을 것이고, 그 경험은 상처로 남았을 것이다.

이와 같은 트라우마 경험이 있다면, 어떻게 과거의 감정이 기억 속에 저장되었다가 사랑하는 존재를 잃었을 때 무의식적인 반응으로 튀어나오는지 쉽게 이해할 수 있을 것이다. 그 경험에 대해 생각하는 순간, 마치 그 사건이 통째로 다시 일어나는 것처럼 똑같은 감정이 뇌와 몸 속에 만들어진다. 하나의 생각 혹은 외부 세계의 어떤 사건에 대한 하나의 반응만으로도 그 프로그램이 활성화되면서 과거의 슬픈 감정이 다시 올라온다. 기르던 개와 비슷하게 생긴 개를 보았다거나 추억이 깃든 장소에 다시 갔다거나 하는 것이 그 계기가 될 수 있다. 그런 상황은 감각적 자극과 상관없이 감정을 활성화시킨다. 이런 감정적 계기들은 눈에 띄는 것이든 아니든 간에 우리의 잠재의식 차원에 영향을 미쳐 무슨 일이 일어났는지 우리가 알아채기도 전에 비탄, 화, 슬픔이라는 감정적 · 화학적 상태 속으로 우리를 이끈다.

일단 그런 상황이 벌어지면 몸이 마음을 움직이게 된다. 의식적인 마음을 사용하여 그 감정적 상태에서 벗어나려고 아무리 애를 써도 자신을 통제하기가 힘들다.

러시아의 과학자 파블로프Pavlov는 테이블에 개를 몇 마리 묶어놓고 종을 울린 뒤 푸짐한 먹이를 주었다. 그는 개들을 같은 자극에 반복해서 노출시켰다. 그러자 종소리만 들려도 개들은 자동으로 먹이에 대한 기대감에 침을 흘렸다.

이것을 조건 반응conditioned response이라고 한다. 이 과정은 자동으로 일어난다. 왜 그럴까? 몸이 자율적으로 반응하기 때문이다.(자율신경계를 생각해 보라.) 잠깐 사이에 촉발된 일련의 화학적 반응은 몸을 생리적으로 변화시킨다. 이것은 의식적인 노력 없이 잠재의식적으로 일어난다.

변화가 어려운 이유 중 하나가 바로 이것이다. 의식적인 마음은 현재에 있을지 몰라도 잠재의식적인 몸-마음은 과거 속에 살고 있다. 과거 기억을 토대로 예상 가능한 미래 사건이 일어나길 기대한다면 우리는 파블로프의 개와 다를 바 없다. 우리는 과거의 특정한 시간과 장소에서 있었던 특정한 사람이나 일에 대한 경험으로 인해 자동으로 생리적 반응을 일으킨다.

과거에 뿌리를 내리고 있는 감정적 중독을 끊으면, 예전의 모습으로 돌아가게 만드는 자동 프로그램은 더 이상 작동하지 않을 것이다.

이제 우리가 현재에 살고 있다고 생각하거나 믿고 있다고 해도 몸은 얼마든지 과거 속에 머물 수 있다는 사실이 분명해졌을 것이다.

감정은 어떻게 성격이 되는가?

뇌는 반복과 연상 작용을 통해 작동한다. 따라서 큰 어려움 없이도 몸은 마음이 될 수 있다.[1] 사소한 계기들이 우리가 통제할 수 없을 것처럼 느껴지는 감정적 반응을 불러오기도 한다.

출근하던 중에 단골 커피숍에 들렀는데 마침 가장 좋아하는 헤이즐넛 커피가 다 떨어졌다고 하자. 당신은 왜 이런 큰 가게가 재료를 충분히 갖추고 있지 않은지 혼자 불평한다. 직장에 도착해서는 늘 주차하던 자리에 다른 차가 있는 걸 보고 짜증을 낸다. 텅 빈 엘리베이터에 들어서니 어떤 사람이 층마다 버튼을 다 눌러놓은 것을 보고 화가 치솟는다.

마침내 사무실로 들어섰을 때 누군가가 말한다. "무슨 일 있어? 기분이 안 좋아 보여." 당신은 이렇게 대답한다. "기분이 안 좋아. 하지만 뭐, 괜찮아지겠지." 그러나 기분은 나아지지 않는다.

기분mood이란 화학적 존재 상태로서, 보통 단기간 지속되는 감정적 반응의 표현이다. 환경 속의 무언가—이 경우에는 원하는 커피를 마시지 못한 것을 비롯해 소소하게 신경을 건드린 작은 일들—가 감정적 반응을 일으키면, 이 감정의 화학 물질은 즉시 사라지지 않고 잠시 머무른다. 나는 이것을 불응기不應期(refractory period, 화학 물질이 처음 방출된 후부터 그 영향이 사라질 때까지의 시간, 즉 자극을 받은 조직이나 세포가 자극에 반응한 직후 다른 자극이 와도 일시적으로 반응하지 않는 시간을 말한다—옮긴이)라고 부른다.[2] 불응기가 길수록 그 감정을 오래 경험하게 된다. 어떤 감정적 반응의 화학적 불응기가 몇 시간에서 며칠 동안 지속될 때 그것을 기분이라 한다.

최근의 이런 기분이 계속 남아 있으면 어떻게 될까? 다시 가정해 보자. 그날 이후로 당신은 좀 심란한 상태에 있었는데, 회의중에 방을 둘러보면서 이런 생각을 한다. '저 사람 넥타이는 흉측해. 부장이 내는 저 비음은 손톱으로 칠판 긁는 소리보다 더 듣기 싫어……'

이때 당신은 단지 어떤 기분 속에만 있는 것이 아니다. 어떤 행동을 통해서 감정을 습관적으로 표현하는 경향, 즉 기질temperament을 내보이고 있다. 기질은 몇 주에서 몇 달 동안 불응기가 지속되는 감정적 반응이다.

마침내 감정의 불응기가 몇 달, 몇 년간 지속되면 그 경향은 성격적

다른 존재 상태를 창조하라

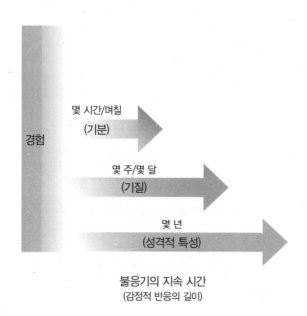

그림 4.2 불응기의 진행 과정. 경험이 감정적 반응을 낳으면 그것이 기분이 되고, 기질이 되며, 마침내 성격적 특성이 된다. 우리는 자신의 감정적 반응을 기억한 채 과거 속에서 산다.

특성personality trait이 된다. 이때 사람들은 당신을 '까칠한' '억울해하는' '화난' '비판적인' 사람으로 묘사할 것이다.

우리의 성격적 특성은 흔히 과거의 감정에서 나온다. 우리가 생각하고 행동하고 느끼는 방식, 즉 성격은 과거에 그 기반을 두고 있는 것이다. 따라서 성격을 변화시키기 위해서는 우리가 기억하고 있는 감정들을 변화시켜야 한다. 과거에서 벗어나야 한다.

예측 가능한 미래에 사는 한 변화할 수 없다

변화에서 멀어지게 만드는 것이 또 있다. 우리는 예측 가능한 미래 속에서 살기 위해 과거의 기억을 바탕으로 몸을 훈련시켜 몸이 마음이 되게 한다. 그 결과 귀중한 지금 이 순간을 놓치고 만다.

우리는 몸을 미래 속에 살도록 길들일 수 있다. 물론 자신이 원하는 새로운 경험에 집중하겠다는 의식적인 선택을 할 때 이는 삶을 더 나은 쪽으로 변화시키는 수단이 될 수 있다. 내 딸이 꿈꾸던 여름방학을 보냈던 것처럼 말이다. 이처럼 미래 사건에 집중하며 어떻게 준비하고 행동할지 계획하면, 그 가능한 미래가 더욱 명확해져서 생각한 그대로 경험하는 순간이 오게 될 것이다. 생각이 경험이 되면 그 경험의 최종 결과물로 감정이 남는다. 가능성이 실현되기에 앞서 미리 그 사건을 감정적으로 경험하기 시작하면 무의식적 마음인 몸은 그 사건이 실제로 펼쳐지고 있는 것처럼 반응하기 시작한다.

그 반면 과거의 기억에 근거해 우리가 원치 않는 미래 경험을 예상하거나 최악의 시나리오에 사로잡힌다면 어떻게 될까? 이때에도 우리는 여전히 미래 사건이 일어나기도 전에 그것을 경험하도록 몸을 프로그래밍한다. 몸은 더 이상 현재 순간이나 과거에 있지 않다. 몸은 미래 속에 살고 있다. 하지만 그 미래는 과거의 기억에 기반을 둔 부정적 미래이다.

이런 일이 일어날 때 몸은 현실 속에서 일어나고 있는 실제 사건과 마음속으로 시연중인 것의 차이를 구별하지 못한다. 일어날 거라고 생각하는 일에 흠뻑 빠져들도록 몸에 밑칠을 해두었기 때문이다. 그러니 몸은 이미 그 사건을 아주 생생하게 경험하고 있는 셈이다.

과거에 기반을 두고 미래를 살아가는 예를 하나 들어보자. 당신이 350명이나 되는 청중 앞에서 강연을 해달라는 부탁을 받았다고 상상해보자. 당신은 무대에 오르는 것이 두렵다. 오래 전에 대중 앞에서 강연하다가 망쳤던 기억이 있기 때문이다. 무대 위에 서서 말을 더듬고 생각의 흐름을 놓치고 있는 자신을 상상하면 두렵다. 그때 몸은 이러한 미래의 사건이 현재 일어나고 있는 것처럼 반응하기 시작한다. 어깨는 긴장되고, 심장은 빠르게 뛰며, 땀이 뻘뻘 난다. 그 끔찍한 순간을 예상하는 동안 몸은 이미 스트레스 가득한 현실 속을 살고 있다.

또다시 실패할 가능성에 사로잡혀 있을 때는 그 예상되는 현실에 너무 몰두한 나머지 다른 일에 집중할 수가 없다. 마음과 몸은 양극으로 갈라져 과거와 미래를 오간다. 그렇게 되면 멋진 미래가 가져올 새로운 가능성을 누리지 못한다.

예측 가능한 미래를 살아가는 또 다른 예를 들어보자. 우리는 날마다 새로운 아침을 맞이하며 눈을 뜨지만 늘 똑같은 행동을 무의식적으로 되풀이하면서 살아간다. 몸은 일상적인 행동들을 너무나 잘 예상해서 이 일에서 저 일로 거의 기계처럼 움직여나간다. 개에게 먹이를 주고,

양치질을 하고, 옷을 입고, 차를 끓이고, 쓰레기를 내다놓고, 우편함을 확인하고…… 그러다 깨닫는다. 무언가 좀 다른 일을 하겠다는 생각으로 아침에 눈을 떠도 어찌된 일인지 매일 똑같은 것들만 반복하고 있음을.

똑같은 행동을 10년, 20년 계속 해서 이를 기억하게 되면 몸은 이 행동을 계속 기대하게끔 길들여진다. 실제로 몸은 잠재의식적으로 미래에 살도록 프로그래밍되며, 그러기에 우리는 운전석에 앉아서도 졸 수가 있다. 심지어 운전을 하고 있으면서 아무것도 하지 않는 것처럼 느낄 수도 있다. 이제 몸은 현재 순간에 존재하지 않는다. 당신이 편하게 앉아 단조롭고 익숙한 운명을 향해 몸이 나아가도록 허용하는 동안, 몸은 수많은 무의식 프로그램을 실행시켜 당신을 통제하는 것이다.

무의식적인 습관을 버리고 더 이상 뻔한 미래를 살지 않으려면 시간보다 더 커져야 한다.

과거 속에 살면 그것이 미래가 된다

익숙한 감정들이 어떻게 그에 상응하는 미래를 만드는지 또 다른 예를 들어보자. 동료가 여는 바비큐 파티에 초대받았다. 여기엔 회사 부서의 모든 사람들이 참석할 것으로 보인다. 당신은 그 파티를 여는 동료가 싫다. 그는 항상 자기가 최고라고 대놓고 자랑한다.

그가 파티를 열 때마다 당신은 끔찍한 시간을 보내곤 했다. 하나부터 열까지 당신의 심기를 건드렸던 것이다. 지금 떠오르는 것은 지난번 파티 때 그가 사람들의 식사를 방해하면서까지 자기 아내에게 사준 새 BMW를 자랑한 일이다. 당신은 오늘도 비참한 날이 될 거라고 확신한다.

그리고 정확히 그렇게 된다. 이날 당신은 정지 신호를 무시하고 달리다가 교통 위반 딱지를 뗀다. 동료 한 사람이 당신 바지와 셔츠에 맥주를 쏟는다. 잘 익혀달라고 주문한 햄버거는 거의 날것으로 나온다.

지금까지 당신의 태도(당신의 존재 상태)를 고려하면 이 상황은 당연한 결과이다. 끔찍한 하루가 될 것이라 예상하면서 눈을 떴고, 상황은 예상대로 펼쳐졌다. 원치 않는 미래에 집착하는 일(다음에 생길 일을 예상하기)과 과거 속에 사는 일(지금 받고 있는 자극을 이전에 받았던 자극과 비교하기) 사이를 오가면서 현실을 만들어냈다.

그동안 해왔던 생각들을 쭉 적어본다면 당신이 대부분의 시간 동안 앞일을 미리 생각하거나 지나간 일을 되돌아보고 있었다는 걸 알게 될 것이다.

지금 새로운 미래를 살아라

여기서 또 하나 큰 궁금증이 생긴다. 과거와의 연결을 끊어버리고 현재에 머무르면 양자장의 모든 가능성에 접속할 수 있다는 것을 알고 있으면서도, 왜 우리는 스스로 과거 속에서 살기로 선택하며 계속 똑같은 미래만 창조하는가? 원하는 미래를 실제로 경험하기에 앞서 마음속으로 뇌와 몸의 물리적 조건을 바꿀 수 있는 힘이 있는데 왜 그 힘을 사용하지 않는가? 왜 원하는 미래를 직접 골라서 바로 지금 그렇게 살기를 선택하지 않는가?

과거 경험에 근거해 미래에 끔찍한 일이 일어날까봐 두려워하거나 스트레스를 받는 대신 원하는 새로운 경험에 집중해 그것을 감정적으로 껴안아보라. 그 잠재적인 새로운 미래에 지금 살도록 하라. 현재 순간에 새로운 미래의 결과가 주는 고양된 감정을 경험하라. 앞으로 그것을 실행할 구체적인 방법을 알아볼 것이다.

꿈꾸던 여름방학을 보낸 내 딸의 이야기를 기억하는가? 딸은 그 경험을 하기 전에 벌써 이탈리아에서 멋진 여름을 보내고 있는 것처럼 살았고, 그렇게 함으로써 그 경험이 물리적으로 이미 일어났다는 메시지를 양자장으로 보냈던 것이다.

세상의 위대한 사람들이 이것이 가능함을 보여주었고, 평범한 많은 사람들도 이 일을 해냈다. 당신 역시 할 수 있다. 당신은 시간을 초월해서 이를 해낼 수 있는 신경 시스템을 모두 다 갖추고 있다. 어떤 사람들은 이를 기적이라 부른다. 나는 존재 상태를 변화시키기 위해 노력하는 개개인들의 실제 이야기라고 말하고 싶다. 이들에게 몸과 마음은 단지 과거의 기록이 아니라 새롭고 더 나은 미래를 향해 나아가는 적극적인 파트너들이다.

빅 쓰리 초월하기

이렇게 환경과 몸과 시간에 속박된 생각과 느낌이야말로 자신이 되어버린 습관에서 벗어나는 데 가장 큰 장애물이다. 뒤에서 소개하는 명상 과정을 잘 따라가기 위해서는 이 '빅 쓰리'보다 더 크게 생각하고 느끼는 법을 배워야 한다.

당신은 때때로(어쩌면 매우 자주) 자신의 환경, 몸, 시간보다 더 크게 생각하는 경험을 해봤을 것이다. 빅 쓰리를 초월하는 이러한 순간을 어떤 이들은 '몰입 상태'라고 표현한다. 환경, 몸, 시간의 흐름에 대한 감각이 사라지고 주위의 아무것도 느끼지 못할 때 일어나는 현상은 여러 가지로 묘사할 수 있다. 나는 여러 나라 사람들에게 강연을 하면서 '창조적인' 순간, 즉 자신이 하고 있는 일에 완전히 몰두하거나 아주 편안하고 긴장이 풀려서 마치 의식이 변성된 상태로 들어간 듯한 순간을 묘사해 달라고 부탁하곤 했다.

이러한 경험은 보통 두 가지로 나뉜다. 첫 번째는 '지고至高 체험peak experience'이다. 이는 수도자나 신비가 들의 경험과 비슷한 존재 상태에 이르는 초월적인 순간이라 할 수 있다. 두 번째는 일상에서 하는 몰입 경험이다. 영적인 체험과 비교했을 때 평범하게 느껴질 수도 있지만, 그렇다고 중요하지 않은 것은 아니다.

일상에서 체험할 수 있는 몰입의 순간은 내가 이 책을 쓰고 있는 중에도 여러 번 일어났다. 글을 쓰려고 막 자리에 앉으면 여러 가지 일들이 마음속에 떠오르곤 한다. 바쁜 여행 일정, 우리 아이들, 환자들, 직원들, 그리고 지금 얼마나 배가 고픈지, 졸린지, 행복한지 등등의 생각들…… 글이 잘 써지는 날에는 손과 키보드가 저절로 움직이는 것처럼 느껴진다. 나는 손가락의 움직임이나 의자에 기대고 있는 등허리를 의식하지 못한다. 사무실 밖에서 바람에 흔들리는 나무들도 시야에서 사라진다. 약간 뻣뻣한 목의 느낌도 더 이상 관심을 끌지 못한다. 나는 컴퓨터 화면 속에 완전히 빠져들어 있다. 어떤 때는 한두 시간이 순식간에 지나가 버린 것 같은 느낌이 들기도 한다.

이런 식의 몰입은 아마 당신도 경험해 보았을 것이다. 운전을 하거나 영화를 보거나 마음이 통하는 친구와 저녁 식사를 하는 동안 그 순간을 즐기면서 몰입한 적이 있을 것이다. 독서나 뜨개질을 할 때, 혹은 피아노 연습에 집중하거나 자연 속 어느 고요한 곳에 가만히 앉아 있는 동안에도 그런 몰입의 순간은 찾아온다.

나는 환경, 몸, 시간이 모두 사라지는 것 같은 그런 순간을 경험하면 놀라울 만큼 상쾌한 기분을 느낀다. 글을 쓸 때마다 늘 그런 것은 아니지만, 두 번째 책을 완성하고 나서는 높은 진동 주파수와 함께 그런 몰입을 경험했다. 나는 훈련을 통해 이런 몰입 상태를 처음처럼 우연히 경험하는 것이 아니라 의도적으로 조절할 수 있게 되었다.

빅 쓰리를 뛰어넘어 이 같은 몰입의 순간에 쉽게 이를 수 있을 때 우리는 과거의 마음을 버리고 새로운 마음을 창조할 수 있다.

5장

생존하는 삶과
창조하는 삶

앞 장에서 빅 쓰리를 초월하는 것을 설명하기 위해 일부러 글쓰기 작업을 예로 들었다. 글을 쓸 때 우리는 단어를 '창조'하고 있기 때문이다. 이러한 창조성은 그림을 그릴 때나 악기를 연주할 때 혹은 선반에서 나무를 켤 때도 발휘되며, 빅 쓰리의 구속을 깨는 다른 활동을 하고 있을 때에도 발휘된다.

창조적인 삶을 사는 것이 왜 어렵게 느껴질까? 원치 않던 과거나 두려운 미래에 초점을 맞춘다면 우리는 스트레스 속에서, 즉 생존 모드에서 살아가게 된다. 건강에 집착하고 있든('몸'의 생존 욕구), 대출금을 갚고 있든('외부 환경'이 자극하는 생존 욕구) 혹은 생존을 위해 무언가를 할 '시간'이 부족한 상태에 있든 간에, 우리는 창조자로 사는 것보다 '생존 모드'의 중독적인 마음 상태에 훨씬 익숙하다.

창조하는 삶과 생존하는 삶의 차이에 대해서는 《꿈을 이룬 사람들의 뇌》에서 상세히 설명했지만, 여기서도 그 둘의 차이를 간략하게 살펴보자.

숲에서 만족스럽게 풀을 뜯고 있는 사슴 한 마리를 떠올리면서, 생존 모드로 살아간다는 것이 어떤 것인지 생각해 보자. 이것이 사슴에게는 항상성homeostasis, 즉 완벽한 균형 상태라고 해보자. 하지만 사슴이 포식자와 같은 외부의 위험을 감지한다면 곧바로 '투쟁 또는 도주fight or flight' 반응과 관련된 신경계에 불이 켜진다. 이 교감신경계(부교감신경계와 함께 자율신경계를 이루며, 외부 환경으로부터의 위험에 반응해 뇌와 몸을 각성시킨다─옮긴이)는 자율신경계의 한 부분이다. 자율신경계는 소화, 체온 조절, 혈당 수치 조절 같은 몸의 자동적인 기능을 조절한다. 사슴은 자신이 감지한 비상 상황에 대처하기 위해 몸을 화학적으로 변화시킨다. 교감신경은 엄청난 양의 에너지를 동원하기 위해 부신을 활성화한다. 만약 코요테 무리가 사슴에게 달려들면 그 에너지를 써서 달아난다. 사슴이 민첩하게 도망간다면 위협은 이내 사라질 것이다. 사슴은 다시 풀을 뜯어먹으며 내부의 균형을 회복한다.

인간도 이와 똑같은 신경 체계를 가지고 있다. 위험을 감지할 때 사슴의 경우와 똑같이 교감신경계가 켜지고 에너지가 동원되는 것이다. 이 놀라운 적응 반응은 인류의 초기 역사에서 우리가 생존을 위협하는 포식자나 환경에 맞설 수 있도록 도와주었다. 이런 동물적 특성 덕분에 인간은 하나의 종種으로 진화할 수 있었다.

생각만으로도 일어나는 스트레스 반응

우리 인간과 이 행성의 공동 생활자(동물들) 사이에는 몇 가지 차이점이 존재한다. 우리 인간의 경우에는 몸의 화학적인 균형이 깨지면 그때마다 스트레스 반응이 켜진다. 스트레스 반응은 몸의 균형 상태가 깨졌을 때 몸이 어떻게 자동으로 반응하고 어떻게 해야 다시 균형 상태로 되돌아가는지 보여준다. 세렝게티에서 사자를 보았을 때, 가게에서 별로 마주치고 싶지 않은 옛 애인과 마주쳤을 때, 고속도로가 꽉 막혀 회의에 늦을까봐 조바심이 날 때, 우리는 그 같은 외부 환경에 대한 반응으로 스트레스를 느낀다.

동물과 달리 인간은 생각만으로도 투쟁 또는 도주 반응을 일으킬 수 있다. 그 생각은 꼭 현재 상황에 대한 것이 아닐 수도 있다. 어떤 미래 사건을 예측하는 것으로도 스트레스 반응을 일으킬 수 있다. 심지어 뇌 속에 박혀 있는 불쾌한 기억을 다시 꺼내기만 해도 동일한 스트레스 반응을 불러일으킬 수 있다.

이처럼 우리는 늘 스트레스 반응을 일으킬 만한 미래의 경험을 예상하거나 아니면 과거의 그런 경험을 기억해 내고 있다. 즉 우리 몸은 미래 아니면 과거에 가 있는 것이다. 그런 식으로 우리는 일시적인 스트레스를 장기적인 스트레스로 만들고 있다.

한편 동물들은 스트레스 반응을 그렇게 자주 또는 쉽게 일으키지 않는다. 행복하게 풀을 뜯고 있는 사슴은 두어 달 전 코요테에게 쫓겼던 때는 고사하고 바로 몇 분 전에 일어난 일조차 생각하지 않는다. 수시로 스트레스 반응을 일으키면 건강에 해롭다. 어떤 유기체도 그런 부정적인 영향을 감당할 수 없다. 어떤 생물도 매일매일 비상 상황에서 살아갈 수는 없다. 스트레스 반응을 끄지 않으면 몸은 서서히 고장 난다.

실제적인 위협이든 상상 속의 위협이든 그로 인해 매일 투쟁 또는 도주 반응을 보인다고 하자. 심장은 벌떡벌떡 뛰면서 어마어마한 양의 혈액을 전신으로 뿜어낸다. 몸의 항상성이 깨지고, 신경계는 도망치거나 싸울 준비를 한다. 그러나 실제로는 멀리 도망칠 수도 없고 상대를 흠씬 두들겨 패줄 수도 없다. 결국 심장이 하루 종일 과다하게 뛰도록 만들 뿐이다. 계속 이런 식이라면 아마 고혈압이나 부정맥에 걸릴지도 모른다.

비상 상황에 대처하기 위해 모든 에너지를 동원할 때 어떤 일이 벌어질까? 많은 에너지를 외부 환경의 어떤 사건에 쏟아 붓고 나면 몸 속 내부 환경에 남는 에너지는 거의 없을 것이다. 우리의 면역 체계는 성장과 복구에 쓸 에너지의 부족 현상을 감당할 수가 없다. 따라서 감기든 암이든 혹은 류머티스 관절염이든 면역 계통에 이상이 생길 수밖에 없다.

동물과 인간은 둘 다 스트레스를 경험하지만, 인간은 그 충격적인 상황을 다시 경험하고 미리 경험할 수 있다는 점에서 동물과 다르다. 이렇게 과거, 현재, 미래의 압박으로 인한 스트레스 반응은 왜 그렇게 해로운가? 화학적 균형이 자주 깨지면 그 불균형 상태가 표준이 되고 만다. 결국 우리는 질병을 얻어 고통스러운 유전적 운명을 살아갈 수밖에 없다.

이유는 명백하다. 스트레스에 대한 반응으로 분비된 호르몬과 화학 물질이 유전자 일부를 잘못 조절해서 그것이 질병을 일으킬 수 있다. 달리 말하면 반복되는 스트레스가 특정 유전자의 단추를 누른다고 할 수 있다. 그래서 예전에는 상황에 잘 적응한 유익한 생화학적 반응(투쟁-도주 반응)이 이제는 상황에 부적응한 해로운 반응이 되어버린 것이다.

예컨대 사자에게 쫓기고 있던 원시인의 경우에 스트레스 반응은 외부 환경으로부터 자신들을 지키는 데 꼭 필요한 것이었다. 이는 상황에 잘 적응한 경우이다. 그러나 승진 문제로 가슴을 졸인다거나, 경영진에게 보여줄 프레젠테이션 때문에 다른 일을 못한다거나, 입원해 있는 어머니를 걱정한다거나 하는 일들이 하루가 멀다 하고 벌어진다면, 우리는 사자에 쫓길 때와 똑같은 화학 물질을 만들어내게 될 것이다.

이것이 바로 상황에 부적응한 경우이다. 우리는 너무 오랫동안 비상 상황에 머무르고 있다. 우리 내부에서 필요로 하는 에너지를 투쟁 또는 도주 반응에 다 쓰고 있다. 이를 위해 몸은 생명 활동에 없어서는 안 될 에너지를 면역계, 소화계, 내분비계 등으로부터 가져와, 싸우거나 도망칠 수 있도록 근육으로 보낸다. 그러나 원시 시대가 아닌 지금 상황에서 이러한 반응은 오히려 우리에게 해가 된다.

심리학적인 관점에서 보면 스트레스 호르몬의 과잉 생산은 분노, 두려움, 질투, 증오와 같은 감정을 일으키고, 공격, 낙담, 걱정, 불안 등의 느낌을 유발하며, 통증, 고통, 슬픔, 절망, 우울 등의 경험을 야기한다. 사람들은 부정적인 생각과 느낌에 사로잡혀 많은 시간을 보낸다. 과연 모든 상황이 부정적이기만 할까? 결코 그렇지 않다. 스트레스를 예상하며 살거나 기억을 통해 스트레스를 다시 경험할 때 부정적인 생각과 느낌이 더 커지는 것이다. 우리의 생각과 느낌은 대부분 강력한 스트레스 호르몬으로부터 영향을 받기 때문이다.

스트레스 반응이 켜질 때 우리는 다음과 같이 아주 중요한 세 가지에 집중한다.

- 몸(반드시 돌보아야 한다.)

- 환경(이 위협을 피해 어디로 달아날 것인가?)

- 시간(이 위협을 피하기 위해 얼마나 많은 시간을 써야 하는가?)

생존 모드의 삶이 우리가 빅 쓰리에서 벗어나지 못하는 이유이다. 생존 모드가 촉발하는 스트레스 반응과 호르몬은 우리로 하여금 몸, 환경, 시간에 집착하게 만든다. 그 결과 우리는 자신을 물질적이고 육체적인 존재로 한정짓게 되며, 점점 덜 영적이고 덜 의식적이 되어간다.

달리 말하면 우리는 '물질주의자'가 된다. 습관적으로 외부 환경 속에 있는 것들만 생각하게 된다. 우리의 정체성은 몸 안에 국한된다. 몸 안에 방출된 화학 물질은 외부 환경에 관심을 두라는 신호를 보낸다. 내가 소유한 것, 아는 사람, 가야 할 장소, 직면한 문제, 싫어하는 머리 스타일, 신체 부위, 몸무게, 다른 사람들과 비교되는 외모, 주어진 시간…… 이렇게 우리가 알고 있는 것과 하고 있는 것들을 바탕으로 우리는 자신의 정체성을 기억한다.

생존 모드의 삶은 현실의 99.99999999999퍼센트 대신 0.0000 00000001퍼센트에 집중하도록 만든다.

생존, '누군가'로 산다는 것

우리는 대부분 자신을 '누군가somebody'로 알고 살아가고 있다. 그런데 나의 진짜 모습은 빅 쓰리와는 아무런 관련이 없다. 우리의 진짜 모습은 양자장의 지성과 연결된 하나의 의식consciousness이다.

내가 '누군가'가 되어 생존 모드로 살아가면 진정한 나의 모습을 잊어버린다. 우리는 점점 우주적 지성의 장에서 떨어져 나오며 분리감을 느끼게 된다. 스트레스 호르몬으로 충격을 받으며 살수록 더 많은 화학 물질이 분비되고 그것이 나의 정체성이 된다.

만약 자신을 오직 물질적·육체적 존재로만 여긴다면, 우리는 육체적 감각으로 지각한 것만 자기라고 여기게 된다. 자신의 현실을 명확히 규정하기 위해 감각을 사용할수록 그 감각한 것으로 현실을 '결정'하게 될 것이며, 따라서 과거의 경험을 바탕으로 미래를 예측하고자 노력하는 뉴턴주의자의 사고방식에 빠지게 된다. 현실에 대한 뉴턴 모델의 모든 것은 결과를 예측하는 것이다. 이제 우리는 더 큰 어떤 것에 항복하기보다는 현실을 통제하기 위해 노력한다. 우리가 하는 것이라곤 단지 살아남기 위해 애쓰는 것뿐이다.

양자 모델에 따라 현실의 모든 것을 에너지로 정의한다면, 왜 우리는 자신을 에너지 존재로 경험하기보다 물질적 존재로 경험하는 것일까? 생존 지향적인 감정(감정은 움직이는 에너지energy in motion이다)은 낮은 주파수의 에너지 또는 낮은 에너지의 감정이라고 할 수 있다. 그것은 느린 파장에서 진동하며, 따라서 우리를 물질적 상태로 머물게 한다. 우리는 더욱 무겁고 농밀해지며 형체를 띠게 된다. 에너지가 우리를 더욱 느리게 진동하게 만들기 때문이다. 말 그대로 몸은 에너지보다는 형체에, 마음보다는 물질에 더 가까워지는 것이다.[1]

따라서 원시적 생존 모드를 억제하고 중독에서 벗어나면 에너지는 더 높은 주파수를 띠게 된다. 그러면 우리는 몸에 덜 묶이게 될 것이다. 몸이 마음이 '되었을' 때 우리는 에너지를 몸에서 양자장으로 해방시킬

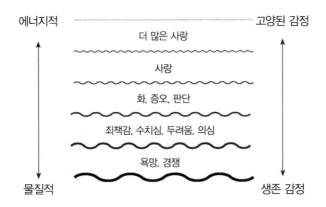

생존 감정 대 고양된 감정

에너지적 ---------------------------------- 고양된 감정

더 많은 사랑

사랑

화, 증오, 판단

죄책감, 수치심, 두려움, 의심

욕망, 경쟁

물질적　　　　　　　　　　　　　　　　생존 감정

그림 5.1 위쪽의 높은 주파수의 파동들은 훨씬 빠르게 진동하는 에너지의 진동율에 가깝다. 아래로 내려갈수록 파장이 느려져 에너지는 물질에 더욱 가까워진다. 따라서 생존 감정은 우리를 에너지보다는 물질 상태에 머물게 한다. 화, 증오, 고통, 수치심, 죄책감, 판단, 욕망과 같은 감정은 우리를 더욱 물질적으로 느끼게 만든다. 그것들이 띠고 있는 주파수가 낮기 때문이다. 하지만 사랑, 기쁨, 감사와 같은 고양된 감정은 높은 주파수에 있으며, 따라서 우리를 물질 상태보다는 에너지 상태로 이끈다.

수 있다. 고양된 감정은 우리를 높은 의식 수준으로, 근원에 더 가깝게 끌어올린다. 바로 그때 우리는 우주 지성과 더 연결됨을 느낄 수 있다.

정체성에 대한 집착

　　실제적인 것이든 상상 속의 것이든 어떤 위협에 대한 스트레스 반응이 켜질 때, 몸의 각 기관에는 강력한 화학 물질의 폭포가 밀려온다. 그 화학 물질로 갑자기 강력한 에너지가 발생해 순간적으로 몸과 뇌의 특정 부분들이 깨어나며, 우리는 빅 쓰리에 집중하게 된다. 이것은 마치 중독성이 강한 트리플 에스프레소를 마시고 난 뒤처럼 잠깐 동안 우리를 각성시킨다.

그러나 우리는 곧 무의식적으로 문제나 좋지 않은 환경, 불건강한 관계에 중독된다. 생존 감정에 중독된 우리는 그런 상황을 계속 방치하며, 그 모습을 나의 정체성으로 여기게 된다. 그 문제들에서 얻는 에너지의 분출을 즐기는 것이다.

이런 감정의 도취는 익숙한 외부의 모든 사람, 물건, 장소, 경험에 눈을 돌리게 만든다. 나아가 우리는 환경 속의 이런 요소들에 중독된다. 이제 그 환경도 나의 정체성이 된다.

생각만으로 스트레스 반응을 켤 수 있다는 말은, 이때 우리가 마치 맹수에게 쫓길 때와 똑같이 중독성 스트레스 화학 물질을 방출시킬 수 있다는 말이다. 결국 우리는 생각에 중독된다. 생각에 중독되면 무의식적으로 아드레날린에 취해 다르게 생각하기가 매우 힘들어진다. 틀에 박힌 생각에서 벗어날 수 없는 것이다. 중독된 화학 물질, 다시 말해 익숙한 생각과 느낌에서 벗어나려 할 때마다 수많은 내면의 속삭임이 갈망과 고통에서 벗어나지 말라고 유혹한다. 그래서 여전히 익숙한 현실에 갇히고 만다.

결국 자기 제한적인 생각과 느낌으로 인해 우리는 다시금 투쟁 또는 도주 반응을 낳는 문제나 상황, 스트레스 요인을 찾게 되고 좋지 않은 선택을 하게 된다. 우리는 이 부정적인 자극들을 계속 주변에 두면서 스트레스 반응을 보인다. 중독된 생각과 느낌이 자신의 정체성을 강화하며 재확인하기 때문이다. 간단히 말해서 우리는 대부분 스트레스를 낳는 문제와 상황에 중독된 것이다. 어떤 직장을 다니고 어떤 관계를 맺고 있건 간에 우리는 문제를 늘 곁에 두고 살아간다. 그런 문제가 있어야 내가 누구라는 자기 정체성을 강화할 수 있기 때문이다. 그리고 그런 문제들이 낮은 주파수의 감정들에 계속 중독되도록 해주기 때문이다.

가장 해로운 점은 그런 문제들이 없어지면, 자기가 무엇을 생각하고 어떻게 느껴야 하는지 알 수 없을 거라고, 자신이 누구인지 기억하게 해주는 에너지의 분출을 경험하지 못할 거라고 두려워하며 산다는 것이다. 우리는 대부분 내가 '누군가somebody'로서 정체성을 가져야 한다고 생각한다. 정체성 없이 '아무도 아닌 존재nobody'가 되는 것은 얼마나 끔찍한 일인가?

이기적인 자아

우리의 생각, 느낌, 문제, 그리고 빅 쓰리의 모든 요소들과 감정적으로 연결되어 있는 것 속에 우리가 '나'라고 여기는 것이 존재한다. 스스로 만들어낸 현실 속에서 살다가 그곳을 벗어나는 것이 힘들게 느껴지는 것은 당연하다. 환경, 몸, 시간이 없다면 우리는 자기가 누구인지 어떻게 알 수 있을까? 이것이 바로 우리가 외부 세계에 의존하게 되는 이유이다. 우리는 자기가 어떤 감정 상태인지를 밝히고 그 감정을 더욱 키워가는 데만 감각을 사용한다. 그래야 자신의 중독을 재차 확인해 주는 생리적 피드백을 얻기 때문이다. 이렇게 해서 자신이 살아있음을 느낀다.

생존 반응이 외부 세계와 균형을 이루지 못하면 스트레스 반응 호르몬이 과도하게 분비되어 우리는 자신의 정체성을 이루는 요인들 안에 갇히게 된다. 그 결과 우리는 몸에 또는 환경의 어떤 측면에 집착하며 시간의 노예로 살게 된다. 이 특정한 현실에 갇히면 자신이 되어버린 습관을 깨거나 변화시키기 어렵다.

과도한 생존 감정은 건강한 에고ego(우리가 '나'라고 말할 때의 자아)의 저울 균형을 무너뜨린다. 견제 상태일 때 에고는 우리를 세상으로부터 안전하게 보호하는 역할을 한다. 예컨대 에고 덕분에 우리는 모닥불이나 낭떠러지에서 몇 걸음 떨어져 있게 되는 것이다. 균형 잡힌 에고의 자연스러운 본능은 자기 보호이다. 나의 욕구와 다른 사람들의 욕구 사이에, 나에 대한 관심과 다른 사람들에 대한 관심 사이에 건강한 균형이 존재한다.

비상 상황에서 생존 모드에 돌입했을 때 자기 자신을 먼저 돌보는 것은 자연스러운 일이다. 하지만 오랜 기간에 걸쳐 만성적으로 스트레스 화학 물질이 분비되어 몸과 뇌의 균형을 무너뜨리면 에고는 생존에만 과도하게 초점을 맞추고, 다른 것들은 놔두고 자신에게만 관심을 쏟는다. 처음부터 끝까지 이기적이 되는 것이다. 그 결과 우리는 자기 연민 내지 자기 혐오에 빠져 제멋대로 굴거나 자기만 알고 자만심에 차서 행동하게 된다. 장기적인 스트레스는 자기만 앞세우는 이기적인 자아를 키운다.

그런 상태에서는 에고가 외부 환경에 과하게 초점을 맞추면서 현실의 99.99999999999로부터 완전히 분리되었다고 느끼기 때문에, 모든 상황의 결과를 예측하는 것이 에고의 첫 번째 관심사가 된다. 감각을 통해서 현실을 정의하려고 하면 할수록 그 현실은 우리를 지배하는 법칙이 된다. 그리고 법칙이 된 물리적 현실은 양자 법칙과는 정반대이다. 내가 의식을 두는 곳이 나의 현실이다. 내가 몸과 물질적인 영역에만 관심을 쏟고 있고 그것으로 나의 한계를 정해버리면 그것이 나의 현실이 된다.

우리가 아는 사람이나 갖고 있는 문제, 소유한 물건, 가는 곳을 잊어버리는 것, 시간의 흐름을 잊어버리는 것, 몸의 습관을 넘어서는 것, 정체성을 재확인하기 위해 감정적으로 익숙한 경험들에 더 이상 도취하지 않는 것, 과거의 기억을 되씹거나 미래의 조건을 예측하려고 애쓰지 않는 것, 자신의 욕구에만 관심 있는 이기적인 에고를 내려놓는 것, 자신의 느낌보다 더 크게 생각하거나 꿈꾸는 것, 미지의 세계를 열망하는 것······ 이것이 바로 현재의 삶에서 자유로워지는 첫걸음이다.

생각으로 병들 수 있다면, 생각으로 건강해질 수도 있을까?

지금까지 생각만으로 스트레스 반응에 불을 켤 수 있다는 것을 알아보았다. 또한 스트레스와 관련된 화학 물질이 세포에 신호를 보내 유전자를 변화시키고 질병을 유발한다는 과학적 사실 또한 살펴보았다. 이것은 생각만으로도 우리 몸이 아플 수 있다는 것을 의미한다. 정말 그렇다면 생각만으로 건강을 되찾는 일도 가능할까?

어떤 사람이 짧은 시간 사이에 분노를 일으키는 몇몇 경험을 했다고 하자. 그런 일들에 대한 무의식적인 반응의 결과로 그는 괴로움을 느꼈다. 그러자 이런 감정에 상응하는 화학 물질이 세포에 쏟아졌다. 몇 주가 지나자 그 감정은 전반적인 기분으로 변했다. 그 기분이 몇 달씩 계속되면서 기질로 굳어지고, 여러 해에 걸쳐 그런 기질이 지속되면서 분노라는 강력한 성격적 특성을 형성했다. 그는 이 분노의 감정을 몸에 깊이 기억시켜, 이제 몸이 이 분노의 감정을 의식적인 마음보다 더 잘 알게 되었다. 여러 해 동안 이 감정을 반복해서 생각하고 느꼈기 때문이다.

경험에 대한 화학적 서명이 바로 감정이라고 할 때, 그가 이 분노의 감정을 붙들고 있는 한 그의 몸은 오래전 이 감정을 처음 안겨준 사건을 경험할 때와 똑같이 반응할 것이다. 나아가 이들 분노의 화학 물질에 대한 몸의 반응이 특정 유전자들의 기능을 방해하고, 이 지속된 반응이 동일한 유전자들에게 똑같이 반응하라는 신호를 계속 보낸다면, 마침내 몸은 암과 같은 질병을 만들어낼지도 모른다.

분노의 느낌을 일으키는 생각을 멈추고 지속해 온 분노 감정을 기억에서 제거해야, 몸은 감정적 노예 상태로부터 해방될 수 있다. 그렇게 되면 똑같은 방식으로 유전자에 신호를 보내는 행위도 멈춰질 것이다.

그가 마침내 새로운 방식으로 생각하고 느끼면서 새로운 성격의 이상적인 자기 모습을 만들기 시작했다고 해보자. 새로운 존재 상태로 옮겨갔으므로 그는 유익한 방식으로 유전자에 신호를 보내고 몸을 고양된 감정 상태에 맞게 길들일 수 있을까? 생각 하나만으로 몸이 건강을 되찾을 수 있을까?

우리 세미나에 참석한 어떤 사람에게 실제로 그런 일이 일어났다. 암을 극복해 낸 것이다.

57세로 지붕 시공업자였던 빌의 얼굴에 어떤 병변이 나타났다. 피부과 전문의는 악성 흑색종이라고 진단했다. 빌은 수술을 받았고 방사능 요법, 화학 요법까지 썼지만 암은 재발했다. 암세포는 목과 옆구리, 종아리까지 번졌다. 그때마다 그는 비슷한 치료를 계속 받았다.

빌은 생각했다. '왜 나한테 이런 일이 일어났을까?' 햇빛에 과도하게 노출된 작업 환경이 위험 요소였다는 것은 인정이 되었다. 하지만 자신과 비슷하게 햇빛에 노출된 다른 사람들은 암에 걸리지 않았다. 빌은 왜 자기한테만 이런 일이 일어났는지 생각을 거듭했다.

원쪽 옆구리에 재발한 암을 치료받은 뒤 빌은 자신의 생각, 감정, 행동이 병을 유발한 것은 아닌지 생각해 봤다. 그러다 한 순간 30년이 넘도록 남들을 위해서 사느라 자기가 원하는 것은 포기해야 했다고 생각하고 느끼며 분노 속에 살아왔다는 걸 깨달았다.

그는 고등학교 졸업 후 전문 연주자가 되고 싶었지만, 아버지가 몸을 다치면서 가업인 지붕 시공 일을 물려받아야 했다. 그는 자신의 꿈을 포기하라는 말을 들었을 때의 느낌을 잊지 않고 기억했다. 아직도 과거의 그 시간에 살고 있다고 느낄 정도로 생생하게 말이다. 이것은 자신이 바라는 것들을 자꾸 뒤로 미루는 습관으로 굳어졌다. 사업을 확장하자마자 주택 시장이 붕괴한다든지 무언가가 뜻대로 되지 않을 때마다 그는 항상 책임을 탓할 누군가나 무언가를 찾았다.

빌은 쓰라림이라는 감정 반응 패턴을 몸속에 기억시켰고, 그 감정은 성격이 되고 무의식적인 프로그램이 되었다. 그리고 오랫동안 반복된 신호를 받아온 유전자는 이제 그를 괴롭히는 질병을 만들어내기에 이르렀다.

빌은 더 이상 외부 환경이 자신이 생각하고 느끼고 행동하는 방식을 좌우하게 내버려둘 수 없었다. 그는 과거 자아와의 연결을 끊고 새로운 자아로 다시 태어나기 위해서는 익숙한 환경을 벗어날 필요가 있다고 느꼈다. 그는 멕시코의 바하Baja에서 2주 동안 머물며 자신을 돌아보았다.

처음 닷새 동안 빌은 아침 명상을 하며 분노를 느낄 때 자신이 어떻게 생각하는지 돌아보았다. 그는 생각과 느낌의 양자 관찰자가 되었다. 그는 자신의 무의식적인 마음을 '의식'했다. 과거의 무의식적인 행동에도 주의를 기울였다. 그는 자신을 사랑으로 대하지 않는 어떠한 생각이나 행동, 감정도 그만 멈추기로 마음먹었다.

이렇게 자신을 돌아보고 나자 빌은 자유를 느꼈다. 분노에 대한 감정적 중독으로부터 자신의 몸을 해방시킨 덕분이었다. 행동을 조종하던 익숙한 생각과 느낌을 차단함으로써, 몸이 이전과 같은 마음에 길들여지지 않도록 생존 감정들의 신호를 방해한 셈이었다. 그러자 그의 몸은 새로운 운명을 창조하기 위해 에너지를 풀어내기 시작했다.

다음 한 주 동안 빌은 한껏 고양된 기분으로 그동안 바라던 새로운 자신의 모습을 생각했다. 그리고 그를 통제하던 외부 환경에 어떻게 반응할 것인지 생각했다. 그는 아내와 아이들이 뭔가를 바라거나 요구해 와도 짐스럽게 느끼기보다는 친절하고 관대하게 반응하기로 결심했다. 도전적인 상황이 펼쳐졌을 때에도 그는 외부 환경이 아니라 자신이 어떻게 생각하고 행동하고 느끼고 싶어 하는지에 초점을 맞추기로 했다. 그는 새로운 성격, 새로운 마음, 새로운 존재 상태를 창조하고 있었다.

빌은 바하 해변에 앉아 있으면서 마음먹었던 것들을 연습하기 시작했다. 여행에서 돌아오고 얼마 지나지 않아 그는 종아리에 있던 종양이 줄어든 것을 발견했다. 일주일쯤 지나서 의사를 찾아갔을 때 그는 암이 사라졌다는 진단을 받았다! 건강을 되찾은 것이다.

그는 자신의 뇌를 새로운 방식으로 활성화하면서 생물학적·화학적으로 자신을 변화시켰다. 그는 새로운 방식으로 새로운 유전자들에게 신호를 보낸 것이다. 암세포들은 그의 새로운 마음, 새로운 화학 물질, 새로운 자아와 공존할 수 없었다. 빌은 한때 과거의 감정들에 갇혀 있었지만 지금은 새로운 미래 속에서 살고 있다.

창조: 아무도 아닌 존재로 살기

앞 장 마지막 부분에서 창조 모드로 산다는 것이 어떤 것인지 간단히 설명했다. 몰입의 흐름을 타고 있는 그 창조의 순간에는 환경과 몸, 시간이 모두 사라진 듯 보이며, 따라서 전혀 의식되지 않는다.

창조적인 삶을 산다는 것은 '아무도 아닌 존재nobody'로 산다는 뜻이다. 자신을 잊어버릴 정도로 몰입해서 무언가를 창조해 본 경험이 있는가? 몰입의 순간에는 당신이 이미 알고 있는 세계에서 분리된다. 더 이상 내가 소유한 물건들, 내가 아는 사람들, 해야 하는 일들, 특정 시기에 살았던 이런저런 장소들과 관련된 '누군가'가 아니다. 창조적인 상태에 있을 때 우리는 '나'를 이루는 습관을 잊는다고 말할 수 있다. 이기적인 에고를 버리고 '무아無我(self-less)'의 상태가 되는 것이다.

당신이 시간과 공간을 넘어서면 순수한 무형의 의식이 된다. 당신이 더 이상 몸에 연결되지 않으면, 즉 더 이상 외부 환경 속의 사람과 장소, 사물에 초점을 맞추지 않으면, 그 순간 당신은 선형적인 시간을 넘어 양자장의 문을 열게 된다. '누군가'로서는 양자장에 들어갈 수 없다. '아무도 아닌 존재'가 되어야만 들어갈 수 있다. 자기 중심적인 에고를 버리고 순수 의식pure consciousness이 되어야 한다. 몸을 변화시키고(건강을 회복하고) 외부 환경 속의 무언가를 바꾸고(새로운 직업이나 관계를 갖고) 시간 순서를 바꾸기(가능한 미래 현실을 앞당기기) 위해서는 우리는 아무 몸도 아니고 아무 사물도 아니어야 하며 아무 시간에도 있지 않아야 한다.

삶의 어떤 측면(몸, 환경, 시간)을 바꾸기 위해서는 그것을 초월해야만 한다. 빅 쓰리를 지배하기 위해서는 빅 쓰리를 내려놓고 잊어야 하는 것이다.

전두엽: 창조와 변화의 영역

무언가 창조하고 있을 때 뇌의 창조 센터인 전두엽이 활성화된다. 전두엽은 인간의 신경계에서 가장 최근에 진화되었으며 뇌에서 적응 능력이 가장 뛰어난 부분이다. 주의, 집중, 인식, 관찰 그리고 의식을 관장하는 곳으로, 뇌의 CEO 또는 의사 결정자라고 할 수 있다. 전두엽은 가능성을 추론하고, 확고한 의도를 입증하고, 의식적인 결정을 내리고, 충동적·감정적인 행동을 조절하며, 새로운 것을 배우는 곳이다.

전두엽의 주요 기능 세 가지를 살펴보자. 이것을 알아두면 이 책 3부에서 '자신이 되어버린 습관'을 깨는 명상법을 배우고 실천하는 데 도움이 될 것이다.

1. 메타 인지: 원하지 않는 몸과 마음의 상태를 알아차리고 벗어나기

새로운 자아를 창조하고 싶다면 먼저 과거의 자기 모습에서 벗어나야 한다. 창조의 과정에서 전두엽이 하는 첫 번째 기능은 자기 자신을 인식하는 것이다.

우리는 자신의 생각과 자아를 관찰하는 힘인 메타 인지('초超인지'라고도 함—옮긴이) 능력을 가지고 있다. 따라서 더 이상 생각하고 싶지 않은 것, 행동하고 싶지 않은 것, 느끼고 싶지 않은 것을 멈추기로, 즉 존재 상태를 바꾸기로 결정할 수 있다. 이 자기 성찰 능력 덕분에 우리는 자신의 모습을 돌아보고 행동을 변화시켜 훨씬 더 가치 있고 바람직한 결과를 만들어낼 수 있다.[2]

우리가 주의를 집중하는 곳에 에너지가 모인다. 새로운 삶을 살고 싶다면 내가 그동안 무엇에 집중하며 살아왔는지 검토해야 할 것이다. 여기가 '나를 알기' 시작하는 자리이다. 나는 삶에 대해, 나 자신에 대해, 다른 사람들에 대해 내가 믿는 그것을 본다. 내가 무엇이고 어디에 있으며 누구라고 믿는 그것이 바로 나 자신이다. 믿음이란 의식적으로든 무의식적으로든 계속해서 삶의 법칙으로 받아들이는 생각을 말한다. 의식을 하든 안 하든 믿음은 계속해서 자신의 현실에 영향을 준다.

따라서 진정으로 새로운 개인적 현실personal reality을 원한다면 현재 자신의 성격personality을 샅샅이 관찰해 보아야 한다. 성격은 무의식의 차원에서 마치 자동 소프트웨어 프로그램처럼 작동하기 때문에, 이전에는 알아차리지 못했던 마음속 요소들까지 살펴보지 않으면 안 된다. 성격이라는 것이 우리가 생각하고 행동하고 느끼는 방식들로 구성된다고 할 때, 우리는 무의식적인 생각, 반사적인 행동, 자동적인 감정 반응을 주의 깊게 관찰해야 한다.

마음과 몸의 무의식적인 상태를 관찰하기 위해서는 의지와 의도를 갖고 명료하게 깨어 있어야 한다. 명료하게 깨어 있으면 주의력이 높아지고, 그럴수록 더 의식적이 된다. 의식적이 될수록 더욱 잘 알아차리게 될 것이며, 알아차리는 능력이 커지면 나와 타인을, 또 자기 현실의 안과 밖에 있는 요소들을 관찰하는 능력이 더욱 커진다. 그리고 관찰을 하면 할수록 무의식적인 마음 상태가 의식적인 앎 속으로 점점 더 깨어나게 된다.

이런 자기 인식의 목적은 경험하고 싶지 않은 생각이나 행동, 감정을 더 이상 자신도 모르게 되풀이하지 않기 위함이다. 과거의 존재 상태에서 의식적으로 벗어나려는 노력을 계속 하면 과거의 성격과 관련된 오래된 신경망의 연결이 끊어지는 건 시간 문제이다. 더 이상 과거와 똑같은 마음을 창조하지 않는다면, 과거의 자아와 연결된 하드웨어가 제거될 것이다. 또한 그런 생각과 관련된 느낌을 차단함으로써 더 이상 똑같은 방식으로 유전자에 신호를 보내지 않게 된다. 이제 우리는 몸을 과거와 똑같은 마음으로 보지 않는다. 이 과정은 아주 간단하게 '과거의 마음을 버리는 것'으로 시작된다.

자신의 과거 자아의 모습을 알아차리는 능력이 커질수록 우리는 더 의식적인 존재가 된다. 여기에서 중요한 목적은 새로운 삶, 새로운 성격을 창조할 에너지를 풀어주기 위해 과거 자신에게 익숙한 자아를 버리는 것이다. 과거와 똑같은 성격으로 새로운 개인적 현실을 창조하는 것은 불가능하다. 다른 현실을 원한다면 다른 사람이 되어야 한다. 메타 인지는 과거로부터 새로운 미래의 창조로 옮겨가기 위한 첫 번째 과제이다.

2. 새로운 마음을 창조하기

전두엽의 두 번째 기능은 새로운 마음을 창조하는 것이다. 즉 오랫동안 발화하면서 굳어진 뇌의 신경망에서 벗어나 새롭게 뇌 회로를 배열하는 것이다.

시간과 공간을 잊고 새로운 존재 방식에 몰입할 때 그때 비로소 전두엽이 창조 활동을 시작한다. 이때 우리는 새로운 가능성을 상상하며, 내가 진정으로 원하는 것이 무엇인지, 어떤 모습으로 살기 원하는지, 무엇을 변화시키고 싶은지 등 중요한 질문을 던질 수 있다.

전두엽은 뇌의 모든 부분과 연결되어 있기 때문에, 모든 신경 회로를 검색해 지식과 경험의 네트워크 형태로 된 정보 조각들을 완벽히 이어 맞출 수 있다. 전두엽은 그 가운데 일부 신경 회로들을 고른 뒤 다양한 방식으로 결합시켜 새로운 마음을 창조한다. 그 과정에서 전두엽은 일종의 모델 또는 내적인 표현을—우리가 보고자 의도한 그림의 형태로—창조해 낸다. 당연히 더 많은 지식을 쌓을수록 신경망의 연결은 다양해진다. 또 더 복잡하고 세밀한 모형들을 꿈꿀 수 있게 된다.

이런 창조의 단계를 시작하기 위해서는 경이와 가능성, 탐구, 성찰 등에 자신을 열어놓고 다음과 같은 중요한 질문을 던질 필요가 있다. 정답을 정해두지 않은 질문은 의식의 흐름을 활발히 하는 데 최고의 접근법이다.

- _____한 것은 어떤 것일까?
- _____가(이) 되는 더 나은 방법은 무엇일까?
- 내가 _____(이)라면, 어떻게 이 현실을 살아갈까?
- 나는 역사 속 인물 중에서 누구를 존경하는가? 그들의 어떤 점을 존경하는가?

이 질문에 대한 대답을 통해 자연스럽게 새로운 마음이 형성된다. 진심으로 답을 찾을수록 뇌는 새로운 방식으로 작동할 것이기 때문이

창조자로서의 전두엽

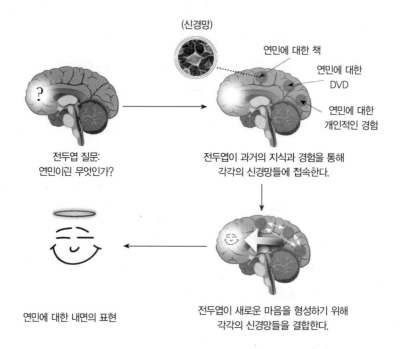

(신경망)

연민에 대한 책

연민에 대한 DVD

연민에 대한 개인적인 경험

전두엽 질문:
연민이란 무엇인가?

전두엽이 과거의 지식과 경험을 통해
각각의 신경망들에 접속한다.

연민에 대한 내면의 표현

전두엽이 새로운 마음을 형성하기 위해
각각의 신경망들을 결합한다.

그림 5.2 창조 모드에서 작동중인 전두엽은 새로운 마음을 창조하기 위해 뇌 속의 모든 정보를 모은다. 만약 연민이 창조하고 싶은 새로운 존재 상태이고, 그래서 우리가 연민을 갖는다는 것이 어떤 것인지 질문한다면, 전두엽은 자연스럽게 새로운 모델 또는 비전vision을 창조하기 위해 새로운 방식으로 각각의 신경망들을 결합한다. 뇌를 새로운 방식으로 작동시키기 위해 예전에 읽고 보았던 책이나 DVD, 개인적인 경험 등으로 축적된 정보를 취하기도 한다. 새로운 마음이 자리를 잡으면 연민이 우리에게 어떤 의미가 있는지 나타내는 그림이나 홀로그램, 비전을 보게 된다.

다. 새로운 존재 방식을 마음속으로 연습하기 시작하면, 우리는 신경학적으로 새로운 마음과 다시 연결된다. 그 마음을 상기하면re-mind 할수록 우리의 뇌와 삶은 더 많이 변화될 것이다.

먼저 자신이 선택한 주제의 지식으로 뇌를 채운다. 부자가 되는 것이든 더 나은 부모가 되는 것이든 혹은 위대한 마법사가 되는 것이든 무엇이든 상관없다. 그렇게 하다 보면 맞이하고 싶은 새로운 현실의 모델을 만들 기본 지식이 늘어날 것이다. 새로운 정보를 습득할 때마다 우리는 뇌가 과거와 다른 패턴으로 발화하도록 해줄 새로운 시냅스 연결을 추가한다. 새로운 지식을 쌓을수록 옛 성격이 더 이상 자리를 차지하고 있지 못하게 할 탄환을 더 많이 준비하는 셈이다.

3. 생생하게 생각하기

창조의 과정에서 전두엽의 세 번째 중요한 역할은 생각을 생생하게 만드는 것이다.

창조 상태에 있을 때 전두엽은 고도로 활성화되면서 뇌의 다른 회로들은 활동을 잠잠하게 만든다. 집중하고 있는 한 가지 생각만 처리하기 위해서이다.[3] 전두엽은 뇌의 전 영역을 중재하는 최고 경영자이기 때문에 뇌의 모든 '지형'을 관찰할 수 있다. 따라서 감각 중추(몸을 느낌), 운동 중추(몸을 움직임), 연합 중추(우리의 정체성이 있는 곳), 그리고 시간을 처리하는 회로의 볼륨을 낮춰 이들의 활동을 조용하게 만든다. 신경 활동이 잠잠해지면, 감각의 입력을 처리할 마음이 사라지고('마음'은 활동중인 뇌임을 기억하라), 환경 속에서 움직임을 일으킬 마음이 사라지며, 우리의 활동을 시간에 연결시킬 마음도 사라진다. 이때 우리는 아무 몸도 없고 no body 아무것도 아니며no thing 아무 시간도 없는no time 존재가 된다. 그 순간에 우리는 순수한 의식이 된다. 이처럼 감각, 운동, 시간, 자아 정체성을 담당하는 뇌의 영역들이 잠잠해져 에고도 없고 자아도 없는 상태가 곧 창조 상태이다.

볼륨 조절 장치로서의 전두엽

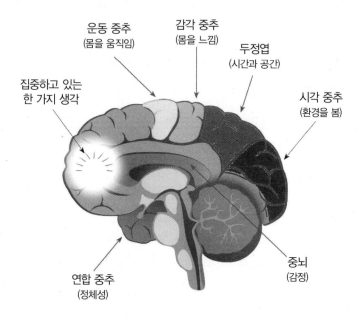

운동 중추
(몸을 움직임)

감각 중추
(몸을 느낌)

두정엽
(시간과 공간)

집중하고 있는
한 가지 생각

시각 중추
(환경을 봄)

연합 중추
(정체성)

중뇌
(감정)

그림 5.3 생각이 경험이 될 때 전두엽은 뇌의 나머지 부분을 잠잠하게 한다. 집중하고 있는 한 가지 생각 외에는 아무것도 처리되지 않도록 하는 것이다. 한 가지 생각에 집중해서 고요해지면 우리는 더 이상 몸을 느끼지 않고, 시간과 공간을 지각하지 않으며, 나를 잊어버리게 된다.

창조 모드에 있을 때 전두엽은 모든 것을 통제한다. 그렇게 몰입한 상황에서는 생각이 곧 우리의 현실이 되고 경험이 된다. 그 순간 우리가 생각하는 것이 무엇이건 그것은 모두 전두엽이 처리한다. 전두엽은 뇌의 다른 영역의 '볼륨을 낮추어' 방해되는 모든 것들을 차단시킨다. 그 결과 내부의 생각 세계가 외부의 현실 세계만큼이나 생생하게 느껴진다. 이 생각들은 신경망에 기록되어 뇌 속에 하나의 경험으로 저장된다.

만약 창조 과정을 제대로 실행한다면, 이 경험은 감정을 만들어낼 것이고, 우리는 그 사건이 실제로 지금 막 일어난 것처럼 느끼게 될 것이다. 우리는 우리가 바라던 현실에서 경험할 생각과 느낌을 지금 경험한다. 우리는 이제 새로운 존재 상태에 있다. 이 순간에 우리는 몸을 새로운 마음에 연결시켜 잠재의식 속의 프로그램을 다시 쓰고 있다.

마음을 내려놓고 에너지를 해방시켜라

창조 행위 속에서 우리가 아무도 혹은 아무것도 아니고 아무 시간에도 있지 않을 때, 우리는 더 이상 습관적인 화학적 서명을 만들어내지 않는다. 이전의 정체성이 사라졌기 때문이다. 즉 이전과 같은 식으로 생각하지도 느끼지도 않기 때문이다. 생존 지향적인 신경망은 꺼졌다. 스트레스 호르몬을 생성하도록 계속 신호를 보내던 성격도 사라졌다.

간단히 말해 생존 모드로 살고 있던 감정적인 자아는 더 이상 작동하지 않는다. 우리의 과거 정체성, 즉 생존 모드로 생각하고 느끼던 '존재 상태'는 끝이 났다. 우리가 더 이상 과거와 같은 모습으로 '존재'하지 않기 때문에, 몸에 묶여 있던 감정 에너지는 이제 자유롭게 움직일 수 있다.

그러면 감정적인 자아에 공급되던 에너지는 어디로 가는가? 에너지는 이제 새로운 곳으로 옮겨간다. 감정이라는 형태로 존재하는 에너지는 호르몬 중추에서 심장을 지나 뇌로 올라간다. 우리는 순식간에 기쁘고 즐겁고 확장된 기분을 느낀다. 우리는 우리가 창조한 것과 사랑에 빠진다. 이때가 바로 자연스러운 존재 상태를 경험하는 때이다. 스트레스 반응으로 만들어진 감정적 자아에 더 이상 힘을 주지 않을 때, 우리는 이

기적인 존재에서 이타적인 존재로 변화된다.[4]

오래된 에너지가 높은 주파수의 감정으로 바뀌면 몸은 감정적 속박으로부터 자유로워진다. 우리는 수평선 위로 올라가 완전히 새로운 풍경을 본다. 더 이상 생존 감정의 렌즈를 통해 현실을 보지 않고 새로운 가능성들에 주목한다. 새로운 운명의 양자적 관찰자가 된다. 에너지의 해방은 몸을 치유하고 마음을 자유롭게 한다.

●●●

생존 감정에서 고양된 감정으로 옮겨갈 때 에너지와 주파수의 변화를 나타낸 그림을 다시 한 번 살펴보자.(그림 5.1 참조) 분노나 수치심, 욕망이 몸에서 풀려날 때 그 에너지는 기쁨, 사랑, 감사로 바뀌게 된다. 점점 더 높은 에너지를 발산해 가는 과정에서 몸(우리가 마음이 되도록 길들인)은 '마음의 역할'을 덜 하고 더욱 일관성 있는 에너지가 되며, 몸을 이루는 물질은 더욱 높은 주파수로 진동하게 된다. 그리고 우리는 더 큰 어떤 것과 연결됨을 느낀다. 한마디로 우리의 신성한 본성이 점점 더 드러나는 것이다.

생존 지향적인 삶을 살면 우리는 결과를 통제하거나 강요하려 한다. 그것이 바로 에고가 하는 일이다. 창조의 고양된 감정 속에서 산다면 우리는 선택한 운명이 언제 어떻게 도착할지 분석하려 하지 않는다. 이미 마음과 몸 속에서, 즉 생각과 느낌 속에서 그 일을 경험해 보았고, 따라서 그 일이 일어나리라는 걸 알기 때문이다. 그 일이 이미 일어난 것처럼 느끼기 때문에 우리는 감사의 상태에 있다.

원하는 결과가 언제 어디서 어떤 상황 아래 일어날지 구체적인 사항은 모를 수 있다. 그러나 감각으로는 보거나 느낄 수 없는 미래를 우리는 믿는다. 미래는 공간도 시간도 장소도 없는 곳에서 이미 일어났고, 거

몸과 마음의 두 가지 상태

생존		창조
스트레스		항상성
수축		확장
이화 작용		동화 작용
질병		건강
불균형		질서
고장		수선
퇴보		쇄신
두려움/화/슬픔		사랑/기쁨/신뢰
이기심		이타심
환경/몸/시간	VS.	아무것도 아님/아무 몸도 아님/아무 시간도 없음
에너지 손실		에너지 창조
비상 상황		성장/회복
좁은 시야		열린 시야
분리		연결
감각에 의해 결정되는 현실		감각을 넘어선 현실
원인과 결과		결과를 일으킴
제한된 가능성		모든 가능성
일관성 없음		일관됨
기지의 것		미지의 것

그림 5.4 생존 모드 대 창조 모드

기에서 물질적인 모든 것이 생겨나온다. 우리는 앎의 상태에 있다. 우리는 현재 순간에 느긋이 머물 수 있고, 더 이상 생존 모드로 살지 않는다.

언제 어디서 어떻게 미래의 사건이 펼쳐질지 예측하거나 분석하는 것은 예전의 정체성으로 되돌아가는 일이다. 이미 기쁜 상태에 있다면 굳이 그러려고 애쓸 이유가 없다. 그런 행동을 하는 것은 오직 제한된 생존 모드 상태로 살아갈 때뿐이다.

이렇게 창조적인 상태에 머물러 있을 때 예전의 자아를 형성하기 위해 신호를 보내던 신경 세포들은 더 이상 서로 연결되지 않는다. 이때가 바로 예전의 성격이 생물학적으로 분해되는 때이다. 과거의 정체성에 연결된, 마음이 된 몸의 느낌들은 이제 더 이상 같은 유전자에게 같은 방식으로 신호를 보내지 않는다. 따라서 에고를 극복할 때마다 옛 성격의 물질적인 증거가 변화한다. 예전의 내 모습이 사라지는 것이다.

지금까지 새로운 나를 창조하도록 도와줄 지식 기반을 쌓았다. 이제 이것을 기초로 새로운 나의 모습을 창조하는 일만 남았다.

우리의 주관적인 마음이 객관적인 세계에 영향을 끼칠 수 있다는 개념에서부터, 환경과 몸, 시간을 넘어서서 뇌와 몸을 변화시킬 수 있는 우리 안의 잠재력, 스트레스로 반응하는 생존 모드의 삶에서 벗어나 내면 세계의 창조자로 살아갈 가능성까지 많은 것을 살펴보았다. 이제 이러한 가능성을 실제 가능한 현실로 만들 수 있기를 바란다.

2부에서는 뇌의 역할을 구체적으로 살펴보고, 지속적으로 삶의 변화를 창조해 나아갈 수 있도록 도와줄 명상 과정도 소개할 것이다.

뇌와 명상

6장

세 가지 뇌:
생각하고, 행동하고, 되기

우리의 뇌는 컴퓨터에 비유할 수 있다. 뇌는 우리의 자아와 인생을 변화시키는 데 필요한 모든 하드웨어를 갖추고 있다. 새로운 소프트웨어를 설치하기 위해서 하드웨어를 가장 잘 이용하는 방법은 무엇일까?

두 대의 컴퓨터가 있다고 상상해 보자. 둘 다 똑같은 하드웨어와 소프트웨어가 장착되어 있다. 하나는 컴퓨터를 잘 모르는 초보자가 사용하고, 다른 하나는 숙련된 컴퓨터 기술자가 사용한다. 초보인 사람은 컴퓨터가 어떻게 작동하는지는 물론이고 컴퓨터로 무슨 일을 할 수 있는지도 잘 모른다.

2부에서는 이처럼 뇌 작동법을 배우고 있는 우리가 명상을 통해 삶을 변화시키고자 할 때 뇌에서 어떤 일이 일어나고 왜 그런 일이 일어나는지 알고 시작하도록 뇌와 관련한 정보를 제공하고자 한다.

뇌는 끊임없이 변화한다

만약 운전을 할 줄 안다면 이미 '생각하기thinking, 행동하기doing, 되기being'의 가장 기초적인 예를 경험해 본 셈이다. 우선 운전을 하는 데 필요한 모든 동작과 도로 규칙에 대해 '생각'한다. 그 다음 자신이 하고 있는 '행동'에 의식적으로 주의를 집중하는 동안 운전에 꽤 익숙해진다. 그리고 마침내 능숙하게 운전을 하게 '된다.' 이제 의식은 옆으로 슬그머니 빠져서 승객이 되고, 잠재의식적 마음이 대부분 운전석을 차지한다. 운전은 자동으로 이루어지는 제2의 천성이 된다. 우리가 무언가를 배울 때는 이렇게 '생각하기' '행동하기' '되기'의 과정을 거치며, 뇌의 세 영역이 이러한 배움을 가능하게 한다.

그런데 '생각하기'에서 곧바로 '되기'로 옮겨갈 수 있다는 사실을 알고 있는가? 명상을 통해서 우리는 자신이 바라는 이상적인 자아의 모습을 생각하는 것에서 곧장 그 새로운 자아가 되는 것으로 옮겨갈 수 있다. 이것이 양자 창조quantum creating의 문을 여는 열쇠이다.

모든 변화는 생각과 함께 시작된다. 우리는 새로운 생각을 반영하는 새로운 신경 연결망과 회로를 즉시 만들어낼 수 있다. 지식과 경험을 흡수하여 무언가를 배울 때보다 뇌를 더 흥분시키는 것은 없다. 뇌는 오감을 통해서 들어오는 모든 신호를 사랑스럽게 어루만진다. 매 순간 뇌는 수십억 개의 정보를 처리한다. 정보를 분석하고, 검토하고, 확인하고, 추론하고, 분류하고, 정리하고, 보관한다. 그리고 필요할 때마다 그 정보를 다시 꺼낸다. 인간의 뇌는 최고의 슈퍼 컴퓨터이다.

우리가 어떻게 마음을 변화시킬 수 있는지 이해하기 위해서는 '행동 양식의 고정화hardwiring'라는 개념을 살펴볼 필요가 있다. 신경 세포(뉴런)가 어떻게 장기적·습관적인 관계들에 관여하는지 보는 것이다. 앞서 이야기한 헵의 법칙에 따르면 "함께 활성화된 신경 세포들은 서로 연결된다." 신경과학자들은 성인이 되면 뇌 구조가 변화되기 힘들다고 생각했지만, 새로운 연구 결과들은 뇌와 신경계의 많은 측면들이 성인이 된 후에도 구조적·기능적으로(학습, 기억, 뇌 손상의 회복을 포함) 변화할 수 있다는 사실을 보여주고 있다.

그렇다면 그 반대의 경우도 성립할 것이다. 즉 더 이상 함께 활성화되지 않는 신경 세포들은 연결이 끊어지는 것이다. 사용하지 않으면 연결이 끊어진다는 말이다. 원치 않는 연결을 끊거나 새롭게 만들어지지 않도록 의식적인 생각에 집중할 수도 있다. 그렇게 해서 생각하고 행동하고 느끼는 데 영향을 미치던 어떤 것들을 그만 내려놓을 수 있다. 새로운 연결망이 생기면 뇌는 더 이상 과거의 회로에 따라 발화되지 않을 것이다.

신경가소성neuroplasticity(나이에 상관없이 환경과 의식적인 의도의 결과로 새로운 신경 회로를 연결하고 만들어낼 수 있는 뇌의 능력) 덕분에 우리는 새로운 수준의 마음을 창조할 수 있다. 이에 따라 예전 것을 버리고 새로운 것을 받아들일 수 있다. 신경학자들은 이 과정을 '가지 치기pruning'와 '싹 틔우기sprouting'라 부른다. 나는 이것을 '폐기 학습unlearning'과 '학습learning'으로 부른다. 이는 현재의 한계를 넘어서서 조건화나 환경보다 더 커질 수 있는 기회를 만들어준다.

새로운 습관을 들이려면 무의식적인 존재 상태를 의식적으로 통제할 수 있어야 한다. 마음은 '화를 내지 말자'는 새로운 목표를 세웠는데 몸은 '그냥 화난 상태에, 익숙한 화학적 상태에 있자'고 해서는 안 된다. 마음의 의도와 몸의 반응을 하나로 일치시켜야 한다. 이를 위해서는 새롭게 생각하고, 행동하고, 또 그렇게 되어야 한다.

삶을 변화시키기 위해서는 먼저 생각과 감정을 변화시켜야 한다. 그

세 개의 뇌

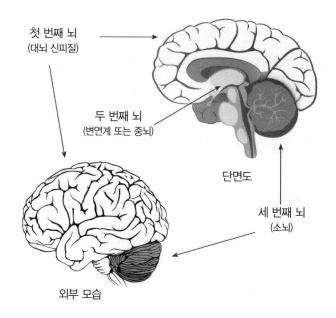

그림 6.1 첫 번째 뇌는 대뇌 신피질 또는 생각하는 뇌이다. 두 번째 뇌는 변연계 혹은 감정의 뇌로 몸 안의 화학 물질을 만들고 유지하고 정리한다. 세 번째 뇌는 소뇌이며 잠재의식적 마음을 맡고 있다.

리고 새로운 경험을 습득하기 위해 행동이나 태도를 바꿔야 한다. 이것이 다시 새로운 감정을 만들어내는데, 이때 우리는 마음과 몸이 하나가될 때까지 그 감정을 기억해야 한다. 이를 위해 우리는 뇌의 신경가소성과 함께 '세 개의 뇌'에 대해 살펴볼 필요가 있다.

뇌와 신경계가 무슨 일을 하는지 연구하는 것은 매력적인 탐험과도 같다.

'생각하기'에서 '행동하기'로

'생각하는 뇌'에 해당하는 것은 호두처럼 생긴 대뇌 신피질이다. 인류의 가장 최신 신경 하드웨어인 신피질은 의식적인 마음, 정체성, 그밖에 고도의 뇌 기능을 담당한다. 앞에서 다룬 전두엽은 이 신피질의 네 부분 중 하나이다.

신피질은 기본적으로 뇌의 건축가이며 디자이너이다. 배우고, 기억하고, 추리하고, 분석하고, 계획하고, 창조하고, 가능성을 따져보고, 지어내고, 소통할 수 있게 해주기 때문이다. 보고 듣는 감각 자료를 기록하는 이 영역 덕분에 우리는 외부 현실과 연결된다.

일반적으로 신피질은 지식과 경험을 처리한다. 먼저, 우리는 지식을 사실 혹은 의미론적인 정보(철학적·이론적 개념이나 지적으로 배운 생각)의 형태로 수집한다. 신피질이 새로운 시냅스들을 연결하여 더 많은 회로를 만들어내도록 유도하면서 말이다.

그 다음으로, 자신이 얻은 지식을 적용하기로, 즉 배운 것을 입증하기로 마음먹으면 우리는 언제나 새로운 경험을 만들 수 있다. 새로운 경험은 신피질 안에 신경망이라 불리는 신경 세포들의 패턴을 만들어낸다. 이 신경망은 지식의 회로망을 강화시킨다.

신피질의 좌우명이 있다면 그것은 "지식은 마음을 위한 것이다"일 것이다. 간단히 말해서 지식은 경험의 선도자이다. 신피질은 아직 경험되지 않은, 잠재적인 가능성으로 존재하는 생각들을 처리한다. 새로운 생각을 받아들일 때 행동의 변화가 이어질 수 있다. 새로운 결과를 얻기 위해서 뭔가 다르게 행동하게 되는 것이다. 습관적인 행동을 바꾸어나갈 때 예전과는 다른 일이 일어난다. 스스로 새로운 미래를 만들어내는 것이다.

새로운 사건에서 새로운 감정으로

'포유류 뇌'라고도 불리는 변연계limbic brain는 신피질 아래쪽에 위치하고 있다. 인류나 돌고래 등 고등 영장류를 제외한 포유류에게는 가장 고도로 발달되고 특화된 부분이다. 일단 이 변연계를 '화학적 뇌chemical brain' 혹은 '감정 뇌emotional brain'라고 하자.

새로운 경험을 하고 있을 때 외부에서 감각 정보들이 신피질로 들어오면 신경망들은 그 사건을 반영하기 위해 스스로를 조직한다. 경험은 지식보다도 훨씬 더 뇌를 풍요롭게 한다.

신경망들이 그 새로운 경험에 특화된 패턴으로 발화하는 순간, 감정 뇌는 펩티드(두 개 이상의 아미노산 분자로 이뤄지는 화학 물질—옮긴이) 형태로 화학 물질을 만들어서 분비한다. 이 화학적 혼합물에는 그 순간 경험하고 있는 감정을 반영하는 특정한 화학적 서명이 들어 있다. 감정은 경험의 최종 산물이다. 새로운 경험이 새로운 감정을 만들고, 이 감정은 새로운 방식으로 새로운 유전자에게 신호를 보낸다. 감정이 몸에 신호를 보내 그 사건을 화학적으로 기록하면, 몸은 배우고 있는 것을 구체적으로 표현하기 시작한다.

이 과정에서 변연계는 장기 기억을 형성하는 데 도움을 준다. 사람마다 어떤 특정한 경험을 더 잘 기억하는데, 이는 그 경험이 일어나는 동안 느끼는 감정의 기억이 다르기 때문이다. 신피질과 변연계 모두 서술 기억declarative memory(명시적 기억이라고도 함—옮긴이)을 형성할 수 있도록 돕는다. 서술 기억이란 학습하거나 경험한 것을 명확히 말로 표현할 수 있다는 의미에서 나온 말이다.[1] 그림 6.2(1)을 보면 서술 기억과 비서술 기억에 대한 더 많은 정보를 확인할 수 있다.

고조된 감정 경험은 감정적 각인으로 이어진다. 결혼한 사람들은 누구나 언제 어떻게 프러포즈를 받았는지 선명히 기억한다. 바람이 살랑대는 여름밤, 좋아하는 레스토랑에서 노을을 감상하며 멋진 식사를 했을 수도 있다. 모차르트의 선율이 부드럽게 깔리는 사이 애인이 한쪽 무릎을 꿇고 작은 상자를 내밀었을 수도 있다.

그 순간에 경험한 모든 것은 평상시와는 아주 다르게 느껴진다. 자신의 정체성으로 굳어진 화학적 균형이 새로이 보고 듣고 느낀 것들에 의해 완전히 깨져버린다. 어떤 의미에서 우리는 어떤 생각과 느낌이 뒤따를지 예견되는 익숙하고 판에 박힌 환경 자극에서 깨어난 셈이다. 새로운 사건을 통해 우리는 현재 순간에 더 깨어 있게 되는 것이다.

변연계의 좌우명이 있다면 아마도 "경험은 몸을 위한 것이다"일 것이다. 지식이 마음을 위한 것이고 경험이 몸을 위한 것이라면, 지식을 활용해 새로운 경험을 만들 때 우리는 몸에게 마음이 지적으로 학습한 것을 가르치는 것이다. 경험 없는 지식은 단지 철학일 뿐이고, 지식이 없는 경험은 무지에 불과하다. 다음 단계로 나아가기 위해서 우리는 지식을 습득하고 그것을 살아야 한다. 즉 감정적으로 받아들여야 한다.

지금까지 어떻게 하면 삶을 변화시킬 수 있을지 이야기했다. 새로운 지식을 얻고 새로운 경험을 할 때 새로운 느낌이 만들어진다. 이제 할 일은 그 느낌을 기억해서 이 새로운 지식과 느낌을 잠재의식적인 마음으로 옮겨놓는 것이다. 이제 논의할 세 번째 뇌 영역 안에 이 일을 할 하드웨어가 이미 갖추어져 있다.

'생각하기'와 '행동하기'에서 '되기'로

전화번호나 현금인출기 비밀 번호, 자물쇠 번호를 의식적으로 떠올리지 않아도 손가락이 저절로 움직이는 것이 사소한 일처럼 보일지 모른다. 그러나 몸이 의식적 마음보다 더 잘 알고 별다른 의식적 노력 없이도 어떤 행동을 반복할 수 있게 되었다면, 이는 몸이 그 행동이나 태도, 감정적 반응을 기억해서 그것이 하나의 기술이나 습관이 되었다는 의미이다.

이 과정에서 삶을 변화시키는 데 중요한 역할을 하는 세 번째 뇌, 즉 소뇌가 활성화된다. 소뇌는 잠재의식을 관장한다.

가장 활동적인 뇌 영역인 소뇌는 두개골의 뒤쪽에 위치한다. 뇌의 중앙 처리 장치, 기억 중추라고 생각하면 쉽다. 소뇌의 모든 신경 세포들은 각기 최소 20만, 최대 100만 개의 다른 세포들과 연결될 수 있는 잠재력을 가지고 있다. 이것은 몸의 균형이나 조화로운 움직임, 신체 부위들 간의 공간적 관계에 대한 인식, 그리고 움직임의 제어 등을 위한 것이다. 소뇌에는 우리가 습득해서 기억시킨 고정된 태도, 감정적인 반응, 반복되는 동작과 습관, 조건 반응적인 행동, 무의식적인 반사 작용 등이 저장되어 있다. 놀랄 만한 기억 저장 능력을 가지고 있는 소뇌는 다양한 형태의 학습 정보들을 내려 받아서 마음과 몸 속에 각인시킨다.

우리가 어떤 존재 상태에 있을 때 우리는 신경화학적으로 새로운 나를 기억하기 시작한다. 그때 소뇌가 그 새로운 상태를 잠재의식적 프로그래밍의 일부로 만든다. 소뇌는 비서술 기억non-declarative memory을 관장한다. 어떤 것을 반복해서 연습하면 그것이 제2의 천성이 되어 생각할 필요도 없이 자동으로 그 동작을 하게 되는데, 이것이 바로 비서술 기억이다. 따라서 어떻게 그것을 하게 되는지 기술하거나 말로 명확히 표현하기가 어렵다. 그런 일이 일어날 때 우리는 행복이(또는 우리가 주의를 기울이며 정신적 또는 육체적으로 시연하고 있는 어떤 태도나 행동, 기술, 특성이) 새로운 자아에 내재된 기억 프로그램처럼 작동하는 것을 볼 수 있다.

이 세 가지 뇌를 통해 '생각하기'에서 '행동하기'로, 다시 '되기'로 옮겨가는 실제적인 예를 삶 속에서 찾아보자. 우리는 먼저 새로운 방식으로 새로운 회로를 활성화해 새로운 마음을 만들기 위해서 생각하는 뇌(신피질)가 의식적인 '머릿속 시연'을 통해 어떻게 지식을 이용하는지 볼 것이다. 그 다음, 감정의 뇌(변연계)가 새로운 감정을 만들어 생각이 경험이 되게 한다. 생각하고 느끼는 우리 뇌는 몸을 새로운 마음에 길들인다. 마지막으로, 마음과 몸이 하나로 일치되면 소뇌는 새로운 나의 모습을 신경화학적으로 기억한다. 이제 새로운 나의 존재 상태는 잠재의식 속에 내재된 프로그램이 된다.

실제 삶에서 세 가지 뇌가 어떻게 작동할까?

당신이 최근 달라이 라마가 쓴 책과 마더 테레사의 전기, 성 프란체스코의 업적을 다룬 책 등 연민compassion을 주제로 한 책 몇 권을 읽었다고 해보자.

책에서 얻은 지식 덕분에 당신은 틀을 벗어난 새로운 생각을 할 수 있게 되었다. 생각하는 뇌 속에 새로운 시냅스 연결망을 구축시켰을 테니 말이다. 당신은 다른 사람의 경험을 통해서 연민에 대해 배운 데 그치지 않고 그것을 날마다 되새겨 그 새로운 신경 연결망을 계속 유지시켰다. 얼마나 열심이었는지 이제 당신은 연민에 대한 조언을 하며 친구들의 고민도 해결해 줄 수 있다. 당신은 철학자가 되었고, 지식도 갖추었다.

그러던 어느 날 일을 마치고 집으로 운전해서 가는 중에 아내에게서 연락이 온다. 사흘 후에 있을 장모님과의 저녁 식사를 알리는 전화다. 당신은 잠시 차를 멈추고, 오래전 장모님에게 상처를 받은 뒤로 당신이 장모님을 얼마나 싫어하게 되었는지 생각한다. 장모님이 독단적으로 말하는 방식이 싫다. 다른 사람을 방해하는 행동, 풍기는 냄새, 심지어 요리하는 방식도 마음에 안 든다. 장모님 옆에 있을 때면 늘 심장이 고동치고 턱에 힘이 들어가며 얼굴과 몸이 긴장된다. 신경이 과민해져 당장이라도 일어나서 자리를 뜨고 싶다.

당신은 여전히 차 안에 앉아 있다. 그러다 연민에 관한 책에서 읽은 것들을 떠올리며 이런 생각을 한다. '책에서 읽은 것을 적용하면 장모님과 새로운 경험을 할 수 있을지도 몰라. 이번 저녁 식사가 그 계기가 될 수도 있지 않을까?'

자신이 이해한 것을 실제에 적용할 생각을 할 때 뭔가 놀라운 일이 일어나기 시작한다. 당신은 더 이상 자동 프로그램처럼 반응하지 않기로 결심한다. 원치 않는 내 모습 대신 앞으로 되고 싶은 내 모습을 생각하기 시작한다. 그리고 자신에게 묻는다. '내가 어떻게 하면 장모님을 만나서 전과 다르게 느끼고 다르게 행동할 수 있을까?' 전두엽은 과거의 당신과 연결된 신경 회로를 차갑게 식히기 시작한다. 하나의 정체성으로 기능하고 있던 과거 모습과의 연결을 끊고 가지 치기를 시작한 것이다. 이제 뇌가 전과 똑같은 방식으로 발화되지 않고, 따라서 당신은 더 이상 과거와 똑같은 마음을 만들어내지 않는다.

당신은 책에서 읽은 내용을 되새기면서, 어떻게 하면 당신의 행동과 반응을 변화시켜 새로운 느낌을 가져다줄 새로운 경험을 할 수 있을지 묻는다. 장모님과 인사를 나누고 껴안는 모습, 장모님이 재미있어하는 화젯거리로 질문을 던지는 모습, 장모님의 바뀐 머리 모양이나 안경을 보고 멋있다고 치켜세워 주는 모습을 상상한다. 그 뒤로 며칠 동안 당신이 바라는 새로운 자기 모습을 머릿속으로 시연해 본다. 실제로 장모님과 만났을 때 뇌가 적절한 신경 회로(즉 새로운 소프트웨어 프로그램)를 작동시킬 수 있도록 말이다.

대부분의 사람들에게 '생각하기'에서 '행동하기'로 옮겨가라는 것은 달팽이에게 속력을 내라고 재촉하는 것과 같다. 우리는 우리 현실의 철학적이고 지적인 영역 안에 머물러 있고 싶어 하고, 자기가 알고 있고 기억하고 있는 익숙한 느낌을 계속 확인하고 싶어 하기 때문이다.

오래된 생각 패턴을 내려놓고, 습관적인 감정 반응을 멈추고, 무의식적 행동을 그만둘 때, 그리하여 새로운 존재 상태를 계획하고 연습할 때, 우리는 우리가 배운 새로운 지식에 자신을 대입시켜 새로운 마음을 만들어내기 시작한다. 자신이 바라는 모습을 스스로에게 상기시키는 것이다.

그런데 한 가지 꼭 말해둘 것이 있다. 과거의 익숙한 생각, 습관적인 행동, 기억되어 있는 감정과 관련된 '옛 자아'를 관찰하기 시작하면 무슨 일이 일어날까? 옛 자아를 관찰하는 것은 잠재의식적 마음의 작동 시스템 속으로 들어가는 것과 같다. 자동 프로그램이 있는 곳으로 들어가 그것을 살펴보는 '관찰자'가 되는 것이다. 지금 내가 어떤 사람으로 존재하고 있는지 알아차릴 때 우리는 무의식적인 자아를 의식하게 된다.

실제 경험(장모님과의 저녁 식사)에 앞서 잠재적인 상황을 마음속에 투영할 때, 우리는 신경 회로의 연결을 새롭게 바꿔 그 일(장모님을 연민의 마음으로 대하는 것)이 이미 일어난 것처럼 보기 시작한다. 일단 새로운 신경 연결망들이 함께 점화되기 시작하면, 우리 뇌는 우리가 되고자 집중한 이상적인 자아의 모습을 나타내는 그림, 비전vision, 모델 또는 홀로그램(다차원적 이미지)을 만들어낸다. 이때 우리는 자신이 생각하는 것을 그 어떤 것보다 생생하게 만든다. 우리 뇌는 그 생각을 경험으로 받아들이고, 회백질을 변화시켜 마치 그 경험이 이미 일어난 것처럼 본다.

마음이 배운 것을 몸에게 가르치기

이내 결전의 날이 왔다. 당신은 저녁 식사 자리에 장모님과 얼굴을 맞대고 앉아 있다. 당신은 장모님의 한결같은 행동에 반사적으로 반응하는 대신, 의식적으로 깨어 있으면서 배운 대로 한번 해보기로 결심한다. 판단하고 공격하고 반감을 느끼는 대신 예전과는 완전히 다르게 행동한다. 책에서 읽은 대로 마음을 열고, 현재 순간에 머물면서, 상대가 무슨 말을 하고 있는지 진심을 다해 듣는다. 더 이상 장모님을 과거의 모습으로 바라보지 않는다.

당신은 습관적 행동을 바꾸고 충동적인 감정 반응을 삼간다. 그렇게 해서 장모님에 대한 새로운 경험을 창조하고 있다. 이때 변연계는 새로운 감정을 생성하는 새로운 화학 물질 혼합물을 만들어내고, 당신은 돌연히 장모님에게 연민을 느끼기 시작한다. 당신은 장모님을 있는 그대로 바라본다. 장모님 안에 있는 자신의 모습도 본다. 근육은 이완되고 마음이 열리면서 숨이 깊고 크게 쉬어지는 것을 느낀다.

이 날 경험한 감정이 워낙 커서 오랫동안 떠나지가 않는다. 이제 당신은 한껏 고취되면서 마음이 열리고 자신이 장모님을 진심으로 사랑한다는 것을 깨닫는다. 호의와 사랑이라는 당신 안의 새로운 감정이 외부 현실 속의 사람과 이어지면서 당신은 연민의 감정을 장모님과 연결시킨다. 연상 기억associative memory을 형성하는 것이다.

연민의 감정을 느끼기 시작하는 순간 당신은 당신 마음이 철학적으로 알고 있는 것을 몸에게 화학적으로 가르쳐주는 셈인데, 이로써 당신은 유전자의 일부를 활성화하고 변화시킨다. '생각하기'에서 '행동하기'로 이동한 것이다. 이제 당신의 행동은 당신의 의식적인 의도, 즉 생각한 것과 일치되고, 마음과 몸은 하나로 작동한다. 당신은 책에서 사람들이 한 그대로 했다. 뇌와 마음을 통해 지적으로 연민에 대해 배우고, 그렇게 해서 갖게 된 이상을 경험을 통해 입증했으며, 그 결과 당신은 이 고양된 감정을 몸으로 구현했다. 몸을 연민이라는 새로운 마음에 맞게 길들인 것이다. 당신의 마음과 몸은 이제 함께 작동하고 있다. 당신이 곧 연민이 된 것이다. 말씀이 살이 된 셈이다.

지식을 지혜로 만들어라

연민을 몸으로 구현하려는 노력을 통해 당신은 이제 대뇌 신피질과 변연계가 함께 작동하도록 만든다. 당신은 습관적으로 기억시킨 익숙한 자신의 모습으로부터 벗어나 새로운 생각과 느낌의 순환 속에 들어가 있다. 당신은 이미 연민이 어떤 느낌인지 경험했다. 그리고 그 느낌이 은근한 적대감이나 거부감, 억압된 분노보다 훨씬 좋다.

하지만 잠시 기다려보라. 마음과 몸이 단 한 차례 함께 작동한 것만으로는 충분하지 않다. 언제든지 마음대로 연민의 느낌을 재현할 수 있어야 한다. 당신은 어떤 상황에서도 연민의 마음을 반복적으로 발휘할 수 있는가? 그래서 예전의 존재 상태로 돌아가지 않을 수 있는가?

그럴 수 없다면 아직 연민을 자기 것으로 만들지 못한 것이다. 우리 내부의 화학적 상태가 외부 세계의 어떤 것보다 더 커야 한다. 새로운 생각과 느낌에 스스로를 길들이고, 원하는 감정적·화학적 상태를 기억해서, 외부 삶의 어떤 것에도 흔들리지 않아야 한다. 그러면 외부의 그 누구도, 그 무엇도, 그리고 언제 어디서 그 어떤 경험을 하더라도 내부의 화학적 일관성을 방해하지 못한다. 이제 새로운 선택을 할 때면 언제라도 다르게 생각하고 행동하고 느낄 수 있다.

고통의 달인이 될 수 있다면 똑같이 기쁨의 달인도 될 수 있다

고통의 감정에 중독된 친구가 있다. 당신이 그 친구와 전화 통화를 한다.

"기분 좀 어때?"

"그냥 그래."

"나 오늘 친구들이랑 새로 생긴 미술관에 갔다가 맛있는 디

저트 파는 레스토랑에서 식사하고 공연도 보러 갈 건데. 너도 같이 갈래?"

"아니. 그럴 기분 아니야."

그럴 기분이 아니라는 친구의 말에는 이런 뜻이 숨어 있다.

'난 이 고통의 감정을 기억하고 있어. 어떤 사람이나 경험, 조건도 나를 이 고통이라는 화학적 상태에서 빠져나오게 할 수 없을 거야. 그것을 놓아버리고 행복하기보다는 고통 속에 있는 게 더 좋아. 지금 나는 이 중독 상태를 즐기고 있어. 네가 하고 싶다고 말한 그것들은 다 나의 이 감정적 의존 상태를 방해할 거야.'

그러나 어떤가? 고통의 감정에 달인이 될 수 있다면 그와 똑같이 기쁨이나 연민 같은 화학적 상태에도 달인이 될 수 있지 않겠는가?

앞의 장모님과의 예에서처럼 생각, 행동, 느낌의 변화를 충분히 연습했다면 연민의 상태가 '되는 것'은 꽤 자연스러울 것이다. 당신은 어떤 것을 단지 '생각하는 것'에서 그에 관해 뭔가 '행동하는 것'으로, 그리고 그것이 '되는 것'으로 발전해 갔다. '되는 것'이란 그 새로운 상태가 쉽게, 자연스럽게, 무의식적으로, 제2의 천성처럼 발현된다는 의미이다. 연민과 사랑은 당신이 조금 전에 변화시킨 그 제한적인 감정들만큼이나 자동적이고 익숙한 감정이 될 수 있다.

연민의 마음으로 생각하고 느끼고 행동하는 경험을 계속해서 반복하면, 과거의 감정적 중독 상태를 깨고, 신경화학적으로 연민이라는 새로운 화학적 상태를 기억하도록 몸과 마음을 길들이게 된다. 연습을 통해서 어떤 상황에서건 마음대로 연민의 경험을 되풀이할 정도가 되면, 이제 우리 몸은 연민의 마음이 된다. 외부 세계의 어떤 것도 이러한 존재 상태에서 우리를 끌어내지 못할 정도로 기억 깊숙이 연민의 감정이 저장된 것이다.

이제 세 개의 뇌가 함께 작동하고 있다. 당신은 생물학적·신경화학적·유전적으로 연민의 상태에 있다. 연민이 지극히 평범하고 친숙한 감정이 될 때 우리는 지식에서 경험으로, 다시 지혜로 나아갔다고 할 수 있다.

존재 상태의 진전: 두 개의 기억 체계가 하는 역할

'생각하기'에서 '행동하기' 그리고 '되기'로 나아가게 만드는 뇌의 기억 체계를 살펴보자.

뇌에는 두 개의 기억 체계가 있다.

첫 번째 기억 체계는 서술 기억 혹은 명시적explicit 기억이다. 학습하고 경험한 것을 기억하고 말로 명확히 표현할 수 있다면 이것이 서술 기억이다. 서술 기억에는 두 가지 종류가 있다. 의미 기억인 지식과 에피소드 기억인 경험이 그것이다. 에피소드 기억은 의미 기억보다 뇌와 몸 속에 더 오래 각인된다.

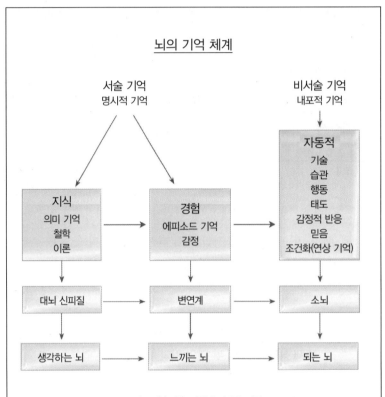

뇌의 기억 체계

서술 기억
명시적 기억

비서술 기억
내포적 기억

자동적
기술
습관
행동
태도
감정적 반응
믿음
조건화(연상 기억)

지식
의미 기억
철학
이론

경험
에피소드 기억
감정

대뇌 신피질 → 변연계 → 소뇌

생각하는 뇌 → 느끼는 뇌 → 되는 뇌

그림 6.2(1) 서술 기억과 비서술 기억

두 번째 기억 체계는 비서술 기억 혹은 내포적implicit 기억이다. 어떤 것을 제2의 천성이 될 정도로 자주 연습해서 더는 생각할 필요 없이 행할 수 있을 정도가 되면 몸과 마음은 하나가 된 것이다. 비서술 기억은 기술, 습관, 자동 행동, 연상 기억, 무의식적 태도, 감정적 반응이 자리하는 곳이다.

지적으로 배운 것을(대뇌 신피질) 적용하고 체화하고 증명할 때 행동이 변화된다. 변화된 행동은 새로운 경험을 가져오며, 그 것은 새로운 감정을 만들어낸다.(변연계) 그 행동을 마음껏 반복하고 경험할 수 있다면 우리는 새로운 존재 상태에 들어가게 된다.(소뇌)

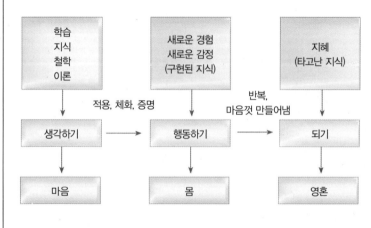

그림 6.2(2) 세 개의 뇌: 생각하기, 행동하기, 되기

지혜는 반복된 경험을 통해 얻은 축적된 지식이다. 연민의 감정 상태가 '되는 것'이 고통이나 판단, 비난, 좌절 등의 감정 상태가 되는 것만큼이나 자연스러워질 때 비로소 우리는 지혜를 얻는다. 그리고 자유롭게 새로운 기회를 잡을 수 있다. 우리가 어떤 상태가 되느냐 또는 어떤 사람이 되느냐에 따라 인생도 모습을 달리할 것이기 때문이다.

존재의 발전 단계

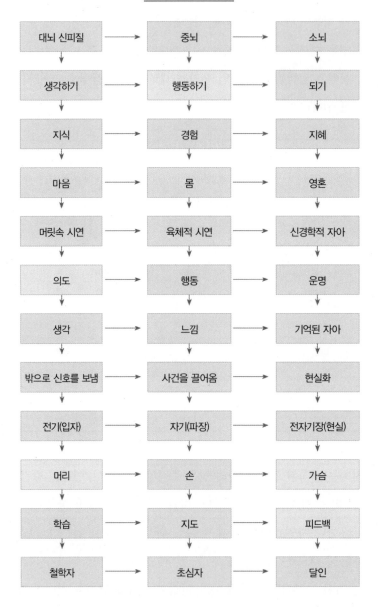

그림 6.3 세 개의 뇌가 자아 성장의 다른 길들을 어떻게 서로 연관시켜 나가는지 보여준다.

'생각하기'에서 바로 '되기'로

생각하기에서 행동하기로, 다시 되기로 나아가는 것은 우리 모두 많이 경험한 과정이다. 운전, 스키, 뜨개질, 외국어 등 무엇을 배웠든 이 과정을 통해 그게 제2의 천성이 되었을 것이다.

이제 진화가 우리에게 준 멋진 선물, 즉 신체적 행동을 취하지 않고도 '생각하기'에서 '되기'로 곧장 가는 능력에 대해 이야기해 보자. 우리는 물질적인 경험을 하기도 전에 새로운 존재 상태를 창조할 수 있다.

사실 우리는 언제나 그렇게 하고 있다. 이건 원하는 일이 이미 이루어진 척하는 것과는 다르다. 예를 들어 우리가 어떤 성적 환상을 가지고 있다면 우리는 파트너에게 고대하는 모든 생각, 느낌, 행동을 이미 내적으로 경험한다. 마음속 경험에 몰입해 있으면 몸은 마치 미래의 그 일이 벌써 일어난 것처럼 화학적으로 변화하고 반응한다. 새로운 존재 상태로 들어간 것이다. 이와 마찬가지로 동료와의 대면을 피할 수 없는데 만나서 무슨 말을 할지 머릿속으로 시연을 할 때나, 배는 고픈데 차는 막혀 있는 상황에서 무얼 먹고 싶은지 상상을 할 때, 몸은 단지 그 생각만으로 새로운 존재 상태에 들어가기 시작한다.

하지만 이 존재 상태를 얼마나 오래 가져갈 수 있는가? '생각하기'와 '느끼기'만을 가지고 자기가 원하는 사람이 될 수 있는가? 자신이 선택한 현실을 창조하고 살아갈 수 있는가?

이 지점에서 명상이 필요하다. 사람들은 수많은 이유로 명상을 한다. 이 책에서는 과거의 습관을 극복하고 자신이 바라는 이상적인 모습이 되도록 도와줄 특별한 명상법을 배우게 될 것이다.

명상을 통해 우리는 뇌와 몸, 그리고 존재 상태를 변화시킬 수 있다. 가장 중요한 점은 어떠한 신체적 행동을 취한 것도 없고 외부 환경과의 상호 작용이 없는데도 이러한 변화를 만들어낼 수 있다는 것이다. 우리는 명상을 통해 새로운 신경의 하드웨어를 설치할 수 있다. 피아노 연주자들이 머릿속 시연을 통해 변화를 만들어냈던 것처럼 말이다.(여기에서 명상 또는 명상 과정이라고 할 때는 모두 이 책 3부에서 소개하는 명상을 말한다.)

당신이 바라는 이상적인 자아는 어떤 모습일지 생각해 보라. 혹은 마더 테레사나 넬슨 만델라 같은 위대한 사람이 된다면 어떤 느낌일지 가만히 떠올려보라. 단지 새로운 존재 방식을 깊이 생각하는 것만으로 당신은 새로운 방식으로 뇌를 발화하고 새로운 마음을 만들어내기 시작할 것이다. 머릿속 시연이 작동하는 것이다. 행복하고 만족스럽고 평화로운 것이 어떤 느낌인지 되새겨봄으로써 말이다. 새로운 '당신'의 모습을 창조한다면 어떤 모습을 마음속에 그리고 싶은가?

당신은 행복하고 만족스럽고 평화롭다는 것이 무슨 의미인지 학습하여 뇌 속에 저장한 모든 정보들을 명상중에 하나로 연결함으로써 이 질문에 대답할 수 있다. 명상을 하면서 당신은 이 지식의 방정식 속에 자신을 가져다놓는다. 명상은 단순히 행복하다는 것이 무엇인지 묻는 것이 아니라, 행복하게 사는 연습을 통하여 자신을 행복한 상태에 가져다놓는 것이다. 그렇게 해서 행복이 어떤 모습인지, 어떤 느낌인지 알게 된다. 우리는 자신만의 행복 경험도 가지고 있고, 다른 사람들이 어떨 때 행복해하는지도 본 바 있다. 이제 당신은 이상적인 자신의 모습을 창조하기 위해 그 지식과 경험에서 선택하면 된다.

앞서 새로운 마음을 창조하기 위해 전두엽이 어떻게 새로운 회로망을 활성화하는지 이야기했다. 당신이 그 새로운 마음을 경험하면 뇌는 미래 현실 창조의 모델이 될 일종의 홀로그램 이미지를 만든다. 어떤 실제 경험도 하기 전에 새로운 신경 회로망을 설치했기 때문에, 당신은 굳이 간디처럼 비폭력 혁명을 행동에 옮길 필요도 없고, 잔 다르크처럼 사람들을 이끌다가 화형의 위기에 놓일 필요도 없다. 당신은 단지 그와 같은 용기와 확신에 대한 지식과 경험을 사용하여 당신 안에 감정적 결과물을 만들어내기만 하면 된다. 그 결과물이 마음의 상태가 된다. 반복적으로 그 마음의 상태를 만들어내면, 그 상태가 당신에게 익숙해지면서 뇌가 새로운 회로망을 설치하게 될 것이다. 그 같은 마음의 상태를 만들면 만들수록 그 생각은 더 자주 경험될 것이다.

그러한 '생각-경험'의 변화가 일어나면 그 경험의 최종 결과물로 느낌과 감정이 만들어진다. 그런데 이때 무의식적 마음인 몸은 물질 현실 속에서 실제로 일어나는 사건과 우리가 생각만으로 창조한 감정 간의 차이를 알지 못한다.

몸을 새로운 마음에 길들이고 있을 때, 생각하는 뇌와 감정의 뇌는 협력하여 작동한다. 생각은 뇌에서, 느낌은 몸에서 일어난다는 것을 기억하자. 명상중에 특정한 방식으로 생각하고 느낀다면 우리는 처음과는 다른 나를 만날 수 있다. 새롭게 설치된 회로망, 즉 그러한 생각과 감정으로 인해 생긴 신경화학적 변화는, 이처럼 당신이 변화했음을 보여주는 뇌와 몸 속의 물질적 증거이다.

이 지점에서 우리는 '되기'의 상태로 들어간다. 행복이나 감사함을 단지 연습하는 것이 아니라 감사하고 행복한 상태가 되는 것이다. 우리는 그 마음과 몸의 상태를 날마다 만들어낼 수 있다. 계속해서 행복을

생각하기에서 되기로

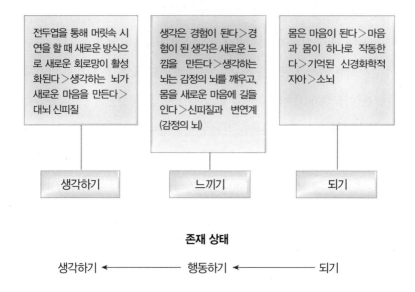

전두엽을 통해 머릿속 시연을 할 때 새로운 방식으로 새로운 회로망이 활성화된다>생각하는 뇌가 새로운 마음을 만든다>대뇌 신피질	생각은 경험이 된다>경험이 된 생각은 새로운 느낌을 만든다>생각하는 뇌는 감정의 뇌를 깨우고, 몸을 새로운 마음에 길들인다>신피질과 변연계 (감정의 뇌)	몸은 마음이 된다>마음과 몸이 하나로 작동한다>기억된 신경화학적 자아>소뇌
생각하기	느끼기	되기

존재 상태

생각하기 ←————— 행동하기 ←————— 되기

그림 6.4 어떤 행동도 하지 않고 '생각하기'에서 '되기'로 갈 수 있다. 새로운 마음을 머릿속으로 시연하고 있다면 생각하는 것을 경험하는 순간이 올 것이다. 그런 일이 발생할 때 그 내적 경험의 최종 결과물이 감정 또는 느낌이다. 새로운 존재가 되었을 때의 감정을 느낄 수 있다면 몸(무의식적 마음)은 자신이 그 현실 속에 있다고 믿기 시작한다. 이제 마음과 몸이 하나로 작동하고, 우리는 어떤 행동도 하지 않고도 새로운 사람이 '된다.' 생각만으로 새로운 존재 상태로 옮겨갈 때 우리는 그에 맞는 행동과 생각을 하기가 더 쉬워질 것이다.

재경험하며, 새롭고 이상적인 내가 되었을 때 맛보게 될 그 느낌에 감정적으로 반응할 수 있다.

만약 명상을 통해 신경학적·생물학적·화학적·유전적으로 새로운 존재 상태로 바뀔 수 있다면, 우리는 경험도 하기 전에 그 같은 변화를 이끌어낸 것이다. 이제 새로운 존재 상태에 맞는 방식으로 행동하고 생각하기가 더 쉬워질 것이다. 당신 자신이 된 습관을 깨고 나온 것이다!

새로운 존재 상태, 즉 새로운 성격이 될 때 우리는 새로운 개인적 현실을 창조한다. 반복하자면 새로운 존재 상태는 새로운 성격을 창조하고, 새로운 성격은 새로운 개인적 현실을 만들어낸다.

명상을 하는 것이 정말로 세 개의 뇌를 활성화해 우리가 의도한 결과를 만들어내는지 어떻게 알 수 있을까? 간단하다. 명상을 통해 얻은 전과 다른 느낌이 그 답이다. 이전과 똑같이 느끼고 똑같은 반응을 한다면, 양자장 안에서 아무 일도 일어나지 않은 것이다. 여전히 똑같은 생각과 느낌이 양자장 안에 똑같은 전자기 신호를 만들고 있다. 화학적으로든 신경학적으로든 또는 어떤 다른 방식으로든 우리는 바뀌지 않았다. 그러나 명상을 마치고 자리에서 일어났을 때 명상을 시작할 때와는 다른 느낌이 든다면, 그렇게 바뀐 마음과 몸의 상태를 계속 유지할 수 있다면, 그때는 변화가 일어난 것이다.

내적으로 변한 우리의 모습—우리가 창조한 새로운 존재 상태—은 이제 외부에서도 결과를 만들어내야 한다. 이제 우리는 외부 환경이 우리의 생각과 행동, 감정을 좌우한다는 뉴턴식 인과因果 개념을 뛰어넘는다.

예상치 못한 새로운 무언가가 노력의 결과로 삶 속에 나타난다면 우리는 명상이 효과가 있다는 걸 알게 될 것이다. 기억하자. 양자 모델은 우리가 새로운 마음과 새로운 존재 상태를 창조할 때 전자기 서명을 변화시킬 수 있다고 말한다. 다르게 생각하고 느끼기 때문에 현실을 변화시킨다는 뜻이다. 생각과 느낌이 함께해야 이것이 가능하다. 다시 한 번 기억하자. 새로운 생각대로 느끼지 않으면 삶의 어떤 것이 변화되길 기대할 수 없다. 생각과 느낌의 조합이 우리의 존재 상태이다. 존재 상태를 변화시켜라. 그래서 현실을 변화시켜라.

외부 세계와는 상관없이 양자장 속으로 생각과 느낌(존재 상태)의 일관된 신호를 보내면, 뭔가 다른 것이 삶 속에 등장할 것이다. 그것은 아주 강한 감정적 반응을 불러일으켜 새로운 현실을 창조하도록 북돋아줄 것이다. 우리는 이 새로운 감정을 이용하여 더욱 멋진 경험을 만들어낼 수 있다.

다시 뉴턴으로 돌아가 보자. 우리는 삶이 '원인과 결과'라는 원리에 의해 돌아가고 있다는 뉴턴식 개념에 길들여져 있다. 뭔가 좋은 일이 일어나면 우리는 감사와 기쁨을 표현한다. 그 느낌을 계속 맛보기 위해서 우리는 외부의 누군가 혹은 무언가를 기다리며 인생을 살아간다.

그 순서를 뒤집어야 한다. 어떤 일이 일어나길 기다리지 말고, 물질적인 경험에 앞서 느낌을 창조하라. '감사할' 경험이 이미 일어났다고 몸이 감정적으로 확신하게 하라.

이를 위해서 양자장 속의 잠재성을 하나 선택한 다음, 만약 그 잠재성을 현실로 경험한다면 어떤 느낌일지 그 느낌에 접근해 본다. 생각과 느낌을 이용해 미래의 자아, 그 가능성의 당신이 되어보라는 말이다. 지금 당신이 바로 그 사람이라고 믿고 몸이 감정적으로 반응할 정도로 그 생각과 느낌이 생생해야 한다. 명상을 끝내고 눈을 떴을 때 어떤 사람이 되어 있고 싶은가? 이 이상적인 자아가 되면 혹은 그 바라는 경험을 하게 되면 어떤 느낌이 들 것 같은가?

당신이 되어버린 습관을 완전히 깨기 위해 인과 모델에 안녕을 고하고 양자 모델을 받아들여라. 원하는 잠재적 현실을 골라서 그 생각과 느낌 안에서 살아라. 그리고 실제 사건이 일어나기에 앞서서 감사하라. 내적 상태가 변화하면 기쁨이나 감사 같은 고양된 감정을 느낄 이유를 외부 환경에서 찾을 필요가 없다.

　　오직 정신적인 집중과 감정적인 느낌만으로 어떤 사건이 이 순간 일어나고 있다고 경험하고 그게 진짜처럼 느껴진다면, 당신은 지금 미래를 경험하고 있는 것이다. 그와 같은 존재 상태에 있는 순간, 그 경험 속의 현재 순간이 바로 양자장 속에 존재하는 모든 가능한 현실들에 접속된 순간이다. 기억하라. 어떤 결과에 대한 익숙한 감정이나 기대를 갖고 과거나 미래 속에 머무는 한 양자장의 가능성들에 접속할 수 없다. 양자장에 접속하는 유일한 방법은 지금 속에 존재하는being in the now 것이다.

　　이것은 그저 지적知的으로 이루어지는 과정이 아니다. 생각과 느낌이 일관되어야 한다. 달리 말해서 이 명상은 머리에서 내려와 가슴으로 들어갈 것을 요구한다. 가슴을 열고 자신이 열망하는 이상적인 자아의 모습이 되면 어떤 느낌일지 생각하라. 그 느낌을 어떻게 알 수 있냐고 반문할지도 모른다. 이상적인 자아의 모습이 되면 어떤 느낌일지 전혀 경험한 적이 없기 때문이다. 그러나 몸은 어떤 물질적인 증거나 감각에 앞서서 그것을 경험할 수 있다. 전혀 경험한 적 없는 미래의 바람이 삶에 나타난다면 우리는 기쁨, 흥분, 감사와 같은 고양된 감정을 경험할 것이다. 우리는 당연히 그런 감정에 초점을 맞출 것이다. 과거로부터 물려받은 감정의 노예가 되는 대신 고양된 감정을 이용해 미래를 창조하는 것이다.

　　감사, 사랑 같은 고양된 감정은 높은 주파수를 가지고 있다. 이 감정들은 원하던 일이 실제로 일어난 것처럼 느낄 수 있는 존재 상태가 되도록 도와준다. 만약 지금 감사함 상태에 있다면 그와 관련된 일들이 '이미 일어났다'는 신호를 양자장 속으로 보내는 것과 같다. 감사하기는 몸을 감정적으로 길들여 감사할 어떤 일이 이미 일어났다고 믿도록 만드는 것이다. 명상은 이렇게 세 가지 뇌를 활성화하고 조정함으로써 '생각하기'에서 '되기'로 나아가도록 해준다. 그리고 일단 새로운 존재 상태가 되면 이 새로운 모습에 맞게 행동하고 생각하기가 훨씬 더 쉬워진다.

실제 경험이 일어나기 전에 감사함의 상태 속으로 들어간다는 것이 어렵게 느껴질 수도 있다. 잠재의식 차원에서 우리의 정체성의 일부가 되어버린 기억된 감정에 의해 여지껏 살아왔는데 이제 와서 새로운 방식으로 느끼기가 어렵기 때문이다. 만약 그렇다면 자신의 내적인 느낌보다는 외부에 어떻게 보일지에 더 신경을 썼을 것이다.

이제 어떻게 하면 그 간격을 메우고 진정한 자유에 이를 수 있는지 살펴보자. 어떤 사람이나 사물, 경험 없이도 감사와 기쁨을 느낄 수 있고 미래와 사랑에 빠질 수 있을 때 이 고양된 감정들은 창조적인 삶에 활기를 불어넣는 연료가 될 것이다.

7장

'보이는 나'와 '진짜 나'

어느 날 소파에 앉아 행복에 대해 생각하고 있었다. 기쁨이라곤 찾아지지 않는 내 모습을 보면서 나를 알고 있는 소중한 사람들이라면 당장 나에게 어떻게 격려의 말을 할지 생각했다. 그들이 말하는 것을 상상해 보았다.

"당신은 정말 운이 좋아요. 예쁜 아이들에 멋진 가족도 두었고, 카이로프랙터로서 성공도 했고요. 수천 명의 사람들에게 강연도 하고, 세계 곳곳의 색다른 곳들로 여행도 하잖아요. 당신은 〈도대체 우리가 아는 게 무엇인가!?What the bleep do we know!?〉라는 다큐멘터리에도 출연했고, 많은 사람들이 당신의 메시지를 좋아해요. 쓴 책도 잘 나가고 있잖아요." 그들은 감정적·논리적으로 적절한 말을 해주었을 테지만, 나에겐 뭔가 잘못된 것처럼 느껴졌다.

강연을 하러 주말마다 이 도시에서 저 도시로 돌아다니던 시기였다. 어떤 때는 사흘 동안 두 도시를 왔다 갔다 하기도 했다. 너무 바빠서 정작 내가 가르치는 내용을 나 자신은 실행할 시간도 없었다. 불안한 때였다. 나의 모든 행복이 외부로부터 오는 것들이었고, 여행과 강연을 하면서 맛보는 기쁨은 참된 기쁨과는 아무 관계가 없다는 생각이 들기 시작했다. 기분이 좋아지기 위해서 외부의 모든 것, 모든 사람에게 의존하기 시작했다. 세상에 투사하는 나의 이미지는 외부 요인에 따라 좌우되고 있었다. 강연이나 인터뷰가 없거나 환자를 치료하지 않고 집에 있을 때면 공허함을 느꼈다.

물론 밖으로 보이는 나의 외부적인 모습들은 훌륭했다. 강연을 하는 모습, 비행기 이동중에 프레젠테이션 준비에 몰두하는 모습, 공항이나 호텔 라운지에서 수십 통의 이메일에 답변하고 있는 내 모습을 누군가 보았다면, 내가 꽤 행복해 보였노라고 이야기했을 것이다.

만약 누군가가 그런 순간의 나에게 물어보았어도 나는 아마 습관적으로 이렇게 대답했을 것이다. "네, 모든 것이 훌륭합니다. 다 잘되고 있어요. 전 행운아예요." 그러나 모든 외부 자극에서 벗어난 조용한 순간에 나를 붙잡고 물어보았다면 완전히 다르게 대답했을 것이다. "뭔가 잘못됐어요. 난 불안해요. 모든 게 늘 똑같게만 느껴져요. 뭔가가 빠져 있어요."

그날 나는 내가 행복하지 않은 이유가 외부 세계에 지나치게 의존하고 있었기 때문이라는 사실을 깨달았다. 나의 정체성은 내가 대화를 나누는 사람들, 방문하는 도시들, 여행하면서 하는 일들, 그리고 내가 조 디스펜자라고 불리는 사람임을 확인시켜 주는 경험들에서 나오고 있었다. 세상이 나라고 알고 있는 이 정체성을 확인시켜 줄 누군가가 없을 때면 더 이상 내가 누구인지 확신할 수가 없었다. 내가 행복이라고 지각하는 모든 것은 단지 외부 세계의 자극에 대한 반응일 뿐이었다. 그때 나는 내가 환경에 완전히 중독됐으며, 이런 감정 중독을 강화하는 외부 자극에 의존하고 있다는 걸 알았다. 놀라운 순간이었다. 행복이 내 안에서 온다는 말을 백만 번쯤은 들었지만 그 말이 이때만큼 나에게 와 닿은 적은 없었다.

나는 소파에 앉아서 창밖을 보았다. 하나의 이미지가 떠올랐다. 내 두 손을 상상했다. 한 손 위에 다른 한 손이 있었는데 그 사이에 간격gap이 있어 서로 떨어진 모습이었다.

위쪽 손은 밖으로 보이는 나의 모습을 나타내고, 아래쪽 손은 내 안에서 느끼는 나의 모습을 나타낸다. 스스로를 돌아보며 나는 인간이란 이렇게 두 개의 분리된 실체, '보이는 나'와 '진짜 나'라는 이원성 속에 살고 있다는 것을 깨달았다.

정체성의 간격

보이는 나
- 외부 환경에 투사하는 나의 정체성
- 사람들이 나라고 생각하길 원하는 내 모습
- 겉모습
- 세상에 보이기 위한 이상적인 내 모습

진짜 나
- 나의 느낌
- 진정한 나
- 내면의 나
- 내가 바라는 이상적인 내 모습

그림 7.1 '보이는 나'와 '진짜 나' 사이의 간격

'보이는 나'는 내가 세상에 투사하는 나의 이미지 혹은 겉모습을 말한다. 이 자아는 다른 이들에게 외적으로 일관된 현실을 보여주기 위해 행동한다. 보이는 나는 모든 사람들이 봐주길 원하는 겉모습으로서의 나, 가면을 쓴 나이다.

'진짜 나'는 내가 느끼는 방식, 특히 외부 환경에 정신을 쏟지 않을 때 내가 느끼는 방식이다. 이것은 내가 '삶'에 사로잡혀 있지 않을 때 느끼는 익숙한 감정들이다. 바로 숨기고 있는 나의 감정들이다.

죄책감, 수치심, 분노, 두려움, 걱정, 판단, 우울, 거만함, 증오와 같은 중독적인 감정 상태를 기억할 때, 우리는 '보이는 나'와 '진짜 나' 사이의 간격을 키우게 된다. 보이는 나는 다른 사람들이 봐주었으면 하는 나의 모습이고, 진짜 나는 어떤 시간이나 장소, 경험, 사물, 사람과도 떨어져서 나 혼자 느끼는 존재 상태이다. 아무것도 하지 않고 자신을 돌아보면 우리는 뭔가를 느끼기 시작한다. 그것이 바로 '진짜 나'이다.

그림 7.2처럼 우리는 다양한 감정의 옷을 입는다. 이것이 정체성을 형성한다. 내가 누구라고 생각하는지 기억하기 위해서는 동일한 경험을 재창조해서 자신의 정체성과 그에 상응하는 감정들을 계속 확인해야 한다. 하나의 정체성으로서 자신을 세상에 어떻게 투사하고 싶어 하는지 스스로에게 일깨우기 위해서, 우리는 모든 사람, 모든 것과 동일시하면서 외부 세계에 접속한다.

'보이는 나'는 전면에 드러나는 성격이 되고, 우리는 '누군가somebody'로 기억되기 위해 외부 세계에 의존한다. 이 '누군가'의 정체성은 외부 환경에 완전히 밀착되어 있다. 따라서 진짜 느낌을 숨기거나 공허한 느낌을 사라지게 할 수 있는 것은 무엇이든 한다. '난 이런 차를 가지고 있어. 나

간격을 만드는 감정의 층

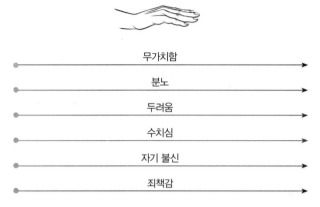

무가치함

분노

두려움

수치심

자기 불신

죄책감

불응기를 가진 과거 경험들

그림 7.2 자아의 간격은 사람마다 다양하다. '보이는 나'와 '진짜 나'는 삶의 여러 지점에서 우리가 기억하는 감정들에 의해 분리된다. 간격이 크면 클수록 우리가 기억하는 감정의 중독성은 더욱 커진다.

는 이런 사람들을 알아. 나는 이런 곳에도 가보았어. 나는 이런 것들을 할 수 있어. 나는 이런 경험도 해봤어. 나는 이런 회사에서 일해. 나는 성공했어……' 이것이 우리가 생각하는 자신의 모습이다.

　　그러나 외부 현실이 주는 자극이 없을 때 우리가 느끼는 진짜 나는 다르다. 실패한 결혼 생활에 따른 수치심과 분노, 사랑하는 사람이나 반려 동물을 잃었을 때 느끼는 죽음이나 사후에 대한 두려움, 언제나 완벽한 성취를 바라는 부모의 기대에 못 미친다는 느낌, 가난한 환경에서 자란 데서 오는 열등감, 세상이 원하는 외모가 아니라는 강박적인 생각…… 이러한 느낌들이 바로 우리가 숨기고 싶어 하는 것들이다.

이것이 우리의 진짜 모습이며, 밖으로 투사하고 있는 이미지 뒤에 숨은 진정한 자아이다. 우리는 이 모습을 세상에 드러내고 싶지 않아서 다른 누군가인 척한다. 이 연약한 부분을 감추기 위해 일련의 기억된 자동 프로그램들을 만든다. 우리가 진짜 나에 대해 거짓말을 하는 이유는 사회적 관습 속에는 진짜 나를 위한 자리가 없다고 생각하기 때문이다. 진짜 나는 '아무도 아닌 사람nobody'이다. 진짜 나는 다른 이들이 과연 좋아해주고 받아들여 줄지 의심이 가는 사람이다.

특히 정체성을 형성하는 어린 시절에 이런 가면을 많이 만들어 쓴다. 십대들은 마치 옷을 한번 걸쳐보는 것처럼 여러 정체성을 입어본다. 그런데 실제로 그들이 입는 것은 진짜 자신의 모습을 보여준다기보다는 자신이 되고 싶은 모습을 반영하는 경우가 많다. 청소년을 상대하는 정신 건강 전문가들에게 물어보면, 그들은 십대를 '불안정'이라는 한 단어로 표현할 것이다. 그러기에 십대 청소년들은 다수 속에 섞여 있을 때 안정감을 찾는다.

우리는 진짜 나의 모습을 보여주기보다는 다수가 있는 쪽을 택해 거기에 적응한다.(남들과 다르게 보일 때 어떤 일이 벌어질지 다들 알기 때문이다.) 세상은 복잡하고 무섭지만, 많은 사람들과 함께 무리지어 있으면 훨씬 덜 겁나고 단순하게 살아갈 수 있다. 그래서 우리는 자신이 속할 그룹을 선택하고, 그 독약을 마신다.

결국 내가 선택한 정체성은 나에게 잘 어울리는 옷처럼 보인다. 우리는 그 옷에 자신을 맞추며 성장해 간다. 불안감과 함께 엄청난 자의식에 휩싸이면서 말이다. 그리고 질문이 쏟아진다. '이것이 진짜 나인가? 이것이 내가 진짜로 원하는 내 모습인가?' 하지만 곧 이런 질문에 대답하기보다는 그냥 무시하는 쪽을 택한다. 훨씬 편하기 때문이다.

성장기: 원치 않는 감정 회피하기

어렸을 때 겪은 트라우마나 힘든 경험 때문에 우리는 누구나 감정적으로 상처를 입은 경험이 있다. 삶의 초반기에 결정적인 사건을 경험하면 그때의 감정들은 층층이 쌓여 우리의 정체성을 형성한다. 정직하게 잘 들여다보면 우리는 모두 감정적으로 강렬한 사건들에 의해 상처받은 경험이 있다. 마음속으로 그 경험을 계속 떠올리면 몸은 그 사건을 몇 번이고 거듭해서 체험하기 시작한다. 단지 생각하는 것만으로 말이다. 이 같은 감정의 불응기不應期를 너무 오랫동안 유지하면 어떤 사건에 대한 감정적 반응은 하나의 기질이 되고 마침내 성격적 특성이 된다.

젊은 시절에는 이런 오래된 감정의 층을 감추고 피하면서 바쁘게 살아간다. 새로운 친구를 만들고, 낯선 곳을 여행하고, 열심히 일해서 승진을 하고, 새로운 기술을 배우거나 새로운 운동을 시작한다. 이 모든 것들이 우리를 취하게 한다. 삶의 초기 사건들이 남겨놓은 감정의 상처들이 수많은 현재 행동들의 동기가 된다는 사실은 거의 깨닫지 못한다.

삶은 계속 빠르게 돌아간다. 학교에 들어가고, 차를 사고, 집을 옮긴다. 직장 생활을 시작하고, 새로운 사람들을 만나고, 결혼을 하고, 집을 사고, 자식을 낳고, 동물을 기른다. 이혼을 할 수도 있다. 운동을 하고, 기술을 배우고, 취미 활동을 한다…… 이렇게 외부 세계에서 알게 된 모든 것을 가지고 자신의 정체성을 삼지만, 내면의 진짜 느낌에는 주의를 돌리지 않는다. 외부에서 하는 특별한 경험들이 무수히 많은 감정들을 만들어내기 때문에, 우리 눈에는 그 감정들이 우리가 숨기고 있는 진짜 느낌을 없애는 것처럼 보인다. 그러나 그것은 잠시 동안만 효과를 발휘한다.

내 말뜻을 오해하지 말기 바란다. 우리 모두는 성장기의 다양한 시기를 통해 열심히 노력해서 이런저런 성공들을 거둔다. 살면서 많은 것을 성취하려면 안전한 곳에만 머물러서는 안 되고, 한때 우리를 규정하던 익숙한 느낌들을 넘어서야 한다. 나는 이러한 삶의 역동성을 모르지 않는다. 하지만 우리가 한계를 극복하지 못하고 과거에서 오는 짐만 계속 져 나른다면 그것은 언제라도 우리의 발목을 붙들 수 있다. 사람에 따라 다양하기는 하지만 이런 위기는 보통 삼십대 중반쯤에 시작되곤 한다.

중년: 감정을 감추기

개인의 성격이 완성되는 삼십대 중반에서 사십대가 되면 우리는 웬만한 삶의 경험들은 다 하게 된다. 그래서 경험의 결과를 대부분 잘 예측할 수 있다. 어떤 것을 해보기도 전에 그것이 어떤 느낌일지 아는 것이다. 이미 좋고 나쁜 인간 관계들도 경험해 보았고, 직장에서 경쟁도 해보았다. 상실의 고통도 겪었고, 성공도 해보았다. 자신이 뭘 좋아하고 뭘 싫어하는지도 알고, 삶의 미묘한 뉘앙스도 분간할 줄 안다. 그래서 실제로 경험하기도 전에 그게 어떤 느낌일지 예상하고 그것을 경험하고 싶은지 아닌지 결정한다. 물론 이 모든 일은 우리의 의식 뒤편에서 일어난다.

이 부분이 중요하다. 대부분의 일이 어떤 느낌을 줄지 미리 예상할 수 있기 때문에, 우리는 어떻게 해야 자신의 진짜 모습에서 받게 될 느낌을 피할 수 있는지 이미 아는 것이다. 그러나 중년에 접어들면 어떻게 해도 공허한 느낌을 완전히 없앨 수 없다.

매일 아침 우리는 똑같은 사람처럼 느끼며 일어난다. 당신이 고통이나 죄책감, 괴로움을 없애기 위해 매달리던 주변 환경도 이제 더 이상 그 느낌들을 없애지 못한다. 바깥 세상에서 비롯된 감정들이 사라지고 나면 다시 똑같은 과거의 모습으로 돌아가게 된다는 사실을 당신은 이미 알고 있다.

이것이 바로 중년의 위기이다. 어떤 사람들은 진짜 감정을 필사적으로 감추기 위해 바깥 세상에 더 깊이 빠져든다. 새 스포츠카를 사고(물건), 보트를 임대한다.(또 다른 물건) 긴 휴가를 떠나고(장소), 새로운 사람을 만나고 친구를 사귀기 위해 사교 모임에 참여한다.(사람) 어떤 이들은 성형 수술을 하고(몸), 어떤 이들은 실내 장식을 새로 하거나 집을 개조한다.(새로운 환경)

색다른 기분을 느끼기 위하여 새로운 것들을 해보지만 이런 모든 노력은 헛수고이다. 감정적으로 새로움이 사라지면 그들은 '진짜 나'로 돌아간다. 자신의 정체성이라고 생각하는 모습에서 오는 느낌을 계속 느끼기 위해 이제껏 살아오던 대로 똑같이 살고 싶어 하는 것뿐이다. 하지만 진실은 이렇다. 그들이 하던 대로 하면 할수록, 즉 더 많이 소비하고 소유하면 할수록 '진짜 나'에 대한 느낌은 더 분명해진다.

공허함에서 벗어나려고 애쓰거나 고통스러운 감정으로부터 달아나려고 하는 것은 그것을 마주하기가 너무 불편하기 때문이다. 그래서 조금이라도 감정을 걷잡을 수 없으면 사람들은 대부분 텔레비전을 켜고, 인터넷을 하고, 전화를 걸고, 문자를 보낸다. 우리는 순식간에 자신의 감정을 몇 번이고 바꿀 수 있다. 시트콤이나 동영상을 보면서 미친 듯이 웃

다가, 축구 경기를 보면서 경쟁적이 될 수 있다. 그러곤 뉴스를 보면서 화를 내거나 두려움에 젖을 수도 있다. 이 모든 외부의 자극은 피하고 싶은 내부의 감정들로부터 주의를 쉽게 분산시켜 준다.

첨단 기술은 주의를 분산시키기에 아주 훌륭한 도구이며 강력한 중독성을 가지고 있다. 우리는 외부의 어떤 것을 바꿈으로써 내부의 화학 물질을 바꾸고 느낌을 바꿀 수 있다. 외부의 어떤 것이 내면의 기분을 더 좋게 만든다면 진짜 나를 피해가기 위해 우리는 계속 그것에 의존할 것이다. 꼭 첨단 기술이 아니어도 좋다. 순간적으로 짜릿함을 주는 것이면 무엇이든 상관없다.

이렇게 외부 자극에만 주의를 기울이면 어떤 일이 일어날까? 결국 내적인 상태를 바꾸기 위해 외적인 것에 더 의존하게 될 것이다. 어떤 사람들은 자신들을 외부 세계에 붙잡아두기 위해 무의식적으로 그 끝도 없는 구덩이를 계속 파헤칠 것이다. 공허함에서 벗어나면서 맨 처음 경험한 그 느낌을 다시 느끼고 싶기 때문이다. 사람들은 '진짜 나'와 다르게 느끼고 싶어서 자극을 과하게 사용한다. 하지만 머지않아 더 나은 기분을 느끼려면 점점 더 많은 자극이 필요하다는 걸 깨닫게 된다. 결국 그들은 쾌락을 추구하는 데 온통 마음을 빼앗기고, 어떻게 해서든지 고통을 피하는 방법을 찾아 헤매게 된다. 사라지지 않는 내면의 어떤 느낌에 의해 무의식적으로 쾌락주의적인 삶을 추구하며 살게 되는 것이다.

새로운 중년: 느낌을 마주하고 환상을 내려놓기

삶의 이 시기에 어떤 사람들은 자신의 느낌을 감추려 애쓰는 대신 다음과 같은 몇 가지 큰 질문을 한다. "나는 누구인가? 내 삶의 목적은 무엇인가? 나는 어디로 가고 있는가? 나는 이 모든 것을 누구를 위해서 하고 있는가? 신은 무엇인가? 죽으면 어디로 가는가? 인생에는 과연 '성공' 이상의 무언가가 있는 걸까? 행복이란 무엇인가? 이 모든 것들이 무엇을 의미하는가? 사랑이란 무엇인가? 나는 나를 사랑하는가? 나는 다른 사람을 사랑하는가?" 그러면서 영혼이 깨어나기 시작한다.

이러한 질문들이 마음속에 들어서는 것은, 환상에서 조금씩 벗어나 외부의 어떤 것도 결코 나를 행복하게 할 수 없다는 것을 알아가기 때문이다. 바깥 세상의 어떤 것도 내가 느끼는 방식을 '바로잡을' 수 없다는 것을 깨닫는 것이다. 세상에 투사하는 나의 이미지를 유지하기 위해서는 엄청난 에너지가 소모되며, 마음과 몸을 계속 외부 환경에 맞추는 것이 얼마나 힘든 일인지도 알게 된다. 남들에게 잘 보이려는 헛된 시도가 눈앞의 느낌들만 추구하며 살게 해왔다는 것도 알게 된다. 그러다간 언제 넘어질지 모르는 위험한 곡예처럼 삶도 조만간 무너지지 않을까 생각한다.

이들은 이제 오랫동안 피하려 애써온 내면의 느낌을 정면으로 마주한다. 그리고 깨어나기 시작한다. 자기 성찰을 통해 진짜 내가 누구인지, 무엇을 감추려고 했는지, 더 이상 소용없는 것이 무엇인지를 발견한다. 마침내 쓰고 있던 가면을 벗고, 게임을 멈추고, 환상에서 벗어난다. 어떤 대가를 치를지라도 진짜 나의 모습에 솔직해진다. 무엇을 잃을지라도 두려워하지 않는다. 더 이상 환상을 유지하는 데 에너지를 쓰지 않는다.

자신의 진짜 느낌과 대면한 이들은 여전히 가면을 쓰고 있는 사람들에게 이렇게 말한다. "더 이상 당신을 행복하게 해주지 못해도 난 상관

없어. 이제 더는 내가 어떻게 보일까, 다른 사람이 나를 어떻게 볼까 하는 데 집착하지 않아. 나 아닌 다른 사람을 위해서 사는 건 끝이야. 난 이 사슬에서 자유롭고 싶어."

이는 한 사람의 인생에서 중요한 순간이다. 영혼이 깨어나서 진짜 내가 누구인지 진실을 말하라고 툭 치는 순간이다. 거짓은 이제 끝났다.

인간 관계의 변화: 매여 있는 관계 끊기

대부분의 인간 관계는 다른 사람들과 공통되는 점을 기반으로 이루어진다. 우리는 다른 사람을 만나면 서로의 경험을 비교한다. 마치 서로의 신경망과 감정적 기억이 비슷한지 확인하기라도 하듯이 말이다. 당신이 이렇게 말한다. "나는 이런 '사람들'을 알고 있어. 나는 이 '장소' 출신이야. 나는 이런 '시간들'에 이런 장소들에서 살았어. 나는 이 학교에 다녔고 이 과목을 공부했어. 나는 이런 '것들'을 가지고 있고, 이런 '일들'을 하기도 하지. 그리고 가장 중요한 건 내가 이런 '경험들'을 했다는 거야."

그러면 상대가 반응을 보인다. "나도 그런 '사람들'을 알아. 나도 그런 '시간들'에 그런 '장소들'에서 살았어. 나도 이런 '일들'을 하고 있어. 나도 그런 똑같은 '경험들'을 했어."

결국 두 사람은 서로 관계를 맺는다. 둘의 관계는 신경화학적인 존재 상태를 기반으로 형성된다. 똑같은 경험을 공유하면 똑같은 감정을 공유하게 되기 때문이다.

감정emotion은 '움직이는 에너지energy in motion'이다. 똑같은 감정을 공유하고 있다면 똑같은 에너지를 공유하고 있는 것이다. 시공간 너머의 보

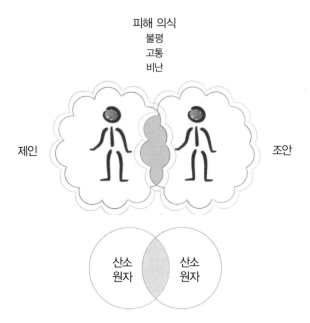

감정적 유대

피해 의식
불평
고통
비난

제인   조안

산소
원자

산소
원자

그림 7.3 똑같은 경험을 공유하면 똑같은 감정과 에너지를 공유하게 된다. 두 개의 산소 원자가 결합해 우리가 숨 쉬는 공기를 만들듯이, 시공간 너머의 보이지 않는 에너지장은 우리를 감정적으로 묶어놓는다.

이지 않는 에너지장을 공유하는 두 개의 산소 원자가 결합해 산소 분자를 형성하는 것처럼, 우리도 보이지 않는 에너지장 속에서 외부의 모든 사물, 사람, 장소와 하나로 연결되어 있다. 사람들 사이의 유대는 특히 강력하다. 감정은 가장 강력한 에너지를 가지고 있기 때문이다. 나와 상대편 중 어느 한쪽이 변하지 않는 한 감정적 유대는 지속된다.

당신이 친구에게 자신이 진짜로 느끼는 것을 말하면 상황은 불편해지기 시작한다. 우정이 삶에 대한 불평을 기반으로 하고 있었다면, 둘은 피해 의식이란 감정에 에너지적으로 묶여 있었던 것이다. 만약 이것을 깨닫고 그 습관에서 벗어나고자 결심했다면, 당신은 관계를 맺은 모든 사람들에게 더 이상 익숙한 사람으로 보이지 않을 것이다. 당신을 둘러싼 사람들도 자신들의 감정이 어떤지 알게 하려고 이렇게 묻는다. "오늘 무슨 일이라도 있어? 네가 그러니까 기분이 좀 안 좋아!" 이 말을 다시 해석하면 이렇다. "난 우리가 여기서 멋진 무언가를 공유하고 있다고 생각했는데! 나는 나의 감정 중독을 자꾸 확인시켜서 내가 '어떤 사람'인지를 네가 기억하게끔 하려고 했는데 말이야. 예전 모습의 네가 더 좋았어."

우리의 에너지는 외부 세계에서 경험한 모든 것들과 연결되어 있다. 따라서 우리가 기억한 감정 중독을 끊거나 내가 진짜 누구인지 진실을 말할 때는 실제로 얼마간의 에너지가 들어간다. 결합된 산소 원자 두 개를 분리시키는 데 에너지가 필요한 것처럼, 관계 맺은 사람들과의 유대를 끊는 데에도 에너지가 필요하다.

그러면 이제 감정적 유대를 맺어오던 사람들이 한데 모여 이렇게 성토한다. "그 애가 요즘 이상해. 예전 같지 않아. 정신이 나갔나봐. 의사한테 데려가자!" 그들이 당신과 똑같은 경험을 나눴던 사람들임을 기억하라. 따라서 그동안 같은 감정을 공유하고 있었다. 그러나 이제 당신은 익숙한 것들, 익숙한 사람들과의—심지어는 익숙한 장소와의—에너지적 결속을 끊으려 하고 있다. 오랫동안 동일한 게임을 해온 주변 사람들에게는 위협적인 순간이다. 당신은 지금 기차에서 내리려 하고 있다.

이에 사람들이 당신을 의사에게 데려가 약을 처방받게 하고, 당신은 이내 이전의 성격으로 돌아온다. 당신은 다시 세상에 예전의 이미지를 투사하면서 다른 사람들의 감정을 공유한다. 다시 한 번 당신은 진짜 느낌에서 멀어진다. 애써 얻은 교훈이 수포로 돌아간다.

진짜 나는 모두에게 익숙한 '위쪽 손'의 모습이 아니라 과거와 아픔을 가진 '아래쪽 손'의 모습이다. 진짜 느낌을 감춘 과거의 모습으로 돌아오라고 주장하는 당신의 소중한 사람들을 누가 비난할 수 있을까? 새로운 자아는 아무도 예상치 못한 상황에 너무 급작스럽게 등장했다. 누가 '그' 사람 옆에, 진실 옆에 있고 싶어 하겠는가?

가장 마지막에 남는 것

'누군가'인 당신을 기억하기 위해 외부 환경이 필요하다고 할 때, 당신이 죽거나 주변 환경이 사라져버린다면 무슨 일이 일어날까? 외부 환경에 중독되어 있는, 이미 알고 있고 예측 가능한 삶 속의 모든 요소들과 동일시해 온 당신의 정체성, 이미지, 성격(위쪽 손)은 죽음과 함께 사라진다. 큰 성공을 거두었거나 많은 인기를 누렸거나 멋진 외모를 가졌거나 필요한 부를 모두 소유했어도 삶이 끝나고 외부 현실이 사라져버리면, 세상의 이 모든 것들은 더 이상 당신이 누구라고 말해줄 수 없다. 모두 사라져버린다.

당신에게 남는 것은 '보이는 나'가 아니라 '진짜 나'(아래쪽 손)이다. 삶이 끝나고, 이제 더 이상 당신이 누구라고 정의해 줄 외부 세계가 없을 때, 그때 당신에게는 한 번도 말을 걸어본 적 없는 그 느낌만 남는다. 그렇다면 그 생애에 당신은 영혼으로서 성장했을까?

예컨대 자신 없고 약한 존재라는 낙인이 찍힌 50년 전의 경험 때문에 그 후 줄곧 자기 자신이 그런 사람이라고 생각해 왔다면, 감정적인 면에서 당신은 50년 전에 성장을 멈춘 것이라 할 수 있다. 영혼의 목적은 경험을 통해 배워서 지혜를 얻는 것이다. 그런데 그 같은 특정 감정 속에 갇혀 있으면 경험을 통해 교훈을 얻을 수 없다. 과거의 그 감정을 넘어서지 못하면 그 감정에서 다른 어떤 깨우침도 얻지 못한다. 그 감정이 몸과 마음을 과거의 그 사건들에 계속 묶어놓는 한, 당신은 결코 미래로 자유롭게 나아갈 수 없다. 현재의 삶에 비슷한 경험이 등장하면 다시 50년 전의 그 사람과 똑같은 감정 반응을 보이며 행동할 테니 말이다.

당신의 영혼은 말한다. "정신 차려! 난 지금 외부의 어떤 것도 너에게 기쁨을 주지 못한다는 걸 알려주고 있는 거야. 네가 이 게임을 계속 즐긴다면 더 이상 너의 주의를 끌려고 애쓰지 않겠어. 넌 다시 잠이 들겠지. 그러면 난 네 인생이 끝날 때나 널 보러 올 거야……"

진정한 행복은 쾌락과 상관이 없다

변화의 방법을 모르는 사람들은 '어떻게 하면 이 감정에서 벗어날 수 있을까?' 생각한다. 외부의 새로운 자극들이 시들해지고 효과가 떨어지면 그들은 더 강한 자극에 시선을 돌린다. 그리고 마침내 이런 회피 전략에 중독된다. '약을 먹거나 술을 좀 마시면 이런 기분이 사라질 거야. 쇼핑을 많이 해야지. 돈이 별로 없어도 쇼핑을 하면 그런 공허함이 사라지니까. 포르노를 볼 거야. 비디오 게임을 하고, 도박을 하고, 폭식을 해야지……'

사람들은 여전히 외부의 자극이 내면의 공허한 느낌을 사라지게 할 거라고 생각한다. 외부 요소가 내부의 화학적 변화를 일으킨다고 여기

중년의 위기

외부의 요소들로 새로운 정체성을 만들려는 시도

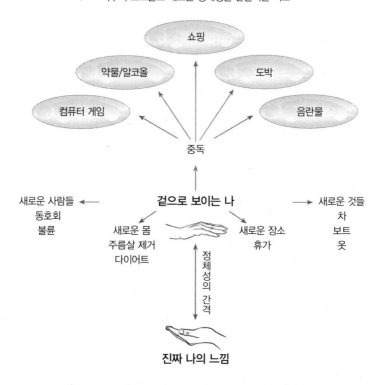

그림 7.4 똑같은 사람, 똑같은 사물이 계속 똑같은 감정을 만든다. 그 감정이 고정되면 새로운 감정을 느끼기 위해 새로운 사람, 새로운 물건을 찾거나 새로운 장소에 가보기도 한다. 그것이 효과가 없으면 더한 자극을 찾으며 중독 단계로 간다.

면서 말이다. 그래서 우리는 기분이 나쁘거나 고통스럽게 느껴지는 것은 피하고 기분이 좋고 편하거나 즐거움을 가져다주는 것을 향해 움직인다.

중독을 통해 얻는 흥분은 뇌의 쾌락 중추를 계속해서 자극하고, 뇌는 경험의 짜릿함에서 비롯하는 화학 물질들로 홍수를 이룬다. 문제는 도박을 하고 폭음·폭식을 하고 밤늦게까지 게임을 할 때마다 좀 더 강한 자극을 원하게 된다는 사실이다.

사람들이 더 많은 약물이나 쇼핑을 원하고 더 많은 관계를 갖고 싶어 하는 이유는 그러한 활동으로 인한 화학 물질의 분비가 세포 바깥쪽의 수용체 부위를 활성화시켜 세포의 '스위치를 켜기' 때문이다. 그런데 수용체 부위는 지속적으로 자극을 받으면 둔감해지다가 이내 문을 닫고 만다. 따라서 다음에 그 스위치를 켜기 위해서는 더 강한 신호, 더 많은 자극이 필요하게 된다.

이제 도박에 더 많은 돈을 걸어야 짜릿함을 느낀다. 쇼핑으로 이전처럼 짜릿함을 맛보려면 카드를 최고 한도액까지 써야 한다. 똑같은 강도에 이르기 위해서는 더 강한 자극이 필요하다. 더 많은 약물, 더 많은 알코올, 더 많은 섹스, 더 많은 도박, 더 많은 쇼핑…… 이 모든 행위를 하는 이유는 진짜 나에 대한 느낌을 잊기 위해서이다.

매일매일 안고 살아가는 고통, 걱정, 우울함을 누그러뜨리기 위해 우리는 결국 무언가에 중독된다. 이것이 전적으로 잘못된 것은 아니다. 대부분의 사람들은 단지 내적으로 어떻게 변화해야 할지 몰라서 외부 환경에 의존한다. 이들은 자신의 느낌에서 벗어나기 위해 본능적인 충동을 좇을 뿐이며, 구원은 밖에서부터 온다고 무의식적으로 생각한다. 내면 세상을 바꾸기 위해 외부 세계를 이용하는 것은 상황을 더 악화시킬뿐이라는 사실을 모르는 것이다. 결국 '보이는 나'와 '진짜 나' 사이의 간격만 넓힐 뿐이다.

삶의 목적이 성공을 해서 더 많은 것을 소유하는 것이라고 해보자. 그런 삶을 추구할 때 우리는 자신의 진짜 감정을 한 번도 제대로 생각해 보지 않고 겉모습만 강화시킨다. 나는 이것을 '소유물에 소유당하기'라고 부른다. 물질에 소유당하면 그 물질은 내가 누구인지 기억해 내기 위해서 외부 환경을 필요로 하는 에고를 강화시킨다.

우리를 행복하게 해줄 외부의 무언가를 기다리고 있다면, 이때 우리는 양자 법칙을 따르고 있는 것이 아니다. 내면을 바꾸기 위해 외부에 의존하고 있는 것이다. '더 많은 것을 살 수 있는 돈이 있다면 정말 기쁠 거야'라고 생각하고 있다면, 우리는 그 생각을 뒤집을 필요가 있다. 우리는 풍요로움이 나타나기 전에 먼저 행복해야 한다.

중독자가 더 많은 중독 물질을 얻지 못하면 어떻게 되는가? 더 화나고 더 절망스럽고 더 비참해지고 더 공허해질 것이다. 그래서 아마 다른 방법을 시도할 것이다. 술에 도박을 추가하고, 텔레비전이나 영화 중독에 더해 쇼핑에 빠질 수도 있다. 그러나 어떤 것도 충분하지 않다. 쾌락 중추는 더 높은 단계에 맞춰지고, 외부 세계의 자극으로 인한 더 큰 화학적 변화가 없다면 결코 기쁨을 찾을 수 없을 것이다.

핵심은 진정한 행복이란 쾌락과 아무 상관이 없다는 점이다. 강도 높은 자극으로 인해 느껴지는 일시적인 쾌락은 우리를 진정한 기쁨에서 더 멀리 떨어뜨릴 뿐이다.

감정적인 중독

나는 여기서 마약, 알코올, 섹스, 도박, 소비주의 등 물질적 중독의 심각성을 축소시키려는 것이 아니다. 중요한 것은 모든 중독 뒤에 우리의 행동을 조종하는 기억된 감정이 존재한다는 사실을 깨닫는 것이다. 이 책의 주제이자 주요 목표는 사람들이 어떤 중독에 빠져 있든 과거의 그 중독된 자아상에서 벗어날 수 있도록 도와주는 것이다.

당신은 이렇게 말할지도 모른다. "내가 두려움, 불안감, 나약함, 어두운 면을 남들에게 감추는 건 당연해. 마음대로 표현했다가는 모두 나를 떠날지도 몰라. 그러니 날 이대로 내버려둬." 어떤 면에서는 맞는 말이다. 하지만 우리가 자유로워지려면 진정한 나와 마주하고 우리 성격의 어두운 면을 밝은 빛 아래로 데려와야 한다.

명상은 우리의 어두운 면을 일상의 현실로 불러내지 않고도 그것과 마주할 수 있게 한다. 친구나 가족에게 이렇게 공표하지 않아도 되는 것이다. "저기, 모두들, 들어봐요! 나는 나쁜 사람입니다. 왜냐하면 부모님이 어린 동생한테만 많은 시간을 쏟고 나에게는 무관심하다는 느낌에 오랫동안 부모님에게 화가 났었거든요. 지금 나는 사랑받지 못하고 무언가 부족하다는 느낌을 떨치기 위해 관심을 갈망하고 즉각적인 만족을 요구하는 아주 이기적인 사람입니다."

명상은 그 대신 당신만의 사적인 공간에서 마음속으로 자아의 부정적인 측면을 없애고 긍정적이고 생산적인 면을 키울 수 있게 한다. 비유적으로 말해 자신이 해오던 역할로 다시 돌아가는 길을 끊고 거기에서 빠져나올 수 있도록 도와주는 것이다.

과거의 사건들은 잊어라. 그 사건들은 우리의 성격이 되어버린 기억된 감정들을 정당화해 줄 뿐이다. 과거의 감정 속에 갇혀 있는 한은 문제를 분석한다고 해서 결코 문제가 해결되지 않는다. 맨 처음 문제를 일으킨 사건이나 경험을 돌아보며 되새기는 것은 단지 그 오래된 감정을 다시 한 번 느끼게 할 뿐이다. 그 사건이 일어난 당시와 똑같은 의식 속에서 삶을 이해하려고 한다면 절대 자신을 변화시킬 수 없다.

나를 제한하는 감정들을 기억에서 지우자. 감정적 흥분이 없는 기억을 '지혜'라고 한다. 이때 우리는 감정이라는 필터를 통하지 않고 사건을 객관적으로 돌아보며 자신의 상태를 살펴볼 수 있다. 중독된 감정을 끊어버리면 그 감정이 주던 제한과 통제에서 벗어나 자유롭게 생각하고 행동할 수 있다.

만약 불행을 내려놓고 자신의 인생과 사이가 좋아진다면, 즉 새로운 관계를 맺고, 새로운 직장을 얻고, 새로운 장소에 가고, 새로운 친구들을 사귀게 된다면, 그때 우리는 그 사건을 과거의 나에서 벗어나 새로운 사람이 되기 위해 주어진 역경이었다고 바라보게 될 것이다. 자신이 실제로 문제를 극복할 수 있다는 걸 보기만 해도 이렇게 태도는 바뀔 것이다.

진짜 나(아래쪽 손)와 세상에 보이는 나(위쪽 손) 사이의 간격을 좁히고 더 나아가 그 간격을 없애는 것은 삶에서 마주하는 엄청난 도전일 것이다. 그것이 자신을 극복하는 것이 됐든 혹은 사람들이 우리를 있는 그대로 받아들이는 것이 됐든 이는 누구나 다 바라는 바이다. 이 같은 자아의 간격을 좁히는 변화는 내면에서부터 시작되어야 한다.

사람들은 어떠한 위기나 트라우마, 절망적인 상황에 직면했을 때에만 변화를 시도한다. 그 위기는 보통 사고나 질병 같은 육체적인 것, 사랑하는 이를 잃는 것 같은 감정적인 것, 좌절로 인해 자신과 우주에 대해 질문하게 되는 영적인 것, 또 실직과 같은 재정적인 것 등이 있다. 이 모든 것들이 무언가를 잃는 것에 대해 이야기하고 있다는 점에 주목하라.

왜 트라우마나 상실을 겪고 그 부정적인 감정 상태로 인해 균형을 잃을 때까지 기다리는가? 위기로 심신이 무너진 상태에서는 어떤 일도 정상적으로 할 수가 없는데 말이다. 그럼에도 우리는 상황이 정말 힘들어지면 그때 가서야 이렇게 말할 것이다. "계속 이런 식으로 살 수는 없어. 얼마나 힘들든, 어떤 느낌이 들든 상관없어.(몸) 얼마나 오래 걸릴지 상관없어.(시간) 내 삶에 무슨 일이 일어나든지 상관없어.(환경) 나는 변할 거야. 그래야만 해."

우리는 아픔과 고통의 상태에서 배우고 변할 수도 있지만, 기쁨과 영감의 상태에서도 배우고 변할 수 있다. 그러니 너무 힘들어서 어쩔 수 없이 여기서 벗어나야겠다고 느낄 때까지 기다릴 필요가 없다.

간격 좁히기

자아의 간격을 좁히는 데 가장 중요한 것은 자기 인식self-awareness, 즉 자기 관찰이다. 이것은 다음 장에서 이야기할 명상에 대한 간단한 정의이기도 하다. 명상을 하면 삶에 큰 영향을 주던 부정적인 감정 상태와 마주하게 된다. 생각과 행동을 좌우하는 자신의 주된 성격도 잘 알게 된다. 시간이 지남에 따라 우리는 이러한 관찰의 힘을 사용해 부정적인 감정의 기억을 지울 수 있다. 그렇게 함으로써 우리는 그 감정을 더 큰 마음에 내맡기고, 지금의 나와 세상에 보여진 과거의 나 사이의 간격을 좁혀간다.

방 안에 서서 팔을 좌우로 쭉 뻗어 양 벽을 손으로 밀어내고 있는 모습을 상상해 보자. 벽이 안쪽으로 좁혀와 우리를 뭉개버리지 않도록 계속 밀어내야 한다면 과연 얼마나 많은 에너지가 소모될까? 그러지 않고 두 벽을 그대로 두고 그 방에서 나가는 모습을 상상해 보자. 벽은 하나로 합쳐지고, 우리는 이제 그 안으로 돌아갈 수 없다. 그 틈은 닫혔다.

우리의 분리되었던 부분들도 하나로 통합되었다. 그렇다면 우리가 지금까지 쏟던 그 모든 에너지는 어떻게 되었을까? 물리학에서 에너지는 새로 만들어지거나 파괴될 수 없다고 말한다. 에너지는 이동이나 변형만이 가능하다. 이것이 정확히 우리가 어떤 생각, 어떤 감정, 어떤 잠재의식적 행위도 우리의 관찰망을 빠져나가지 못하게 했을 때 일어나는 일이다.

이렇게 생각해 볼 수 있다. '잠재의식의 작동 시스템 안으로 들어가

간격 좁히기

기억된 감정의 층을 하나씩 지워나가면 에너지를 해방시킬 수 있다.

감정의 층   ⟶   감정 지우기   ⟶   에너지 해방

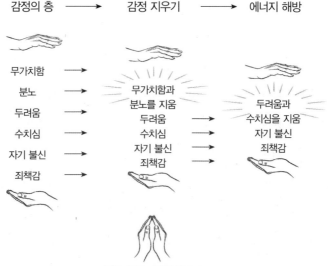

최종 목표: 투명해지기
간격을 없애면 '진짜 나'를 만날 수 있다.

그림 7.5 우리의 정체성을 이루던 감정을 기억에서 지우면 '보이는 나'와 '진짜 나' 사이의 간격이 없어진다. 그러면 몸 속에 저장된 감정 형태로 있던 에너지가 해방된다. 에너지는 양자장으로 풀려나 창조적인 삶의 원료가 된다.

서 모든 정보와 지침들을 의식의 알아차림 속으로 가져온다. 그렇게 해서 우리를 지배하던 욕구와 성향이 어디에 자리하고 있는지 볼 수 있다면, 무의식적인 자아를 의식할 수 있지 않을까?'

감정 중독의 사슬을 끊을 때 우리는 몸을 해방시킨다. 이제 몸은 더 이상 우리의 마음이 아니고, 매일 똑같은 과거를 반복해 살지 않는다. 우리가 몸을 감정적으로 해방시킬 때 우리는 자아의 간격을 좁히게 된다. 그 간격을 좁히면 한때 그 간격을 만드는 데 쓰였던 에너지를 해방시킬 수 있다. 이제 그 에너지는 새로운 인생을 창조하는 데 쓸 수 있는 원료가 된다.

감정 중독의 사슬을 끊을 때 또 하나의 부수 효과는 이때 풀려난 에너지가 마치 놀라운 건강의 영약靈藥처럼 작용한다는 것이다. 우리는 원기가 왕성해질 뿐 아니라 한동안 느끼지 못했던 기쁨도 느낄 수 있다. 몸이 감정적 의존의 사슬에서 벗어날 때 우리는 고양되고 고무되는 느낌을 받게 된다. 차를 타고 장거리 여행을 해본 적이 있는가? 긴 여행 끝에 마침내 차에서 내려 스트레칭을 하고 신선한 바람을 쐰다. 타이어가 도로 위를 달리는 소리, 히터의 팬이나 에어컨이 돌아가는 소리가 한순간 멈췄을 때의 느낌은 참으로 멋지다. 상상해 보라. 수천 킬로미터를 달리는 동안 차 안에 갇혀 있었다면 그 새로운 기분이 얼마나 크게 느껴질지! 우리는 이와 같이 매우 오랜 시간 동안 차 안에 갇힌 듯한 기분을 느끼고 있었다.

단지 과거에 어떻게 생각하고 느끼고 행동해 왔는지를 알아차리는 것만으로는 충분하지 않다. 명상은 그보다 더 적극적일 것을 요구한다. 그 간격의 어두운 부분 속에 감추어온 것을 고백하고 드러내야 한다. 그것들을 밝은 빛 속으로 끌고 와야 한다. 그동안 스스로에게 해온 일을 깨닫고 이렇게 말해야 한다. "이건 더 이상 나에게 최선이 아니야. 더는 도움이 되지 않아. 이건 결코 나를 사랑하는 것이 아니었어." 그러고 나면 당신은 자유로워지기 위한 결단을 내릴 수 있다.

버리면 얻게 되는 것

용기 있게 자신의 삶을 마주한 한 여성이 있다. 바로 내가 진행한 세미나에 참석했던 파멜라Pamela이다. 그녀는 재정적인 문제로 힘들어하고 있었는데, 실직한 전남편이 2년 동안 자녀 양육비를 주지 않았기 때문이었다. 절망과 분노, 피해 의식 속에서 그녀는 모든 상황에 부정적으로 반응했다.

그날 우리가 한 명상은 모든 경험의 최종 결과물이 어떻게 감정으로 귀결되는지 보는 것이었다. 우리는 많은 경험을 가족이나 친구와 함께 만들기 때문에 결국 주변 사람들과 감정을 공유하게 된다. 함께 가본 장소, 함께 했던 일, 함께 가지고 있던 물건으로 연결된 유대는 서로의 관계를 돈독하게 해줄 수 있다. 그러나 반갑지 않은 점은 부정적인 경험과 그에 따른 감정까지도 공유하게 된다는 것이다.

우리는 시간과 공간을 초월해 다른 사람들과 에너지적으로 연결되어 있다. 우리는 생존 지향적인 감정을 통해 자주 다른 사람들과 연결되는데(양자적 표현으로 '얽히는데') 계속해서 부정적인 경험과 감정으로 연결되면 자신을 변화시키기가 어렵다. 결국 현실은 늘 똑같은 상태로 머문다.

파멜라의 경우, 자녀들을 부양하지 못하는 것 때문에 생긴 전남편의 걱정과 죄책감, 열등감이 그녀 자신의 피해 의식, 분노, 결핍감과 섞여 그녀의 존재 상태를 만들었다. 기회만 생기면 그녀의 피해 의식은 흉측한 얼굴을 들어 올리고 원하지 않는 결과물을 만들어냈다. 파괴적인 감정과 에너지에 꼼짝없이 갇혀서 그녀는 아무것도 '생각하고, 행동하고, 될' 수가 없었다. 파멜라와 전남편은 서로의 부정적인 경험과 감정, 에너지로 단단히 결속되어 있어서, 어떤 노력을 해도 그 상황을 변화시킬 수가 없었다.

파멜라는 워크숍을 통해 이 결속을 끊지 않으면 안 된다는 것을 깨달았다. 그녀는 현실 속에 자신을 규정짓고 있는 감정들을 놓아버려야만 했다. 그녀는 몇 년 동안 똑같은 방식으로 생각하고 느끼고 행동해 온 것이 누적 효과를 발휘해 질병 유전자를 촉발시킬 수 있다는 사실도 알게 되었다. 그것은 그녀가 원하는 일이 아니었다. 뭔가가 필요했다.

파멜라는 명상을 하는 동안 자신의 피해 의식이 아이들에 대한 조바심, 불평과 비난, 절박함과 결핍감 같은 해로운 감정을 불러일으키고 있음을 알아챘다. 그녀는 과거 경험과 관련된 감정들을 내려놓는 동시에 자기 중심적인 존재 상태도 흘려보냈다. 그리고 더 큰 마음에 자신을 내맡겼다.

파멜라는 진짜 나와 세상에 보이는 나 사이의 간격을 좁히면서, 얼어붙어 있던 모든 에너지를 양자장 속으로 풀어주었다. 그녀는 이 작업을 해나가면서 매우 큰 기쁨과 감사를 느꼈다. 그녀는 자신만이 아니라 모두가 풍요롭기를 바랐다. 이기적인 감정에서 이타적인 감정으로 옮겨간 것이다. 명상을 마쳤을 때 그녀는 이전과는 전혀 다른 사람이 되어 있었다.

파멜라의 에너지 방출은 양자장에 신호를 보내 그녀의 새로운 자아에게 걸맞은 결과들을 준비하게 만들었다. 그리고 거의 즉각적으로 두 가지 증거가 나타났다.

첫 번째는 그녀가 하고 있던 인터넷 사업과 관련된 것이었다. 예전에 사업 홍보를 했을 때는 사람들 반응이 초조해 계속 웹사이트를 확인했으나 결과는 그저 그랬다. 워크숍이 있던 날 아침 그녀는 다시 홍보를 시작했는데, 그날은 하루 종일 너무 바빠서 사람들 반응을 생각할 겨를이 없었다. 그날 저녁 그녀는 과거를 내려놓은 데 따른 홀가분한 기분에 젖어 있었다. 그리고 그날 벌인 홍보 활동으로 거의 1만 달러의 수익을 냈다는 사실을 알고 나자 기쁨이 넘쳐났다.

파멜라는 사흘 뒤에 두 번째 증거를 받았다. 복지 담당자에게서 전화가 왔는데 전남편이 그동안 못 낸 양육비 1만 2천 달러를 보내왔다는 것이었다. 그녀는 명상을 한 뒤로 거의 2만 2천 달러를 '만들어냈다'는 사실에 무척이나 기뻤다. 그런 결과를 만들어내기 위해 그녀가 물리적 현실에서 한 것은 아무것도 없었다. 그 돈이 어떻게 해서 자신에게 올지 예상할 수도 없었다. 하지만 그렇게 되었다는 데 그저 감사할 뿐이었다.

파멜라의 이야기는 부정적인 감정을 놓아주는 것이 얼마나 큰 힘을 발휘하는지 보여준다. 낡아빠진 사고방식, 습관적인 행동과 인식의 수렁에 빠져 있을 때는 과거에 기인한 문제들을 해결할 수 없다. 그러한 문제들은 강력한 에너지를 가진 감정을 만들어낸다. 이것을 놓아버리는 즉시 우리는 엄청난 에너지가 풀려나는 것을 경험하고 현실은 마법처럼 재정비된다.

과거를 내려놓으면 미래가 보인다

과거의 사람이나 경험과 관련된 죄책감, 판단, 두려움, 걱정 속에 얼마나 많은 창조적 에너지가 묶여 있는지 생각해 보라. 이 파괴적인 에너지를 생산적인 에너지로 바꾸면 얼마나 멋진 일들을 해낼 수 있을지 상상해 보라. 생존(이기적인 감정)에 초점을 맞추기보다 긍정적인 의도(이타적인 감정)로 창조적인 일을 해나간다면 과연 어떤 결과를 이룰 수 있을지 깊이 생각해 보라.

스스로에게 이렇게 물어보라. '내가 과거 경험에서 (제한된 감정의 형태로) 나온 어떤 에너지를 붙잡고 있길래, 그 에너지가 과거의 정체성을 더욱 강화하고 지금 상황에서도 그 감정에 집착하게 하는가? 이 에너지를 고양된 상태로 바꿔 전혀 새로운 결과를 만들어낼 수는 없을까?'

명상은 감정의 층들을 벗겨내고 우리가 쓰고 있는 가면을 벗을 수 있게 해준다. 이러한 것들은 모두 우리 내면에 있는 거대한 지성의 흐름을 막아왔다. 이것들을 벗어버리면 우리는 투명해질 것이다. 보이는 내가 곧 진짜 나일 때 우리는 투명해진다. 이처럼 자아의 간격이 사라지면 우리는 감사함의 상태, 고양된 기쁨의 상태를 경험하게 된다. 나는 이것이 우리의 자연스러운 존재 상태라고 믿는다. 이렇게 할 때 우리는 과거에서 빠져나와 미래로 시선을 돌릴 수 있다.

이 지성의 흐름을 가로막는 우리 안의 장막을 제거할 때 우리는 점점 더 그 지성처럼 된다. 더 사랑하고, 더 내어주고, 더 의식적이고, 더 의도적이 된다. 그것이 바로 위대한 지성의 마음이기 때문이다. 이제 간격은 사라진다.

이 단계에서 우리는 행복과 온전함을 느낀다. 우리는 더 이상 외부 세계에 의지해 자신을 규정하지 않는다. 이 고양된 감정들은 무조건적이다. 아무도, 어떤 일도 우리에게 이런 느낌을 주지는 못한다. 그저 '나'여서 행복하고 기분이 고무된다. 결핍감이나 욕구도 사라진다. 원하는 것도 없고 결핍된 것도 없을 때 비로소 우리는 모든 것이 자연스럽게 드러나게 할 수 있다. 대부분의 사람들은 감사와 열정, 온전함의 상태가 아니라 결핍과 무가치함, 분리 등 제한된 감정 상태에서 뭔가를 만들려고 한다. 그러나 양자장이 우리에게 가장 잘 응답할 때는 감사와 열정, 온전함의 상태에서 뭔가를 창조할 때이다.

이 모든 것은 '진짜 나'와 '보이는 나' 사이에 간격이 존재한다는 사실을 인지하고, 그 간격을 만들어 우리의 성격을 지배해 온 부정적 감정 상태를 명상을 통해 알아차리면서 시작된다. 스스로를 잘 들여다보고 정직하되 부드럽게(자신의 잘못을 꾸짖는 것이 아니라) 자신을 대하지 않는다면, 과거의 사건들과 그것들로 인한 부정적 감정에서 벗어날 수 없다. 그것들을 보라. 그것들을 이해하라. 그리고 풀어주라. 몸에서 벗어난 에너지로 새로운 나를 창조하라.

결핍감을 이용한 광고 전략

다음 사실을 알고 있을 필요가 있다. 광고 회사와 기업은 결핍감이란 개념을 너무도 잘 꿰뚫고 있다. 그들은 결핍감이 어떻

게 우리의 행동을 주도하는지 잘 안다. 그들은 공허감을 없애줄 해답을 자신들이 가지고 있다고 우리를 설득한다. 그 결과 우리는 상품과 우리 자신을 동일시한다.

광고주들은 유명인의 얼굴을 내세워 광고를 하기도 하는데, 소비자들이 그 유명인을 '새로운 나'의 모습으로 무의식적으로 연결 짓게 하기 위해서이다.

"자신의 모습이 불만스러운가요? 이것을 구입하세요! 사람들과 어울리지 못하나요? 이것을 사세요! 상실감, 소외감, 갈망 때문에 기분이 안 좋은가요? 이 전자레인지, 텔레비전, 자동차, 휴대 전화……가 바로 해결책입니다. 기분이 훨씬 나을 거예요. 사람들도 인정해 줄 거고요. 공허감도 40퍼센트는 더 줄 거예요!"

우리 모두는 이러한 결핍감에 감정적으로 조종당하고 있다.

나의 변화 이야기

이 장을 시작하면서 내가 소파에 앉아 있다가 '진짜 나'와 '보이는 나' 사이에 간격이 있음을 깨달았다는 이야기를 했다. 이 장을 끝맺기 전에 당신에게 그 나머지 이야기를 들려주고 싶다.

그 일이 있을 무렵 나는 〈도대체 우리가 아는 게 무엇인가!?〉라는 다큐멘터리를 본 사람들을 상대로 강연을 하기 위해 자주 출장을 다녔다. 많은 사람들 앞에서 강연을 하고 있으면 진정 살아있다는 기분이 들었고, 나는 내가 행복하다고 믿어 의심치 않았다. 그러다 한 순간 아무 느낌도 들지 않았다. 뭔가를 깨달은 건 바로 그때였다. 나는 모든 사람이 기대하는 모습을 보여야 했고, 다큐멘터리에 출연했던 그 사람으로 살아야 했다. 나는 내가 나와 다른 누군가라고 믿기 시작했고, 나의 모습을 스스로 확인하기 위해서는 세상이 필요했다. 나는 두 개의 다른 삶을 살고 있었던 것이다. 그러나 나는 더 이상 그런 덫에 갇히고 싶지 않았다.

그날 아침, 혼자 앉아 있으면서 가슴이 뛰는 것을 느꼈다. 그리고 내 가슴을 뛰게 만드는 것이 누구인지 생각해 보기 시작했다. 한 순간 나는 내가 이 본래의 지성으로부터 멀리 떨어져 나왔음을 깨달았다. 눈을 감고 최대한 그 사실에 집중했다. 그리고 내가 정말 누구였는지, 무엇을 감춰왔는지, 얼마나 불행한지 인정하기 시작했다. 나는 자신의 어떤 측면들을 더 큰 마음에 내맡겼다.

그러고 나서 더 이상 되고 싶지 않은 자신의 모습을 다시금 확인했다. 나는 더는 과거와 똑같은 성격으로 살고 싶지 않았다. 나는 과거의 자아를 강화시켰던 무의식적인 행동, 생각, 느낌을 관찰하고, 그것들이 익숙해질 때까지 계속 들여다봤다.

그 다음 내가 되고 싶은 새로운 성격의 나의 모습을 상상해 보았다. 내가 정말 그 모습이 될 때까지 상상했다. 갑자기 뭔가 다른 느낌이 왔다. 기쁨이었다. 이 기쁨은 내 밖의 환경과는 아무 상관도 없었다. 이것은 외부의 어떤 것하고도 무관한 독립된 정체성에서 나오는 것이었다. 나는 무언가 깨달았다.

소파 위에서 첫 번째 명상을 한 후 나는 즉각적으로 반응했다. 소파에 앉아 있던 나는 다른 사람이 되어 일어났다. 생생하게 살아있는 느낌이었다. 마치 이 세상을 처음 보고 있는 것 같았다. 몇 개의 가면이 벗겨졌다. 나는 더 벗어버리길 원했다.

나는 삶에서 한 발 물러나 조용히 여섯 달을 보냈다. 사람들을 치료하는 시간도 적절히 조절했고, 강연은 모두 취소했다. 친구들은 내가 정신이 나갔다고 생각했다. 출연했던 다큐멘터리가 인기가 높았기 때문에 친구들은 내가 얼마나 많은 돈을 벌 수 있을지에 대해서만 말했다. 하지만 나는 이 세상이 원하는 삶이 아닌 나 자신을 위한 삶을 살기 전까지는 무대 위로 다시는 걸어 올라가지 않겠다고 말했다. 나 자신이 내가 말하는 모든 것의 살아있는 예가 될 때까지는 다시는 강연을 하고 싶지 않았다. 나는 시간을 들여 명상을 하고 삶의 진정한 변화를 만들어야 했다. 바깥이 아니라 나의 내면에서 나오는 기쁨을 느끼고 싶었다. 그 기쁨을 강연 때에도 느끼고 싶었다.

변화는 하루아침에 이루어지지 않았다. 나는 날마다 명상을 했다. 원치 않는 감정들을 하나씩 마주한 뒤 기억에서 지워나갔다. 그렇게 배운 것을 지우고 다시 배우는 명상 과정을 시작했다. 나를 변화시키기 위한 과정은 그렇게 수개월 동안 지속됐다. 명상 과정 내내 나는 과거의 정체성을 해체하고 나 자신이 된 습관을 깨기 위해 의도적으로 노력했다.

아무 이유 없이 기쁨을 느끼기 시작한 것은 바로 그때였다. 나는 점점 더 행복해졌지만, 그것은 외부의 어떤 것과도 상관이 없었다. 요즘도 나는 내면으로부터 솟아나는 기쁨을 누리기 위해 매일 아침 명상의 시간을 갖는다.

❂❂❂

변화하기로 마음먹었다면 새로운 의식 상태로 옮겨가야 한다. 당신이 무엇을 하고 있는지, 어떻게 생각하고 있는지, 어떻게 살고 있는지, 어떻게 느끼고 있는지, 그리고 어떤 존재 상태에 있는지 분명히 알아야 한다. 그것이 더 이상 당신이 아닐 때까지, 당신이 더 이상 그런 상태로 있기를 원하지 않을 때까지 말이다. 그리고 그 변화가 당신의 본능에까지도 가 닿아야 한다.

이제 나 스스로 변화를 위해 시도했던 과정들을 소개하려고 한다. 여러분도 이미 비슷한 변화를 잘 치른 적이 있을지 모른다. 내가 소개하는 이 변화의 방법이 여러분만의 기술이 되게 하려면, 그저 명상 과정에 필요한 약간의 지식만 보태면 된다. 자, 그럼 들어가 보자.

8장

명상,
신비를 벗다

앞 장에서 진짜 나와 세상에 보이는 나 사이의 간격을 좁혀야 한다는 이야기를 했다. 그렇게 할 수 있다면 이상적인 자아가 되는 데 필요한 에너지를 풀어주는 쪽으로 한 걸음 더 나아갈 수 있다.

이미 말한 것처럼 자신이 되어버린 습관을 바꾸는 열쇠 가운데 하나는 관찰자가 되는 것이다. 이것은 메타 인지적으로 자신의 생각을 관찰하는 것, 고요 속에 머무는 것이기도 하며, 자신의 행동에 주의를 집중하는 것, 환경의 여러 요소들이 어떻게 감정적인 반응을 촉발시키는지에 더욱더 주의를 기울이는 것이기도 하다. 그렇다면 큰 의문은 "우리가 이 모든 일을 어떻게 하는가?" 하는 것이다. 달리 말해서 "어떻게 하면 우리가 관찰자가 되어, 몸과 환경 그리고 시간과의 감정적 결속을 끊고 그 간격을 좁힐 수 있느냐?" 하는 것이다.

해답은 바로 명상에 있다. 지금까지는 자신이 되어버린 습관을 깨고 이상적인 자아가 되어 새로운 삶을 창조하는 방법으로서 명상에 대해 간단하게만 설명했다. 이 책 1부와 2부에서 다루고 있는 정보들은 명상을 시작하기 전 그것을 이해하기 위한 것이었다. 그럼 3부에서 연습하게 될 명상의 세부적인 과정을 살펴보자.

명상이라고 하면 집 안에 만들어놓은 성스러운 제단 앞에 가부좌를 하고 앉아 있는 사람의 모습이나 수염이 덥수룩한 요가 수행자가 히말라야 산 속의 외딴 동굴에 앉아 있는 이미지 같은 것이 떠오를지 모른다. 그런 이미지는 명상이란 고요하게 마음을 비우고 한 가지 생각에만 주의를 기울이는 것이라는 우리의 이해에서 나온 것이다.

명상 기법은 다양하다. 나는 여러분이 자신에게 가장 적합한 명상 방법을 찾고, 그 명상을 통해 잠재의식적 마음의 작동 시스템 속으로 들어가서 자신의 생각, 믿음, 행동, 감정 속에 빠지지 않고 그것들을 '관찰' 할 수 있기를, 그리하여 뇌와 몸을 새로운 마음에 맞게 잠재의식적으로 재프로그래밍할 수 있기를 바란다. 더 이상 무의식적으로 생각하고 행동하고 반응하는 것이 아니라 의지를 가지고 의식적으로 생각과 믿음, 행동, 감정을 통제할 수 있다면, 우리는 '과거 자아'의 사슬을 풀고 새로운 자아가 될 수 있다. 어떻게 그 작동 시스템에 접속하여 무의식을 의식 속으로 데려오느냐 하는 것이 바로 이제부터 다룰 내용이다.

명상에 대한 첫 번째 정의: 자아에 익숙해지기

티베트 어로 명상은 '곰gom'이라고 하는데 '친해지다'라는 뜻이다. 그런 의미에서 나는 명상을 '자기 계발'이나 '자기 관찰'과 동의어로 사용한다. 무언가와 친해지기 위해서는 그것을 관찰하는 데 어느 정도 시간을 들여야 한다. 변화를 일으키는 데 열쇠가 되는 순간은 그 속에 빠져 있을 때가 아니라 그것을 관찰하는 위치로 갈 때이다.

이러한 변화는 행동가에서 관찰자가 되는 것이라고 할 수 있다. 알기 쉽게 설명하자면, 운동 선수나 연기자가 그 기술이나 연기력을 변화시키고자 할 때 대부분의 코치들은 비디오로 찍은 그들의 모습을 보여준다. 예전의 모습이 어떤지 모르는데 어떻게 새로운 모습으로 변화할 수 있겠는가?

우리의 과거 자아와 새로운 자아의 경우도 마찬가지이다. 내가 행동하는 방식이 어떤지 모르고서 어떻게 그 방식으로 행동하기를 멈출 수 있겠는가? 나는 변화의 이 단계를 묘사할 때 폐기 학습unlearning이라는 용어를 자주 사용한다.

자신과 친해지기 위해서는 예전의 나와 새로운 나를 모두 '보아야' 한다. 나의 모습을 정확하고 면밀히 관찰해서 어떤 무의식적인 생각, 감정, 행동도 그냥 지나치는 법이 없도록 해야 한다. 인간에겐 이미 이러한 관찰을 할 수 있는 전두엽이 있다. 우리는 스스로를 관찰하고 더 나은 삶을 위해서 무엇을 변화시키고 싶은지 결정할 수 있다.

어제의 나로 살기를 멈추기로 결심한다

잠재의식적 작동 시스템에 뿌리를 둔 오래되고 습관적인 자아의 무의식적 측면들을 알아차리게 되었다면, 이제 자신의 어떤 것이든 바꿀 수 있는 과정을 시작한 것이다.

뭔가를 진지하게 다른 방식으로 해보고자 할 때 보통 어떻게 행동하는가? 우리는 먼저 무엇을 하고 무엇을 하지 말아야 할지 충분히 생각할 수 있을 정도로 자신을 외부 세계로부터 분리시킨다. 그리고 어제의 나를 여러 측면에서 알아차리고 새로운 나와 관련된 행동들을 계획하기 시작한다.

예를 들어 행복하기를 원한다면 가장 먼저 할 일은 불행하기를 그만두는 것이다. 나를 불행하게 만드는 생각을 그만하고, 고통과 슬픔, 비참함의 감정을 느끼기를 그만하는 것이다. 부유하고 싶다면 가난하게 만드는 행동을 그만하겠다고 결심해야 할 것이다. 건강하고 싶다면 건강하지 않은 생활 방식으로 살기를 멈추어야 할 것이다. 이처럼 가장 먼저 해야 할 일은 어제의 나로 살기를 멈추겠다고 결심하는 것이다. 그래야 새로운 내가 생각하고 행동할 공간이 생긴다.

눈을 감고, 몸을 고요한 상태에 두고, 직선적인 시간에 더 이상 관심을 두지 않으며, 외부 세계에서 오는 자극을 제거하면, 오로지 내가 어떻게 생각하고 어떻게 느끼는지만 인식하게 될 것이다. 그렇게 몸과 마음의 무의식적 상태에 주의를 기울여 우리 안의 자동 프로그램이 작동하는 것을 의식적으로 알아차릴 수 있을 정도가 되면 명상은 잘 진행되고 있는 것이다. '너 자신을 아는 것', 이것이 바로 명상이다.

예전의 나로 머무는 대신 과거의 내 모습을 여러 모로 알아차리고 있다면, 우리는 과거의 정체성을 이루던 프로그램을 관찰하고 있는 의식 자체가 되었다고 할 수 있다. 다른 말로, 예전의 자아를 의식적으로 관찰하고 있을 때 우리는 더 이상 그 존재가 아니다. 알아차림의 상태로 옮겨가면서 우리는 주관적인 마음을 객관화하기 시작한다. 우리 자신이 된 과거의 습관에 의식적으로 주의를 기울임으로써 우리는 그 무의식적인 프로그램에서 자신을 분리해 거꾸로 그것을 통제할 수 있게 된다.

그런데 몸과 마음의 그 습관적인 상태를 의식적으로 제어하게 되면, 함께 발화하지 않는 신경 세포들은 더 이상 서로 연결되지 않는다.

어제의 자아라는 신경 하드웨어를 제거하면 우리는 더 이상 똑같은 유전자에게 동일한 방식으로 신호를 보내지 않게 된다. 우리 자신이 된 습관을 깨고 있는 것이다.

새롭고 더 큰 자아의 모습을 생각한다

이제 한 걸음 더 나아가 보자. 어떤 생각, 어떤 행동, 어떤 느낌도 무의식적으로 과거의 패턴으로 돌아가지 않을 정도로 어제의 자아를 관찰하는 단계에 이르렀다면, 이제 새로운 자아와 친해져야 할 때이다. 당신은 자신에게 물을 것이다. "내가 바라는 더 큰 나의 모습은 어떤 모습일까?"

전두엽의 스위치를 켜고 새로운 나의 모습을 깊이 생각할 때, 우리는 어제의 나와는 다른 방식으로 뇌를 작동시키기 시작한다. CEO인 전두엽은 그 새로운 질문을 받아들여 뇌의 나머지 부분을 훑어본 뒤 저장된 모든 지식과 경험을 새로운 생각의 모델에 매끄럽게 결합시킨다. 그리고 내적인 이미지를 만들어 우리가 집중할 수 있도록 한다.

이러한 숙고의 과정에서 새로운 신경망이 만들어진다. 위의 근본적인 질문을 깊이 생각할 때 신경 세포들은 새로운 순서와 패턴, 새로운 결합 방식으로 발화되고 연결되기 시작한다. 우리가 이전과 다르게 생각하고 있기 때문이다. 뇌를 다르게 작동시킬 때마다 우리는 마음을 변화시키고 있는 것이다. 행동을 계획하고, 새로운 가능성을 찾고, 새로운 존재 방식을 떠올리고, 몸과 마음의 새로운 상태를 꿈꾸다 보면, 전두엽이 스위치를 켜고 환경, 몸, 시간이라는 빅 쓰리의 볼륨을 낮추는 순간이 올 것이다. 이때 우리가 하고 있는 생각(들)이 내적인 경험이 되고, 신경계 속에 새로운 소프트웨어와 하드웨어가 설치되며, 새로운 자아로서 존재하는 경험이 뇌 속에서는 이미 현실이 되었음을 보게 될 것이다. 이 과정을 날마다 반복한다면 우리의 이상은 익숙한 마음 상태가 될 것이다.

여기서 한 가지 중요한 점이 있다. 초점을 맞추고 있는 생각에 집중해서 그것이 말 그대로 경험이 되면 그 최종 결과물로 감정이 만들어진다. 감정이 만들어지면 우리는 새로운 내가 된 것처럼 느끼기 시작하고 이 새로운 느낌에 익숙해진다. 몸이 그 경험을 현재의 현실이 된 것처럼 반응하기 시작할 때 우리는 새로운 방식으로 유전자에 신호를 보낸다. 그리고 몸은 실제 삶 속의 물리적 사건에 앞서서 바로 지금 변화하기 시작한다. 이제 당신은 시간을 앞서 있다. 가장 중요한 것은 우리가 몸과 마음이 함께 작동하는 상태로 들어간다는 사실이다. 이 과정을 꾸준히 반복한다면 이 새로운 존재 상태가 익숙해질 것이다.

새로운 몸과 마음의 상태를 유지하면서 외부 환경이나 몸의 감정적 욕구에 흔들리지 않고 또 시간보다 더 커진다면, 무언가가 새로운 모습으로 우리 앞에 나타날 것이다. 이것이 양자 법칙이다.

요약해 보자. 우리가 해야 할 일은 원하지 않는 과거의 내 모습을 관찰하는 것이 전부이다. 바꾸고 싶은 어제의 자아, 그 자아의 습관적인 생각, 행동, 감정을 알아채서 더 이상 예전 방식으로 발화하지 않고 예전 마음으로 연결되지 않으며 똑같은 방식으로 유전자들에 신호를 보내지 않는 단계에 이를 때까지 말이다. 그런 다음 되고 싶은 자신의 모습을 반복해서 깊이 생각한다. 그러면 결국 새로운 수준의 마음을 발화하여 연결하게 될 것이고, 이 마음이 익숙해져 제2의 천성이 될 때까지 몸을 그 새로운 자아에 맞게 감정적으로 조건화하게 될 것이다. 이것이 변화이다.

명상에 대한 두 번째 정의: 자아를 일구기

명상은 산스크리트 어로 '디야나dhyana'라고도 한다. '자아를 일구다cultivate'라는 뜻을 가지고 있다. 나는 명상에 대한 이 정의를 특히 좋아한다. 이 의미가 주는 은유적인 가능성 때문이다. 예를 들면 정원 가꾸기나 농사짓기처럼 땅을 일굴 때 우리는 삽이나 여타 도구를 가지고 굳어진 땅을 갈아엎는다. 새로운 흙과 영양분을 골라주어 씨앗이 싹을 틔우고 뿌리를 잘 내릴 수 있도록 말이다. 미처 뽑지 못하고 남아 있는 지난 계절의 작물과 눈에 띄지 않았던 잡초, 시간이 흐르며 땅 위로 드러난 바위도 제거해야 할 것이다.

지난 계절의 작물은 예전의 나를 규정짓던 익숙한 생각, 행동, 감정의 산물들을 상징한다. 잡초는 잠재의식적으로 우리의 노력을 가로막던 오래된 태도나 믿음, 인식을 의미하는 것으로, 다른 일들에 정신을 빼앗겨 미처 알아채지 못하던 것들이다. 바위는 시간이 지나면서 자연스레 표면으로 올라와 우리의 성장을 가로막고 선 여러 가지 개인적인 장애물과 한계를 상징한다. 마음에 새로운 정원을 가꾸어나갈 공간을 만들기 위해서는 관리가 필요하다. 그러지 않고 새 정원을 가꾸거나 작물을 심는다면 새 열매를 수확하기 힘들 것이다.

과거에 뿌리를 내리고 있는 한 어떤 새로운 미래도 창조할 수 없다는 것을 깨달아야 한다. 새로운 삶을 창조할 새로운 생각과 행동과 감정의 씨앗을 심어 새로운 나를 일구기 위해서는 먼저 마음이라는 정원에 있는 과거의 낡은 흔적들을 깨끗이 치워야 한다.

또 하나 중요한 점은 이런 일이 아무렇게나 일어나는 것이 아님을 확실히 아는 것이다. 우리는 씨앗이 아무 데나 흩뿌려져 그중 지극히 일부만 결실을 맺는 야생의 식물을 이야기하고 있는 것이 아니다. 나를 일구는 것에는 의식적인 결정이 필요하다. 언제 흙을 갈 것인지, 언제 무엇을 심을 것인지, 각각의 작물을 어느 정도씩 심을 것인지, 물과 비료를 어떤 비율로 섞을 것인지 등등 의식적인 결정이 필요하다. 노력이 결실을 거두기 위해서는 계획과 준비가 필수적이다. 그러자면 날마다 의식적인 관심을 기울여야 한다.

이와 마찬가지로 누군가가 특정 주제의 관심사를 키워나간다고 할 때 우리는 그 사람이 자기의 관심 영역을 깊이 연구했다는 뜻으로 받아들인다. 또한 자기를 일군 사람이란 자기를 어떤 모습으로 드러내야 할지 신중히 선택하고, 많은 지식과 경험을 축적한 사람을 말할 것이다. 이런 것들은 한 순간에 우연히 이루어지는 것이 아니다.

무언가를 일굴 때는 자신을 제어할 수 있어야 한다. 자신의 자아를 조금이라도 변화시키고자 한다면 이는 꼭 필요하다. 일들이 알아서 저절로 되도록 놔두는 것이 아니라, 직접 개입해서 실패의 가능성을 줄이기 위한 조치들을 의식적으로 취해야 한다. 이 모든 노력의 목적은 수확물을 거두기 위함이다. 명상을 통해 새로운 성격을 일굴 때 우리가 구하는 풍성한 결과는 곧 '새로운 현실'이라 할 수 있다.

새로운 마음을 만들어낸다는 것은 마치 정원을 일구는 것과 같다. 마음이라는 정원에서 우리가 생산하는 결과물은 땅에서 수확하는 작물과 똑같다. 정성들여 잘 가꿔야 한다.

무의식에서 의식으로

명상 과정은 한마디로 자신이 되어버린 습관을 깨고 새로운 자아를 다시 만드는 것, 과거의 마음을 놓아버리고 새로운 마음을 창조하는 것, 낡은 시냅스 연결을 쳐내고 새로운 연결망을 만드는 것, 과거의 감정을 기억에서 지우고 새로운 마음과 감정에 몸을 길들이는 것, 그리고 과거를 놓아버리고 새로운 미래를 창조하는 것이다.

이 과정의 몇 가지 요소를 더 구체적으로 살펴보자.

경험하고 싶지 않은 생각이나 느낌에 무의식적으로 휩쓸리지 않기 위해서는 강력한 관찰력과 집중력을 키워야 한다. 자신이 되어버린 습관을 깨기 위해서는 변화시키길 원하는 과거의 특성, 경향, 기질을 선택하고 그 한 가지 측면에 집중해야 한다. 예를 들어 이렇게 질문하며 시작할 수 있다. "화가 났을 때 내 생각의 패턴은 어떠한가? 다른 사람과 나 자신에게 뭐라고 말하는가? 나는 어떻게 행동하는가? 화난 상태에서 어떤 감정이 또 튀어나오는가? 몸에서는 화가 어떻게 느껴지는가? 무엇이 나에게 화를 불러일으키는지 인식할 수 있는가? 그에 대한 나의 반응을 어떻게 하면 변화시킬 수 있는가?"

변화의 과정은 먼저 폐기 학습을 한 다음 다시 학습할 것을 요구한다. 학습이란 뇌 속 신경 세포들을 발화해서 연결시키는 것을 말하고, 폐기 학습이란 신경 회로망을 잘라내는 것을 말한다. 똑같은 방식으로 생각하기를 멈출 때, 습관적인 행동을 억제하고 감정적 중독을 차단할 때, 과거의 자아는 신경학적으로 잘려나가기 시작한다.

신경 세포들 사이의 모든 연결이 기억을 구성한다면, 그 신경 회로망들이 해체될 때 과거 자아의 기억들도 함께 사라질 것이다. 따라서 과거의 삶과 과거의 나를 떠올리면 마치 다른 생의 것처럼 느껴질 것이다. 그 기억들은 이제 어디에 저장되는 것일까? 그것은 우리 영혼에 지혜로 저장될 것이다.

몸에 신호를 보내던 과거의 생각과 느낌이 의식적인 노력에 의해 중

변화의 생물학적 모델

익숙한 과거	새로운 미래
폐기 학습	재학습
자신이 되어버린 습관을 깨기	새로운 자아를 다시 만들기
낡은 시냅스 연결망 쳐내기	새로운 연결망을 싹 틔우기
발화시키지 않기, 연결 끊기	발화시키기, 연결하기
몸속의 감정 지우기	새로운 마음과 감정에 몸을 길들이기
과거의 마음을 놓아버리기	새로운 마음을 창조하기
과거 자아와 익숙해지기	새로운 자아와 익숙해지기
프로그램 삭제	재프로그래밍
과거에 살기	새로운 미래를 창조하기
낡은 에너지	새로운 에너지

그림 8.1 변화의 생물학적 모델은 익숙한 과거에서 새로운 미래로의 변형을 수반한다.

단될 때, 그 제한된 감정에서 해방된 에너지는 양자장 안으로 풀려나온다. 우리는 풀려난 그 에너지를 가지고 새로운 운명을 설계하고 창조한다.

명상을 변화의 도구로 사용하면서, 자신이 원하지 않는 성향을 뿌리 뽑고 원하는 것을 일궈나가는 데 필요한 것을 알아차리는 것, 그것에 익숙해지는 것, 그리고 그 필요한 일들을 해나가는 것은 바로 신비가들이 수세기 동안 해온 일이다.

이 책은 변화에 대해 생물학적 접근을 하고 있는데, 이는 신비가들도 마찬가지였다. 다만 과정을 묘사하는 용어가 달랐을 뿐이다. 몸, 환경, 시간에 대한 중독을 깨는 것이라는 결론은 같다. 중독에서 벗어났을 때에만 변화할 수 있다. 이 빅 쓰리보다 더 크게 생각할 때에만 우리는 그것들로부터 벗어나 자유롭게 생각하고 느낄 수 있다.

우리는 너무나 오랫동안 우리를 통제하는 무의식 프로그램을 작동시켜 왔다. 명상은 그 통제권을 다시 가져올 수 있도록 도와준다.

알아차리는 것이 우선이다. 그 프로그래밍된 반응들이 언제 어떻게 우리를 장악하는지 알아차리는 것이 중요하다. 무의식에서 의식으로 옮겨갈 때 보이는 나와 진짜 나 사이의 간격이 좁혀지기 시작한다.

뇌파 이해하기

명상중에 뇌 속에서 무슨 일이 일어나는지 이해하는 것은 3부에서 소개하는 명상 과정을 배우고 경험하는 데 큰 도움이 될 것이다.

뇌가 전기화학적 성격을 띤다는 사실은 아마도 잘 알 것이다. 신경 세포들이 발화할 때 이 세포들은 전하를 띤 요소들을 서로 교환하여 전자기장을 발생시킨다. 뇌의 다양한 전기 활동은 측정이 가능하며, 따라서 측정된 결과들을 보면 우리가 무엇을 생각하고, 느끼고, 배우고, 꿈꾸고, 창조하며, 어떻게 정보를 처리하고 있는지 알 수 있다. 변화하는 뇌의 전기 활동을 기록하기 위해 과학자들이 가장 널리 사용하는 방법은 뇌전도electroencephalograph(EEG)(신경 세포들 사이 전기 활동을 측정하는 기술—옮긴이)이다.

연구자들은 사람들이 깊은 잠에 빠졌을 때 보이는 가장 낮은 단계의 뇌파인 델타파Delta wave부터, 깊은 잠과 각성 사이의 몽롱한 상태에서 나타나는 세타파Theta wave, 창조적이고 상상력이 풍부한 상태인 알파파Alpha wave, 의식적으로 무언가를 생각할 때 보이는 더 높은 주파수의 베타파Beta wave, 의식이 고양된 상태에서 나타나는 가장 높은 주파수의 감마파Gamma wave까지 인간이 보이는 다양한 뇌파들을 밝혀냈다.[1]

그럼 이러한 뇌파 상태들이 명상으로 향하는 여정과 어떻게 관련이 있는지 개괄적으로 알아보자. 각 뇌파에 대해 잘 알고 나면, 뇌파 상태만 보고도 지금 에고가 에고를 바꾸려는 헛된 노력을 하고 있는지 아니면 진정한 변화에 들어가 있는지 훨씬 잘 알 수 있다.

아이들은 성장하면서 지배적인 뇌파가 델타파, 세타파, 알파파, 그리고 베타파 순서로 점점 이동한다. 우리가 명상을 통해 하는 일은 거꾸로 베타파에서 알파파, 세타파, 델타파로 옮겨가 아이와 같은 상태가 되는 것이다. 인간의 발달 단계에서 뇌파가 어떻게 변해 가는지 알면 명상을 경험할 때 그 과정을 훨씬 명확히 이해할 수 있을 것이다.

아이의 뇌파 발달: 잠재의식에서 의식적 마음으로

델타파

태어나서 2세까지 아기의 뇌는 초당 0.5~4헤르츠Hz(진동 운동에서 물체가 초당 왕복 운동하는 수. 사이클이라고도 한다―옮긴이) 사이의 가장 낮은 뇌파를 보인다. 이러한 전자기적 활동의 범위는 델타파라고 알려져 있는데, 성인이 깊은 잠에 빠져 있을 때 이 델타파 상태에 있게 된다. 이는 왜 갓난아기가 한 번에 몇 분 이상 깨어 있지 못하는지를 설명해 준다. 아기들은 눈을 뜨고서도 잠이 들 수 있으며, 깨어 있을 때도 여전히 델타파 속에 있다. 주로 잠재의식 상태로 활동하기 때문이다. 외부 세계에서 오는 정보는 별다른 편집이나 판단 없이 뇌 속으로 들어간다. 이때는 생각하는 뇌(대뇌 신피질 또는 의식적 마음)가 아주 낮은 수준으로 작동한다.

세타파

약 2세에서 5, 6세까지의 아이들은 약간 높아진 뇌파 패턴을 나타낸다. 이러한 세타파는 4~8헤르츠의 주파수를 보인다. 세타파 상태로 활동하는 아이들은 꿈결 같은 최면 상태에서 주로 내면 세계에 연결되어 있다. 이들은 추상적인 상상의 영역에서 살고 있으며, 비판적이거나 합리적인 생각은 거의 하지 않는다. 그래서 어른들이 하는 말을 그대로 받아들인다.(예컨대 산타가 진짜로 있다고 믿는다.) 이 단계에서 다음과 같은 표현들은 이 아이들에게 커다란 영향을 끼친다. "다 큰 사내아이는 우는 게 아니야. 숙녀는 얌전하게 조용히 자리에 앉아 있어야 하는 거야. 네 언니는 너보다 더 똑똑해. 추우면 감기에 걸려⋯⋯" 이런 말들은 곧장 잠재의식적 마음 속으로 들어간다. 그것은 이러한 느린 뇌파 상태가 잠재의식의 영역이기 때문이다.

알파파

5~8세 사이 아이들의 뇌파는 알파파로 바뀐다. 알파파는 8~13헤르츠 사이의 주파수이다. 이 시기에 분석하는 마음이 형성되기 시작한다. 아이들은 외부 삶의 법칙에 대해 나름대로 해석하고 결론을 내리기 시작한다. 동시에 상상의 내면 세계를 외부의 현실 세계만큼이나 진짜로 여기는 경향이 있다. 이 나이에 해당되는 아이들은 보통 양쪽 세계에 모두 발을 담그고 있다. 이 또래 아이들이 흉내 놀이를 잘하는 이유이다. 예를 들어 어떤 아이에게 바다 속 돌고래나 바람에 흩날리는 눈송이, 누군가를 구출하기 위해 달려오는 슈퍼 영웅 흉내를 내보라고 시키면 아이는 몇 시간이 지나도 여전히 그 캐릭터 속에 빠져 있다. 성인들에게 똑같은 부탁을 해보라. 글쎄, 그 결과는 당신도 이미 알 것이다.

베타파

8~12세 이후 뇌의 활동은 훨씬 높은 주파수까지 증가한다. 13헤르츠 이상의 주파수를 보이는 뇌파는 모두 베타파에 해당한다. 베타파는 그 이후 지속되면서 성인기 내내 다양한 변폭을 보인다. 이 베타파 상태에서는 의식적이고 분석적인 사고를 하게 된다.

일반적으로 12세 이후부터는 의식적 마음과 잠재의식적 마음 사이의 문이 닫힌다. 베타파는 세 단계로 나뉘는데, 십대로 들어서면서 저底베타파에서 중베타파 그리고 고베타파로 점점 이동한다. 이것은 대부분의

뇌파의 발달 단계

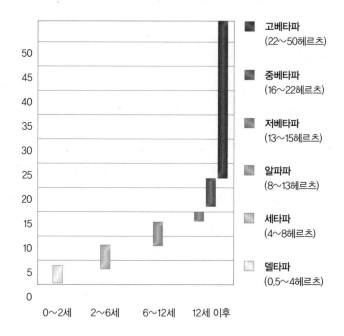

그림 8.2 유아기의 델타파부터 성인기의 베타파로 진행되는 뇌파 발달 단계. 세 가지 베타파의 차이를 보라. 고베타파는 중베타파보다 두 배나 높다.

성인들에게서 볼 수 있는 패턴이다.

성인의 다양한 뇌파 상태

베타파

책을 읽는 동안 성인의 뇌는 깨어 있는 상태인 베타파 상태로 활동한다. 뇌는 감각 정보를 처리하면서, 외부 세계와 내면 세계를 이어주는 의미를 만들어내려고 하고 있다. 독서라는 행위에 몰두하고 있는 동안 우리는 의자 위에 앉은 자신의 몸무게를 느낄 수도 있고, 음악을 함께 들을 수도 있고, 가끔씩 눈을 들어 창밖을 힐끗 볼 수도 있다. 이 모든 정보들은 생각하는 뇌인 대뇌 신피질이 처리한다.

알파파

눈을 감고(감각 정보의 80퍼센트는 시각에서 온다) 의도적으로 마음속으로 들어가 보라. 환경으로부터 오는 감각 정보가 크게 줄어들었기 때문에, 신경계 안으로 들어오는 정보는 별로 없다. 뇌파는 자연스럽게 느려져서 알파파 상태가 된다. 몸은 이완된다. 우리는 외부 세계에서 점점 벗어나면서 내면 세계에 집중하기 시작한다. 생각하고 분석하는 마음이 줄어든다. 알파파 상태에서 뇌는 가벼운 명상 상태로 들어간다.(3부의 명상을 연습할 때 우리는 훨씬 깊은 알파파 상태에 들어가게 될 것이다.)

일상에서도 뇌는 큰 노력 없이 알파파 상태로 들어갈 수 있다. 예를 들면 새로운 뭔가를 배우고 있을 때 뇌는 보통 저베타파나 중베타파 범위에서 활동한다. 배우는 동안 우리는 메시지를 듣고 주어지는 개념들을 분석하는데, 이때 만약 충분히 들었거나 자신에게 흥미로운 무언가가 있으면 뇌는 자연스럽게 알파파 속으로 빠져 들어간다. 회백질 안으로 그 정보가 통합되고 있기 때문이다. 허공을 응시하면서 우리는 생각을 외부 세계에서보다 훨씬 현실감 있게 만든다. 이 일이 일어나는 순간 전두엽은 정보를 뇌 시스템에 연결해서, 마치 마술처럼 방금 배운 것을 기억할 수 있게 된다.

세타파

성인에게서 세타파는 몽롱한 상태나 의식이 뚜렷한 상태에서 나타난다. 어떤 사람들은 이러한 상태에서 자신이 반쯤 깨어 있고 반쯤 잠들어 있는(의식은 깨어 있고 몸은 어느 정도 잠들어 있는 상태) 것을 발견하기도 한다. 이때가 바로 최면 치료사가 잠재의식적 마음에 접속할 수 있는 순간이다. 세타파 상태에서는 의식적 마음과 잠재의식적 마음 사이에 장막이 없기 때문에 프로그램에 접근하기가 훨씬 쉽다.

델타파

성인들에게 델타파는 깊은 수면 상태를 의미한다. 이 영역에서는 의식적인 자각이 거의 없고 몸은 스스로를 회복한다.

지금까지의 개괄적인 설명이 말해주듯이 더 느린 뇌파 상태로 들어갈수록 우리는 잠재의식적 마음이라는 내면 세계 안으로 더 깊게 들어간다. 그 반대도 마찬가지다. 빠른 뇌파 상태가 될수록 우리는 더 의식적이 되어 외부 세계에 관여한다.

명상을 반복하면 이러한 마음의 영역들이 익숙해지기 시작할 것이다. 각각의 뇌파 패턴이 어떤 느낌인지도 잘 알아챌 수 있다. 또한 베타파 상태에서 분석이나 생각을 지나치게 하고 있는 때가 언제인지, 현재에 있지 못하고 과거의 감정에 빠져 있거나 뻔한 미래를 기대하고 있는 때가 언제인지도 관찰할 수 있다. 또 언제 우리가 알파파나 세타파 상태로 들어가고(그때 우리는 그 일관성을 느끼게 될 것이다) 거기서 벗어나게 되는지도 알 수 있게 된다.

뇌파

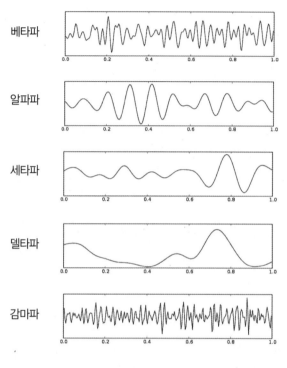

그림 8.3 성인에게 나타나는 뇌파의 패턴 비교

감마파: 가장 빠른 뇌파

40~100헤르츠 사이의 주파수를 나타내는 감마파는 가장 빠른 뇌파이다. 감마파는 이제까지 소개한 네 가지 뇌파와 비교해 더 압축적이고 진폭은 더 작다. 초당 사이클(헤르츠)이 고

베타파와 비슷하지만, 이 둘 사이에 정확한 상관 관계는 없다. 뇌 속에 일관성 있는 감마파의 활동량이 많아지면 행복, 연민, 심지어는 자각력의 향상과 같은 고양된 마음 상태와 연결된다. 이는 의식이 고조된 단계로서 '초월적인 지고至高의 체험'이라고 할 수 있다. 감마파는 의식의 변화를 통해 얻게 되는 부수적 효과이기도 하다.

베타파가 우리의 깨어 있는 시간을 지배한다

인간은 의식이 깨어 있는 낮 시간의 대부분을 외부 환경에 집중하며 베타파 상태로 보내는 만큼 이 베타파의 세 단계에 대해 알아보자.[2] 이를 이해하면 명상을 통해 베타파에서 알파파, 세타파로 옮겨가기가 더 쉬워진다.

저베타파

편안하게 어떤 것에 흥미로운 관심을 보이는 상태로, 13~15헤르츠의 범위에 해당한다. 책을 재미있게 읽고 있으며 그 내용이 친숙하다면 뇌는 저베타파로 발화되고 있을 것이다. 아무런 경계심 없이 꽤 집중하고 있기 때문이다.

중베타파

지속적인 외부 자극에 집중하고 있을 때 나타난다. 무언가를 배우는 것이 좋은 예이다. 저베타파 상태로 책을 재밌게 읽고 있는데 읽은 것을 가지고 테스트를 한다고 하면, 더 정신을 차리고 읽게 될 것이고 분석적 사고와 같은 대뇌 신피질 활동이 더 활발히 일어날 것이다. 중베타파는 16~22헤르츠의 범위를 보인다.

중베타파는(어느 정도까지는 저베타파도) 우리가 각성 상태에서 의식적 혹은 합리적으로 사고하고 있음을 보여준다. 이것은 대뇌 신피질이 모든 감각을 통해 외부 자극을 받아들이고 정보를 정리해 마음의 수준으로 만들어낸 결과이다. 이렇게 우리가 보고, 듣고, 맛보고, 느끼고, 냄새를 맡는 것에 집중하고 있는 동안 뇌는 매우 복잡하고 활발하게 작동한다.

고베타파

22~50헤르츠에 해당하는 뇌파이다. 고베타파는 몸에 해로운 생존 화학 물질이 만들어지는 스트레스 상황에서 관찰된다. 이처럼 고도로 각성된 상태로 집중을 지속하는 것은 무언가를 배우고, 만들고, 꿈꾸고, 문제를 해결하거나 치유할 때 나오는 집중의 형태와는 다르다. 고베타파 속에서 뇌는 과도하게 주의를 집중하게 된다. 마음이 너무 흥분하고 몸이 지나치게 자극을 받아 모든 질서가 무너져버린다. 고베타파는 무언가에 지나치게 집중을 하고 있어서 멈추기가 어려운 상태에서 나타난다.

고베타파는 스트레스와 불균형의 원인이다

비상 상황에서는 뇌 속에 상당한 양의 전기 활동이 요구된다. 자연은 인간에게 '투쟁 또는 도주' 반응을 선물했다. 이 덕분에 우리는 위험한 상황에서 재빨리 집중할 수 있다. 심장, 폐, 교감신경계의 강한 생리적 각성은 심리 상태에 극적인 변화를 가져와 우리의 인식, 행동, 태도, 감정을 모두 바꾸어놓는다. 이러한 집중은 보통의 집중과는 다르다. 모든 관심이 외부 환경으로 쏠리면서 마음은 강력한 집중 상태가 된다. 불안, 걱정, 분노, 고통, 괴로움, 절망, 두려움, 경쟁적인 마음 상태가 이 위기 상황 동안 지속적으로 고베타파를 만들어낸다.

이처럼 잠시 동안 좁은 범위에 강력하게 주의를 집중하는 것은 잘못된 일이 아니다. 단기적으로 봤을 때는 모든 생물에게 도움이 되는 일이다. 오히려 많은 것을 성취할 수 있는 능력을 주기 때문에 당면 문제를 잘 해결할 수 있다.

그러나 장기간 비상 상황 속에 있다면 고베타파로 인해 우리 몸은 균형이 깨지게 된다. 고베타파를 유지하기 위해서는 엄청난 양의 에너지가 필요하기 때문이다. 더군다나 고베타파는 가장 반응이 빠르고 불안정한 뇌파이다. 고베타파 상태가 만성적이고 통제 불가능한 것이 되면 뇌의 건강은 무너진다.

불행히도 대다수 사람들이 과도할 만큼 이 고베타파 상태로 살아간다. 그 결과 우리는 강박적이거나 충동적이고 불면증에 시달리며 만성 피로에 싸여 불안하거나 우울해한다. 또 온갖 목표를 달성하려 억지로 애를 쓰거나, 절망적으로 고통에 매달리다가 결국 무기력한 상태가 되기도 하고, 앞서가기 위해 경쟁하거나 자신이 처한 상황의 희생자가 되기도 한다.

고베타파가 지속되면 뇌가 무질서해진다

뇌는 몸의 모든 기관들을 통제하고 조정하는 중추신경계의 한 부분이다. 뇌는 심장의 박동을 유지시키고, 음식을 소화시키며, 면역 체계를 조절한다. 또 호흡을 유지시키고, 호르몬의 균형을 맞추고, 신진대사를 조절하며, 노폐물을 제거하는 일도 한다. 마음이 일관되고 질서가 잡혀 있는 한, 뇌에서 척수를 통해 몸으로 전달되는 메시지들은 동조된 신호를 발생시켜 균형 있고 건강한 몸을 만든다.

하지만 여전히 많은 사람들이 깨어 있는 시간을 고베타파 상태로 보낸다. 이들에게 모든 것은 비상 상황이다. 뇌는 계속해서 매우 빠른 사이클로 돌아가며 몸에 큰 부담을 준다. 이런 뇌파 속에서 사는 것은 기어를 1단에 놓고 힘껏 액셀러레이터를 밟는 것과 같다. 잠시 차를 세우고 기어를 바꿀 생각은 하지 않고 계속 밟아대는 것이다.

생존 모드에서 나오는 생각들을 계속 반복할 때 우리는 분노, 두려움, 슬픔, 걱정, 우울, 경쟁심, 공격성, 불안, 절망과 같은 감정에 사로잡히게 되고, 익숙한 느낌 안에서만 문제를 분석하려 들게 된다. 이는 생존에만 급급한 생각들을 더 많이 만들어낼 뿐이다. 생각만으로 스트레스 반응을 켤 수 있다는 사실을 기억하자. 생각하는 방식이 그 방식과 똑같은 뇌와 몸의 상태를 만들고, 이는 다시 뇌와 몸의 상태와 똑같은 생각을 하게 만든다. 자신의 꼬리를 물고 도는 뱀처럼 그 고리가 계속 순환하는 것이다.

장기적으로 고베타파가 지속되면 건강하지 못한 스트레스 화학 물질이 생겨나 마치 불협화음을 내는 오케스트라처럼 뇌의 균형이 깨진다. 뇌의 각 부분은 더 이상 다른 영역과 효과적으로 소통하지 못하고 따로따로 작동하며 서로 부딪치기도 한다. 스트레스 화학 물질이 생각하는 뇌인 신피질을 더욱 분열시킬 경우 다중 인격 장애를 지닌 사람처럼 행동할 수도 있다. 갑자기 여러 가지 인격을 동시에 경험하는 것이다.

뇌의 무질서하고 일관성 없는 신호들이 갖가지 불규칙한 전기화학적 메시지들을 중추 신경계를 통해 다른 생리 시스템들로 전달하면, 우리 몸은 항상성이 교란되고 균형이 깨져 질병이 들어설 자리가 만들어지게 된다. 그래서 오랫동안 고베타파 상태로 살면서 뇌의 기능이 망가지면, 심장은 충격을 받고(부정맥이나 고혈압에 이를 수 있다), 소화력은 떨어지며(소화불량, 역류 및 관련 질환에 이를 수 있다), 면역 기능은 약해진다.(감기, 알레르기, 암, 류머티스 관절염 등에 이를 수 있다.)

이 모든 결과는 외부 세계를 유일한 현실이라고 재확인시키는 스트레스 화학 물질과 고베타파로 인해 일관성을 잃은 불균형한 신경계에서 비롯한다.

고베타파가 지속되면 내면의 자아에 집중하기 힘들다

스트레스는 빅 쓰리에 중독되어 나타나는 결과물이다. 문제는 우리가 의식 상태에 있다는 사실이 아니라 고베타파 상태에서 우리의 초점이 거의 대부분 환경(사람, 물건, 장소), 몸("배고파" "난 너무 약해" "코가 잘생겼으면 좋겠어" "난 너무 살이 쪘어" 등등), 시간("서둘러, 시간이 다 되어가")에만 맞춰진다는 사실이다.

고베타파 상태에 있으면 외부 세계가 내면 세계보다 더 진짜처럼 보인다. 관심과 의식이 주로 외부 환경을 이루고 있는 것들에 초점을 맞추고 있다. 그래서 자신을 외부의 물질적인 요소들과 쉽게 동일시한다. 즉 우리는 자신이 알고 있는 모든 사람을 평가하고, 자기 몸이 어떻게 보이는지 판단하며, 자신이 지닌 문제점에 지나치게 집중한다. 또 자기가 가진 것들을 꼭 쥐고서 그것을 잃을까 두려워한다. 가야 할 곳은 많고, 시간은 부족하다. 그래서 진정으로 원하는 변화를 만들어내는 데 쓸 힘이 거의 없다. 내면으로 들어가서 생각, 행동, 감정을 관찰하고 살펴볼 수 있는 힘이 없는 것이다.

외부 세계에 지나치게 집착하면 내면의 현실에 초점을 맞추기가 힘들다. 좁은 초점의 경계 이상으로 마음을 열지 못하고, 해결책을 생각하기보다는 문제에 집착한다. 외부 세계를 놓아버리고 내면으로 들어가기가 왜 그렇게 힘이 들까? 고베타파 상태의 뇌는 알파파의 상상의 영역으로 기어를 바꿔 들어가기가 쉽지 않다. 뇌파 패턴이 외부 세계의 모든 요소들이 실재하는 것처럼 만들어 우리를 거기에 가둬놓기 때문이다.

고베타파 상태에 있을 때는 무언가를 배우기 힘들다. 우리가 경험 중인 감정과 다른 새로운 정보가 신경계 안으로 들어가는 일은 거의 없다. 지금 바쁘게 분석하고 있는 문제들은 그 분석중인 감정 속에서는 해결되지 않는다. 그 분석 작업이 더욱더 높은 고베타파들을 만들어내기 때문이다. 이런 고베타파 상태에서의 사고 작용은 우리 뇌를 과민 반응하게 만들고, 따라서 우리는 이성적으로 생각하기도 어렵고, 생각을 해도 명확하지가 않다.

얽매인 감정으로 인해 과거 속에서 생각하면, 다가올 순간 역시 과거에 기초해서 예상하게 되고, 결국 뇌는 현재 순간을 처리할 수 없다. 미지의 것이 들어설 여지가 없는 것이다. 이때 우리는 양자장과 분리되어 있다고 느끼고, 새로운 가능성은 생각조차 해볼 수 없다. 뇌는 창조적으로 작동하지 못하고 생존의 문제에 사로잡힌다. 떠오르는 건 최악의 시나리오들뿐이다. 다시 말하자면 그 비상 상황에 걸맞지 않은 정보가 시스템 속으로 들어오기는 어렵다. 모든 것이 위기라고 느낄 때 우리 뇌는 새 정보를 받아들이기보다 생존을 최우선순위로 둔다.

문제 해결의 열쇠는 지금 씨름하고 있는 감정이나 분석하고 있는 생각 너머에 있다. 그런 감정이나 생각은 우리를 과거에, 이미 알고 있는 익숙한 것들에만 계속 연결시킬 뿐이다. 문제를 해결하려면 익숙한 느낌들을 넘어서서 빅 쓰리를 향해 분산된 초점을 훨씬 질서정연한 사고 모드로 바꿔야 한다.

고베타파의 일관성 없는 신호가 분산된 생각을 만든다

고베타파 상태에서 환경, 몸, 시간의 감각 정보를 처리할 때는 다소 혼란이 생길 수 있다. 뇌 속에서 전기 자극이 일정한 양(초당 사이클)으로 일어난다는 사실과 함께 그 신호에 질이 있다는 사실을 이해하는 것이 중요하다. 일관성 있는 신호를 양자장 속으로 보내는 것이 의도하는 미래의 결과를 얻는 데 꼭 필요한 것임을 살펴보았듯이, 생각과 뇌파에도 이와 같은 일관성이 필수적이다.

우리가 베타파 상태에 있을 때는 언제든 빅 쓰리 중의 하나가 유독 더 관심을 끌 것이다. 늦을 것 같다는 생각을 하고 있으면 우리는 시간에 중점을 두고 있는 것이다. 이 생각은 대뇌 신피질을 통해 더 높은 주파수의 뇌파를 내보낸다. 물론 몸과 환경에도 대뇌 신피질을 통해 그와 연관된 전자기적 자극을 보낸다. 이 경우 몸과 환경에는 그보다 좀 낮은 주파수의 뇌파가 대뇌 신피질을 통해 보내지고 있을 것이다.

시간에 집중하는 뇌파는 이런 모습일 것이다.

환경에 집중하는 뇌파는 이런 모습일 것이다.

몸에 집중하는 뇌파는 이런 모습일 것이다.

빅 쓰리 모두에 동시에 집중하려고 해서 주의가 분산될 때는 다음과 같은 뇌파 패턴이 보일 것이다.

스트레스 상황에서의 위 세 가지 패턴은 모두 고베타파 상태의 일관성 없는 신호를 만들어낸다. 마지막 패턴은 생각이 흩뜨려져 있음을 보여준다.

우리가 환경, 몸, 시간이라는 세 가지 차원 모두에 접속되어 있을 때 뇌는 이들의 다양한 주파수와 뇌파 패턴을 통합시키려고 한다. 여기에는 엄청난 처리 시간과 공간이 필요하다. 이 가운데 한 가지에 대해서만이라도 집중하지 않는다면 뇌파 패턴이 훨씬 일관성 있게 나타날 것이고, 우리는 나머지를 훨씬 잘 처리할 것이다.

일관성 있는 신호와 일관성 없는 신호의 차이

일관성 있는 파동

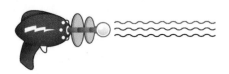

일관성 없는 파동

그림 8.4 첫 번째 그림의 에너지는 질서 있고 정돈되어 있으며 리드미컬하다. 에너지가 고도로 동조되고 패턴화되면 매우 강력해진다. 이렇게 하나로 움직이는 일관된 에너지 파동의 예가 바로 레이저 광선이다. 두 번째 그림의 에너지는 혼란스럽고 제멋대로 흩어져 있다. 이렇게 일관성 없고 약한 신호의 예로 백열전구의 빛을 들 수 있다.

분석이 아닌 자각, 잠재의식으로 통하는 문

베타파 상태에 있는지 아닌지 알 수 있는 방법이 있다. 무언가를 끊임없이 분석하고 있다면(나는 이것을 '분석적인 마음'이라 부른다) 우리는 베타파 속에 있는 것이다. 이때 우리는 잠재의식 속으로 들어갈 수가 없다.

'분석으로 인한 마비'라는 표현이 여기에 딱 들어맞는다. 이것이 삶의 대부분을 베타파 상태로 살아가는 사람들에게 일어나는 일이다. 베타파에서 벗어나는 유일한 시간은 잠을 자고 있을 때이다. 잠을 자는 동안은 델타파의 활동 범위 안에 있게 된다.

우리는 이제 이렇게 생각할지도 모른다. '하지만 당신은 우리가 자각을 해야 한다고 했잖아요. 우리의 생각과 느낌과 반응 패턴에 익숙해질 필요가 있다고 말이에요. 그건 분석을 하라는 말 아닌가요?'

자각awareness은 분석의 틀 밖에 존재한다. 우리가 자각 상태에 있을 때는 이렇게 생각할 것이다. '나는 화가 나.' 그러나 만약 분석을 하고 있다면 단순한 관찰을 넘어서서 그 뒤에 이렇게 덧붙일 것이다. '인터넷 페이지가 왜 이렇게 안 열리는 거야? 이런 형편없는 웹사이트는 누가 만들었어? 왜 지금처럼 급할 때면 늘 인터넷 연결이 늦어지는 거냐고!' 즉 여기에서 의미하는 자각이란 그냥 생각이나 느낌을 알아차리고(바라보고) 넘어가는 것이다.

명상의 작동 모델

지금까지 아이와 성인의 뇌파에 대한 기본적인 내용을 살펴보았다.

이를 염두에 두면서 명상 과정의 이해를 도와줄 작동 모델(다음에 나오는 다섯 개의 그림을 보라)을 살펴보자.[3]

우선 그림 8.5부터 보자. 아이들의 뇌파 패턴에 대한 연구 덕분에 우리는 태어날 때 완전히 잠재의식의 영역 속에 있다는 것을 알고 있다.

다음으로 그림 8.6을 보자. 플러스와 마이너스 부호는 자라나는 아이들의 마음이 어떻게 '긍정적·부정적인 동일시'와 '연결 짓기'(이것들이 습관과 행동을 낳는다)를 통해 학습되는지 보여준다.

여기에 긍정적 동일시의 예가 하나 있다. 젖먹이 아기는 배가 고프거나 불편하면 엄마의 관심을 얻기 위해 울음을 터뜨린다. 이때 부모가 아이에게 젖을 주거나 기저귀를 갈아주는 식으로 반응을 보이면 아기는 자신의 내면과 외부 세계 사이에 중요한 연결 고리를 만들게 된다. 아기가 젖을 먹거나 보살핌을 받는 것을 우는 것과 연결 짓는 법을 배우기까

초기의 마음

그림 8.5 원이 마음이라고 해보자. 막 태어났을 때 우리는 완전히 잠재의식적 마음 상태이다.

지는 단지 몇 번의 반복이면 된다.

부정적 연결 짓기의 좋은 예는 아기가 뜨거운 난로에 손을 갖다 댈 때이다. 아기는 외적으로 보이는 물건(여기서는 난로)과 내적으로 느끼는 고통을 동일시하는 법을 매우 빨리 배운다. 몇 번의 경험으로 아기는 중요한 교훈을 배우는 것이다.

두 가지 예를 통해 우리는 다음과 같은 사실을 알 수 있다. 아기가 몸 안에서 일어나는 화학적 변화를 알아차리는 순간, 뇌는 활기를 띠고 외부 환경의 무엇이 이러한 변화(그것이 즐거운 것이든 고통스런 것이든)를 일으켰는지 주의를 집중한다는 것이다. 이와 같은 동일시와 연결 짓기를 통해 많은 습관과 기술, 행동이 서서히 발달하기 시작한다.

6~7세 정도가 되면 뇌파가 알파파로 변화하면서 아이는 분석하거

자라나는 마음

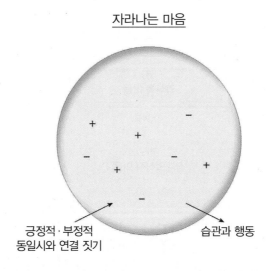

긍정적·부정적
동일시와 연결 짓기

습관과 행동

그림 8.6 우리는 내면 세계와 외부 세계 사이의 다양한 상호 작용을 감각을 통해 연결 지으면서 학습하기 시작한다.

나 비판하는 마음을 발달시킨다. 분석하는 마음은 보통 7~12세에 완성된다.

명상은 분석하는 마음 너머로 우리를 이끈다

그림 8.7에서 원의 위쪽을 가로지르는 선이 분석하는 마음analytical mind이다. 분석하는 마음은 의식적 마음과 잠재의식적 마음을 분리하는 장벽처럼 작용한다. 성인이 되면 이 비판적인 마음은 논리적으로 추론하고 평가하고 예상하고 예측하기를 좋아하며, 알고 있는 것과 새로 학습하고 있는 것을 비교하거나 익숙한 것과 낯선 것을 대조하기도 한다. 분석적인 마음은 우리가 의식적인 상태에 있을 때 항상 작동하며, 따라서 베타파 영역에서 기능한다.

분석하는 마음

그림 8.7 6~7세 사이에 분석하는 마음이 형성되기 시작한다. 이것은 의식적 마음과 잠재의식적 마음을 분리하는 장벽처럼 작용하며, 보통 7~12세에 발달을 마친다.

의식적 마음과 잠재의식적 마음

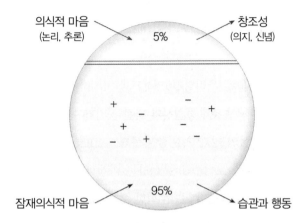

그림 8.8 전체 마음은 5퍼센트의 의식적 마음과 95퍼센트의 잠재의식적 마음으로 이루어진다. 의식적 마음은 주로 논리와 추론을 통해 작용하면서 의지, 신념faith, 창조 능력, 의도를 일으킨다. 잠재의식적 마음은 수많은 긍정적·부정적 동일시들로 이루어져 있으며, 습관, 행동, 기술, 믿음belief이 여기에서 일어난다.

명상: 분석하는 마음을 넘어서기

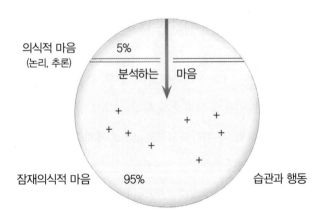

그림 8.9 명상의 주된 목표는 자기 파괴적인 습관, 행동, 믿음, 감정 반응, 태도, 무의식적인 존재 상태를 변화시키기 위해, 의식적 마음을 넘어 잠재의식적 마음으로 들어가는 것이다.

이제 그림 8.8을 보자. 분석하는 마음을 나타내는 선 위쪽에는 의식적 마음이 있다. 의식적 마음은 전체 마음의 5퍼센트에 해당한다. 이곳은 논리와 추론의 자리로, 우리의 의지, 신념faith, 의도, 창조 능력에 기여한다.

잠재의식적 마음은 우리의 95퍼센트를 차지하며, 여기에서 습관과 행동을 낳는 긍정적·부정적 동일시와 연결 짓기가 이루어진다.

그림 8.9는 명상의 가장 기본적인 목표(화살표로 표시), 즉 분석하는 마음을 넘어서는 것을 보여준다. 분석하는 마음에 갇혀 있으면 진정으로 변화할 수 없다. 과거의 자아를 분석할 수는 있지만, 오래된 프로그램을 삭제하고 새로운 프로그램을 설치하기는 불가능하다.

명상은 의식적 마음과 잠재의식적 마음 사이에 있는 문을 연다. 우리는 잠재의식의 작동 시스템 속으로 들어가 그곳에 있는 원치 않는 습관과 행동을 훨씬 생산적인 것으로 만들기 위해 명상을 한다.

명상은 베타파에서 알파파, 세타파로 우리를 이끈다

어떻게 하면 다른 뇌파 상태들에 접속해 몸, 환경, 시간에 연결되어 있던 데서 벗어날 수 있을지 살펴보자. 우리는 각성 상태에 있는 뇌와 몸의 높은 주파수를 훨씬 더 편안하고 질서 있고 체계적인 뇌파 패턴으로 자연스럽게 낮출 수 있다.

의식적으로 고베타파 상태를 알파파나 세타파 상태로 바꾸는 것이 가능하다는 말이다. 우리는 훈련을 통해 뇌파 상태를 조절할 수 있으며, 이로써 진정한 변화의 문을 열게 된다. 생존 모드의 반응을 연료로 먹고사는 습관적인 생각을 넘어서서 잠재의식적 마음의 영역으로 들어갈 수 있는 것이다.

명상중에 우리는 몸의 느낌을 초월하므로 환경에 휘둘리지 않고 시간 개념도 잊는다. 정체성으로서의 자신을 잊는다. 눈을 감고 있으면 외부 세계로부터 오는 정보가 줄어들고, 이에 대뇌 신피질도 생각을 줄이고 분석을 멈춘다. 그 결과 분석하는 마음이 차분해지기 시작하고 신피질 속의 전기 활동도 잠잠해진다.

이완된 상태로 편안하게 주의를 기울여 집중하면, 자동으로 전두엽이 활성화되어 신피질의 나머지 부위에서 일어나는 시냅스 발화가 감소한다. 시간과 공간을 처리하는 뇌 속 회로들의 볼륨을 낮추는 것이다. 이로써 뇌파는 자연스럽게 알파파로 낮춰진다. 우리는 생존 상태에서 훨씬 창조적인 상태로 옮겨가고, 뇌는 자연스럽게 질서 있고 일관성 있는 뇌파 패턴을 띠게 된다.

명상을 계속 연습하면 세타파 속으로 들어가게 된다. 이때 몸은 잠들어 있지만 마음은 깨어 있다. 잠재의식의 더욱 깊은 곳인 이 마법의 땅에서 우리는 부정적인 연결들을 긍정적인 연결들로 바꿀 수 있다.

다음의 사실을 기억하는 것이 중요하다. 만약 몸을 마음에 조건화시킨 상태이고 마음은 깨어 있지만 몸은 어느 정도 잠들어 있다면, 거기에는 더 이상 몸-마음에서 오는 저항은 없다고 할 수 있을 것이다. 세타파에서는 몸이 더 이상 마음을 지배하지 못한다. 우리는 자유롭게 꿈꾸고, 잠재의식 속 프로그램을 변화시킬 수 있으며, 아무런 방해도 받지 않고 창조할 수 있다.

몸이 마음을 지배하지 못하면 더 이상 주인 노릇을 할 수 없다. 이

때 우리는 진정한 힘의 영역 속에 있게 된다. 우리는 다시 어린아이처럼
되어 천국에 들어가는 것이다.

당신이 잠든 사이에

인간은 잠을 자는 동안 베타파, 알파파, 세타파, 델타파로 이
어지는 뇌파의 스펙트럼을 통과한다. 마찬가지로 아침에 잠에
서 깨어나면 자연스럽게 델타파, 세타파, 알파파, 베타파로 바뀌
며 의식이 돌아온다. 지하 세계로부터 정신을 차리고 돌아왔을
때 우리는 자신이 누구인지 떠올린다. 인생의 문제들, 옆에서 자
고 있는 사람, 소유하고 있는 집, 지금 사는 곳을 기억해 낸다.
이러한 연상 작용을 통해 베타파 상태로 돌아오면 평상시와 똑
같은 모습이 된다.

어떤 사람은 마치 빌딩 꼭대기에서 떨어지는 쇠공처럼 이 단
계를 매우 빨리 거쳐 내려간다. 그들의 몸은 너무도 지쳐 있어
서 잠재의식을 향해 사다리를 타고 내려가는 자연스러운 과정
이 너무나 빨리 진행된다.

또 어떤 사람들은 기어를 바꾸지 못해 잠으로 가는 사다리
를 자연스럽게 타고 내려가지 못한다. 이들은 중독적인 정신 및
감정 상태를 더욱 강화시키는 삶의 신호들에 완전히 사로잡혀
있다. 불면증 환자가 된 이들은 뇌를 화학적으로 바꾸고 몸을

진정시키기 위해서 약을 먹는다. 이러한 수면 장애는 모두 뇌와
마음이 일치하지 못해서 일어난다.

명상하기 좋은 시간

뇌는 주로 낮 시간 동안 깨어 있게 만드는 신경 전달 물질인 세로토
닌과 밤에 잠을 잘 수 있도록 이완시켜 주는 신경 전달 물질인 멜라토닌
을 번갈아가며 만들어낸다. 이에 따라 잠재의식적 마음으로 가는 문이
열리는 두 번의 시간대가 생기는데, 바로 밤에 잠자리에 들 때와 아침에
잠에서 깰 때이다. 그러므로 아침이나 저녁에 명상을 하는 것이 좋다. 이
때 알파파나 세타파 상태로 들어가기가 수월하기 때문이다.

나는 아침 일찍 일어나서 명상하는 것을 좋아한다. 여전히 꿈을 꾸
는 듯한 느낌으로 알파파 상태 속에 있기 때문이다. 나는 개인적으로 깨
끗한 백지 상태에서 무언가를 창조하는 것이 좋다.

늦은 저녁을 좋아하는 사람들도 있다. 그들은 낮 시간에 자신을 지
배하던 몸이 이제 너무 피곤해서 더 이상 마음 노릇을 하지 못한다는
걸 안다. 마음이 아직 깨어 있다면 우리는 알파파 단계를 길게 끌거나
세타파 상태까지 들어가려는 별다른 노력 없이도 창조적이 될 수 있다.

한낮에는 명상을 하기가 어려울 수 있다. 특히 바쁜 사무실에서 일
을 하거나, 집 안에 돌봐야 할 아이들이 있거나, 굉장한 집중력이 필요
한 활동에 참여하고 있다면 더욱 어려울 것이다. 활동 시간대에는 고베

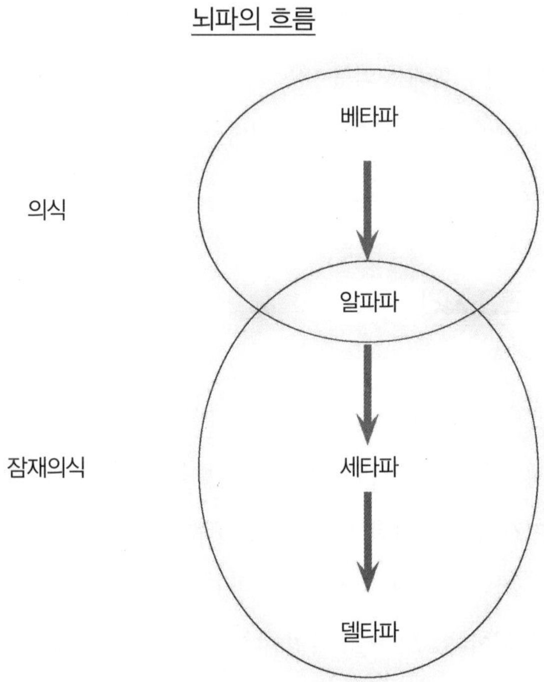

뇌파의 흐름

베타파

의식

알파파

잠재의식

세타파

델타파

그림 8.10 뇌파가 어떻게 가장 높고 빠른 활동 상태(베타파)에서 가장 낮고 느린 상태(델타파)로 움직이는지 보여준다. 알파파가 의식적 마음과 잠재의식적 마음 사이를 잇는 다리 역할을 하고 있음에 주목하라. 낮고 느린 뇌파일수록 잠재의식적 마음 속에 있고 높고 빠른 뇌파일수록 의식적 마음 속에 있다.

타파가 한창일 때이므로 잠재의식의 문으로 들어가는 데 더 많은 노력이 필요하다.

명상으로 들어가기

명상은 마음과 몸 그리고 뇌가 미래에 대한 기대 속이 아니라 현재에 머물도록 훈련시키는 일이다. 명상은 또 과거로부터 몸-마음의 닻을 끄집어 올려 날마다 똑같고 익숙한 삶에 매여 있게 만들던 감정들로부터 자유롭게 하는 것이기도 하다.

명상의 목적은 깃털처럼 천천히 그리고 꾸준하게 빌딩 꼭대기에서 아래로 내려오는 것이다. 우선 몸은 편안하게 긴장을 풀고 마음은 계속 집중을 유지한다. 최종 목표는 마음이 깨어 있거나 활동하고 있는 상태에서 몸을 잠들게 하는 것이다.

명상 과정을 살펴보자. 깨어 있는 의식으로 베타파 상태에 있다면 일단 바른 자세로 앉아 척추를 곧게 세운다. 눈을 감은 후 몇 차례 의식적인 호흡을 한 다음 내면으로 들어간다. 그러면 자연스럽게 교감신경계에서 부교감신경계로 넘어가게 된다. 생리적 기능은 비상 방어 체제(투쟁, 두려움, 도피)에서 장기적 재건을 위한 내부 방어 체제(성장과 회복)로 바뀐다. 몸이 편안해지면서 뇌파 패턴은 자연스레 알파파로 바뀌기 시작한다.

명상이 제대로 이루어졌다면 뇌파는 더 일관적이고 질서 있는 패턴으로 바뀔 것이다. 우리는 빅 쓰리에 집중하던 상태에서 '아무 몸도 아니고 아무 사물도 아니며 아무 시간에도 있지 않은' 상태로 옮겨갈 것이다. 이제 연결된 느낌, 온전하며 균형 잡힌 느낌이 느껴지며, 신뢰와 기쁨, 영감과 같은 건강하고 고양된 감정들을 경험한다.

일관성 있는 뇌파 상태

마음mind을 다양한 의식의 흐름을 처리하는 뇌의 활동 또는 활동 중인 뇌라고 한다면, 명상은 자연스럽게 훨씬 더 동조되고 일관된 마음의 상태를 만든다.[4]

그 반면 스트레스 상태에서는 뇌의 전기 활동이 마치 제멋대로 악기를 연주하는 오케스트라처럼 될 것이다. 마음은 리듬이 깨지고 균형을 잃으며 불협화음을 일으킨다.

우리의 임무는 멋진 연주를 하는 것이다. 자기 소리가 다른 소리보다 제일 크게 들려야 한다고 생각하는 이기적이고 무질서한 단원들을 포기하지 않고 끝까지 당신의 지휘에 맞춰 연주하도록 만든다고 할 때, 어느 순간엔가 그들이 당신을 리더로 받아들이고 한 팀으로서 조화롭게 연주하는 순간이 올 것이다.

이때가 바로 뇌파들이 동조되어 베타파에서 알파파, 세타파로 옮겨

일관된 뇌파와 비일관된 뇌파의 차이

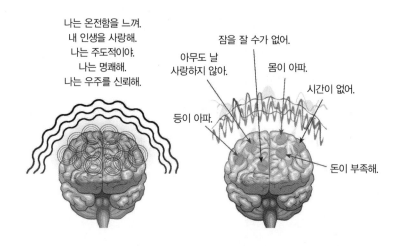

그림 8.11 왼쪽 뇌는 균형이 잡혀 있고 고도로 통합된 상태이다. 여러 영역들이 동조되어 있으며, 질서 잡히고 전체론적인 신경망을 형성하고 있다. 오른쪽 뇌는 무질서하고 불균형적이다. 다양한 영역들이 더 이상 한 팀으로 작동하지 못한다. 따라서 하나로 통합되어 있지 않은 불편한 상태이다.

가는 순간이다. 개별적인 회로망들이 질서 있게 소통하기 시작하며 더욱 일관된 마음 상태를 만든다. 의식은 편협하고 닫혀 있고 강박적이고 분리되고 생존에 매달리는 생각에서, 더 열려 있고 편안하고 전체적이고 현존하고 질서정연하고 창조적이며 단순한 생각들로 바뀐다. 이것이 원래 우리가 살아가게 되어 있는 자연스러운 존재 상태이다.

그림 8.11에서 뇌가 조화롭게 작동하고 있는 상태, 즉 일관성 또는 동조synchrony라고 불리는 상태를 볼 수 있다.

일관성 있는 뇌가 몸을 치유한다

질서정연하게 동조된 새로운 신호가 뇌에서 몸으로 전달되면 항상성이 생겨난다. 심혈관계, 소화계, 면역계 등이 모두 일관성을 띠게 되는 것이다. 신경계가 재조정되면 생존을 위해 쓰이던 엄청난 에너지가 창조를 위해 쓰이게 된다. 그리고 몸이 치유되기 시작한다.

나의 강연에 참석한 사람 중에 호세Jose라는 남자가 있었다. 그는 내게 자신이 이십대였을 때 처음 명상을 하면서 겪은 이야기를 들려주었다. 그 당시 그의 왼쪽 손에는 콩알만 한 크기의 사마귀가 열 개나 있었다. 그는 너무 창피해서 항상 주머니 속에 왼손을 넣어 숨기고 다녔다.

그러던 어느 날 누군가가 명상에 관한 책을 한 권 건네주었다. 그 책은 그저 호흡에 집중하고 마음이 몸의 장벽을 넘어 확장되도록 하라는 내용이었다. 어느 날 밤 그는 그 명상을 한번 해보기로 결심했다. 순식간에 그는 그동안 지나친 집착으로 위축돼 있던 상태에서 벗어나 확장되고 열린 집중 상태로 옮겨갔다. 익숙한 성격에서 벗어나 그 뻔한 생각과 느낌이 아닌 다른 무언가가 되었다. 시도 때도 없이 나오던 습관적인 생각의 패턴에서 나와 자아가 확장되는 경험을 한 것이다. 이 일이 일어나고 무언가가 바뀌었다.

다음날 아침 잠에서 깨어보니 사마귀 열 개가 모두 사라지고 없었다! 너무 놀라고 기쁘면서도 어떤 영문인지 알고 싶어 사방을 살펴보았지만 아무것도 없었다. 그는 사마귀가 모두 어디로 사라졌는지 알 수 없었다고 했다. 나는 그에게 몸 안의 질서를 유지하는 우주 지성이 자연스럽게 자기 일을 한 것뿐일 거라고 말했다. 마음에 일관성이 커진 만큼 그것을 반영한 더 큰 질서를 창조한 것 말이다. 그의 새롭고 주관적이며 일관된 마음이 객관적이고 일관된 상위의 마음과 연결되자 그 안의 엄청난 힘이 그를 치유한 것이다.

이 모든 일은 그가 늘 하던 태도에서 벗어나 아무 몸도 아니고 아무 사물도 아니며 아무 시간에도 있지 않게 되었을 때, 다시 말해 그의 초점이 무질서에서 질서로, 생존에서 창조로, 위축에서 확장으로, 비일관성에서 일관성으로 바뀌었을 때 일어났다. 그때 무한한 의식이 몸속의 질서를 회복시켰고 그는 치유된 것이다.

새로운 나로 행동하기

나는 강연 참가자들에게 인생을 변화시킨 놀라운 이야기가 있다면 공유해 달라고 자주 부탁한다. 최근에 캐나다 퀘벡 주 몬트리올에서 온 모니크Monique라는 한 치료사가 자신의 놀라운 경험을 들려주었다.

성인이 되고부터 그녀는 삶의 대부분을 무의식적으로 결핍감을 느끼며 살아왔다. 돈이 충분하지 않았고, 에너지가 충분하지 않았고, 원하는 것들을 할 수 있는 시간도 충분하지 않았다. 더욱이나 그 무렵 그녀는 난관을 겪고 있었다. 사무실 임대료는 껑충 뛰어올랐고, 아들을 원하는 대학에 보낼 여유가 없었다. 경제 불황으로 고객들은 발길을 끊었고, 고장 난 세탁기를 바꿀 돈도 없었다.

어느 날 그녀는 여러분이 이 책에서 곧 배우게 될 명상을 하던 중에 자신이 살아오면서 한 선택들을 되짚어보았다. 더 이상 과거와 똑같이 살 수는 없겠다는 생각이 들었다. 잔뜩 웅크린 채로 가짜 긍정만 하고 있을 수만은 없었다. 그녀는 자신이 늘 결핍감의 시각으로 시간 부족, 돈 부족, 에너지 부족을 탓해왔다는 걸 깨달았다. 그런 존재 상태를 스스로에게 기억시켰고, 결핍감이 그녀의 자아가 된 것이다. 전형적인 무력감이었다. 그녀는 무엇이든지 될 대로 되라는 태도로 일관했다. 공교롭게도 그녀의 직업은 고객들이 바로 이런 성격을 털고 나와 주도적으로 행동하고 부정적으로 반응하지 않도록 돕는 일이었다.

모니크는 마음을 단단히 먹고 자신의 성격을 변화시키기로 결심했다. 인생이 더 이상 자신을 짓밟게 놔두지 않을 것이라고, 이런저런 일들이 자신에게 그냥 일어나도록 허락하지 않겠다고 다짐했다.

다음으로 자신이 어떤 사람이 되고 싶은지, 어떤 방식으로 생각하고 싶은지, 어떻게 느끼고 싶은지 원칙을 세웠다. 스스로를 에너지, 시간, 돈이 모두 풍부하고 여유 있는 선택을 하는 사람이라고 상상했다. 가장 중요한 점은 이런 사람이 되겠다는 목표가 명확하고 확고했다는 것이다. 그녀는 자신이 더 이상 어떤 사람이 되고 싶지 않은지 확실히 알았다. 그러자 새로운 자아라면 어떻게 생각하고 느끼고 행동할지에 대한 명확한 계획을 가질 수 있었다.

새로운 현실에 대한 분명한 의도를 갖고 강한 결심을 할 때 그 분명함과 일관성에 맞는 감정이 만들어진다. 그 결과 내부의 화학 물질이 바뀌고 신경 구조가 바뀐다. 과거의 시냅스 연결을 쳐내고 새로운 연결을 만들었기 때문이다. 심지어 유전자도 다르게 나타날 수 있다.

모니크는 돈이 많고 에너지가 넘치며 모든 필요가 충족된 사람의 시각으로 삶을 살기 시작했다. 멋진 기분이었다. 분명 걱정거리였던 모든 문제들이 사라진 것은 아니었지만, 새로운 사고방식으로 사는 데 점점 더 능숙해졌다.

확고한 결심을 한 뒤로 몇 주가 지나 그녀는 그날의 마지막 고객과 작업을 하고 있었다. 프랑스에서 자란 이 여자 고객은 옛날에 부모님이 매달 복권을 구입하던 추억을 떠올렸다. 이 여성은 요즘도 계속 복권을 산다고 했다.

그날 저녁 집으로 가는 길, 모니크는 복권 이야기는 잊고 있었다. 그녀는 복권을 사본 적도 없었다. 넉넉지 않은 재정 상태를 생각하면 그런 지출은 바보 같은 짓이었다. 주유를 하기 위해 주유소에 차를 잠시 세우고 가게 안으로 들어갔는데, 카운터 위에 갖가지 종류의 복권이 놓여 있었다. 풍요로움 속에 있는 새로운 자신이라면 내기를 해볼 여유도 있겠다 싶어 그녀는 충동적으로 복권을 샀다.

저녁 식사거리를 사러 동네 피자 가게에 들렀다가 집에 도착했을 무렵에는 복권을 샀다는 사실조차 까맣게 잊어버렸다. 피자 상자를 들자 기름기 묻은 상자에 복권이 달라붙어 있었다. 조수석에도 기름 얼룩이 보였다. 그녀는 피자를 식탁에 올려놓고 그 옆에 복권도 함께 놓았다.

가족들에게는 차 안의 얼룩을 지우러 다녀올 테니 먼저 식사하고 있으라고 했다. 모니크가 얼룩을 씻어내고 있는데 남편이 뛰어나오며 말했다.

"믿지 못할 거야! 복권이 당첨됐어!"

당신은 기억할 것이다. 양자장은 아무도 예상치 못한 방식으로 응답한다는 사실을 말이다. 아마 당신은 이렇게 생각할지도 모른다. '그녀는 분명 수백만 달러짜리 복권에 당첨되어 이제 행복하게 잘살았을 거야.'

꼭 그렇지는 않았다.

모니크는 5만 3천 달러짜리 복권에 당첨되었다. 그녀는 행복했을까? 놀랐다는 표현이 더 맞을 것이다. 이 부부에게는 신용카드 대금과 자동차 구입 대출금으로 정확히 그만큼의 빚이 있었으니까 말이다.

모니크는 이 이야기를 하면서 다시 흥분했다. 그리고 약간 장난스럽게 다음번에는 좀 더 많이 바라기로 했다고 말했다.

모니크 이야기는 새로운 존재 상태를 창조하는 힘이 어떻게 작용하는지 보여준다. 그녀는 단지 자신이 새로운 사람이 되었다고 상상만 한 것이 아니다. 그 새로운 자신을 행동으로 옮겨야 했다. 예전의 모니크라면 복권을 사지 않았을 것이다. 새로운 성격의 그녀는 목적에 맞게 행동을 했고, 양자장은 전혀 예상치 못한, 그러나 완벽한 방식으로 응답했다.

기회를 잡고 다르게 행동하는 새로운 성격을 발달시킨 덕분에 그녀는 인생에서 더 나은 결과를 경험했다. 성격personality이 달라지자 개인적 현실personal reality이 바뀌었다.

물론 삶을 바꾸기 위해 복권을 살 필요는 없다. 하지만 예전의 자아로 살지 않겠다는 결심은 해야 한다. 무의식적 프로그램이 있는 작동 시스템 속으로 들어가 새로운 자아를 위한 명확한 설계도를 만들어야 한다.

일관성 있는 뇌

이번 장을 마무리 짓기 전에 《꿈을 이룬 사람들의 뇌》에서 다뤘던, 위스콘신 대학교에서 스님들을 대상으로 연구한 내용을 한 번 더 언급하고 싶다. 이 '슈퍼 명상가들'은 보통 사람들이 할 수 있는 것보다 훨씬 일관된 뇌파 상태로 들어갈 수 있었다. 그들이 자애심과 자비심을 떠올리며 명상할 때 나오는 신호의 일관성은 보통 수준을 훨씬 뛰어넘는 것이었다.

매일 아침 연구 센터에서 스님들이 명상을 하고 있으면 연구자들은 그들의 뇌파 활동을 모니터링했다. 명상을 마치면 학교로 가거나 시내에 있는 박물관에 가거나 가게에 들르는 등 그들이 원하는 일을 하도록 했다. 연구 센터에 돌아오면 그들은 곧바로 다시 한 번 뇌파 검사를 받았다. 놀라운 것은 하루 종일 명상을 계속하지도 않았고, 외부 세계가 주는 일관성 없고 혼란스러운 신호들을 받고 돌아왔음에도 불구하고, 스님들은 명상중에 보였던 일관된 뇌파 패턴을 유지하고 있었다는 것이다.[5]

외부 세계의 온갖 혼란스러운 자극들에 맞닥뜨리면 우리는 대부분 생존 모드 속으로 들어가 스트레스성 화학 물질을 생성해 낸다. 이러한 스트레스 반응은 뇌파를 뒤범벅으로 만드는 교란자와 같다. 우리의 목표는 스님과 같은 명상가의 뇌를 갖는 것이다. 일관된 신호 패턴, 즉 동조

270

된 뇌파를 날마다 만들어낼 수 있다면, 이런 신호의 일관성이 실제로 눈에 보이는 무언가로 나타나는 것을 보게 될 것이다.

그 스님들처럼 내적인 일관성을 반복해서 만들어낼 수 있다면, 우리도 외부 환경의 파괴적 자극들이 주는 자기 제한적인 결과로 고통받지도 않을 것이고, 그토록 바꾸고 싶어 하던 과거의 익숙한 자아로 되돌아가지도 않을 것이다.

꾸준한 명상을 통해 우리 안에 일관성을 만들어내면, 우리 몸을 괴롭히는 수많은 부정적 신체 조건들을 없앨 수 있을 뿐 아니라 마음속에 그려온 이상적인 자아를 향해 나아갈 수도 있다. 내부의 일관성은 부정적인 반응이 만들어낸 부정적인 행동, 생각, 느낌을 기억에서 지울 수 있게 해준다.

우리가 중립적인 텅 빈 상태에 도달하기만 하면 자비심이나 순수한 기쁨, 사랑, 감사와 같은 고양된 감정을 끌어오기가 훨씬 쉬워진다. 그러한 감정들 자체가 이미 매우 일관성 있는 감정이기 때문이다. 명상을 하면서 이러한 순수함이 반영된 뇌파 상태에 이르면 우리는 한때 자기 제한적 감정 상태를 만들던 몸, 환경, 시간을 극복할 수 있다. 그것들은 더이상 우리를 지배하지 못한다. 이제는 우리가 그것들을 지배한다.

이제 명상을 위한 준비는 끝났다

이제 왜 명상을 하고 어떻게 명상을 하는지 이에 필요한 지식은 충분히 갖추었다. 지식이 경험을 이끈다는 사실을 기억하자. 당신이 읽은 모든 정보들을 통해 당신은 실제 경험을 위한 준비를 마쳤다. 명상하는 법을 배워서 실천하면 어떤 반응이 오기 시작할 것이다. 다음 장에서는 명상을 실제로 연습하는 방법을 배우게 된다. 그러면 삶의 어떤 부분에서건 주목할 만한 변화가 시작될 것이다.

많은 등산가들이 워싱턴 주의 레이니어Rainier 산(해발 4,392미터)을 오를 때 파라다이스 잭슨 방문센터(해발 1,645미터)에 차를 맡겨두고 첫 번째로 뮤어 캠프(해발 3,072미터)를 향해 트레킹을 시작한다. 그들은 베이스캠프에 도착해서 자신이 지나온 땅을 돌아보며, 하이킹을 준비하고 경험하면서 배운 것이 무엇인지 생각하는 시간을 갖는다. 추가적인 훈련도 하면서 하룻밤을 쉰다. 이러한 전체적인 개관이 레이니어 산의 위풍당당한 정상을 향해 산행을 계속해 가는 데 중요한 역할을 한다.

이제까지 배운 지식 덕분에 우리는 이 지점에 이르렀다. 이제 그 지식을 실제로 적용할 때이다. 이제 곧 들어갈 3부에서 우리 마음을 변화시키는 기술들을 잘 익힌다면 우리는 결국 삶을 변화시킬 수 있을 것이다.

잠시 멈추고 1부와 2부에서 얻은 것들을 마음속으로 한번 돌아보라. 그리고 중요하다고 느껴지는 부분은 다시 살펴보라. 이제 자신만의 정상을 향해 명상 여정을 떠날 최종 준비를 마쳤다.

3부

새로운 운명을 향해
나아가기

9장

새로운 내가 되는 명상
(준비)

명상의 주요 목적은 환경, 몸, 시간에 대한 관심을 멈추고 내가 무엇을 의도하고 무엇을 생각하는지에 관심을 집중하는 것이다. 그러면 외부 세계와 상관없이 내면 상태를 변화시킬 수 있다. 명상은 분석하는 마음을 넘어서서 잠재의식적 마음에 접속하게 하는 수단이다. 잠재의식은 변화시키고자 하는 나쁜 습관과 행동이 머물고 있는 곳이기 때문에 이 잠재의식적 마음에 들어가는 것은 매우 중요하다.

명상의 기초

3부에서 소개하는 명상의 단계별 방법들을 이해하고 실행한다면, 삶에서 변화시키고자 하는 어떤 것을 가지고도 명상 작업을 할 수 있다. 변화를 위한 단계를 밟아나가면서 우리는 자신이 된 습관을 쳐내는데, 이는 새로운 미래에 맞는 새로운 마음을 창조하기 위한 것이다. 명상을 할 때 우리는 의식 속에 있는 나를 잊어버리고, 그동안 알고 있던 현실로부터 분리되어야 한다. 또한 과거의 자아로 자신을 규정짓는 생각과 느낌에서 완전히 벗어나야 한다.

처음에는 이 과정이 불안하고 불편하게 느껴질 수 있다. 그래도 괜찮다. 마음이 되어버린 우리 몸이 새로운 훈련 과정에 저항하는 것일 뿐이다. 이 점을 이해하고, 먼저 긴장을 풀어라. 각 단계는 이해하기 쉽고 따라하기도 간단하게 구성되었다. 나는 하루 중 명상 시간을 제일 기다린다. 명상 속에서 질서와 평화, 명료함, 영감을 발견하기 때문이다. 단 하루도 명상을 빼먹는 일은 없다. 이러한 수준에 이르기까지는 얼마간의 시간이 걸렸다. 여러분도 부디 인내심을 가지고 명상에 임하길 바란다.

작은 단계들을 하나의 자연스런 습관으로 만들기

높은 집중력으로 반복적으로 연습하면서 무언가 새로운 것을 배울 때에는 대개 작은 것부터 시작했을 것이다. 그래야 나중의 복잡한 과정에 당황하지 않고 집중할 수 있기 때문이다. 물론 어떤 노력이든 그것의 최종 목표는 배운 것을 잘 기억해서 자연스럽게, 힘들이지 않고, 잠재의식적으로 실행하는 것이다. 새로운 기술을 하나의 습관으로 만드는 것이다.

반복을 통해 한 번에 하나씩 작은 과제나 과정을 완수하고서 다음 단계로 옮겨간다면 새로운 기술을 이해하고 실행하기가 쉬워진다. 시간이 가면서 각각의 단계를 한 데 엮어 하나의 과정으로 통합시킬 수 있다. 제대로만 한다면 모든 단계가 쉽고 자연스러운 움직임처럼 보일 것이고, 의도하는 결과를 만들어낼 수 있을 것이다. 이것이 처음 명상을 배워나갈 때 가져야 할 목표이다.

처음 골프 치는 법을 배울 때 의도한 동작을 하기 위해서는 머릿속에서 수많은 지시 사항을 처리해야 한다. 공을 치려고 준비하고 있으면 친구가 소리친다. "머리를 숙여! 무릎은 구부리고! 어깨는 똑바로 펴고 등은 세워! 팔 앞쪽을 곧게 뻗고 손엔 힘을 빼! 무게 중심을 이동시키면서 스윙해! 공의 뒷부분을 치고, 그 공을 따라가듯이 팔을 끝까지 돌리라고!" 그리고 내가 가장 좋아하는 말이 나온다. "긴장 풀어!"

친구의 지시 사항은 초보인 당신을 정신없게 만들 수도 있다. 그렇지만 체계적인 순서에 따라 한 번에 하나씩 훈련하면 된다. 머지않아 스윙 동작은 전체가 하나의 움직임처럼 보일 것이다.

이와 비슷하게, 당신이 만약 프랑스 요리를 배우려고 한다면 요리법의 각 단계를 하나씩 따라할 것이다. 그 과정을 충분히 연습하면 각 단계를 하나로 쭉 이어서 요리할 수 있는 순간이 온다. 지시 사항을 몸-마음 속에 통합시키면 마침내 빠른 시간에 음식을 만들 수 있다. '생각하기'에서 '행동하기'로 간 것이다. 마음뿐만 아니라 몸도 우리가 하고 있는 행동을 기억한다. 이것이 '절차 기억procedural memory'이다. 어떤 행동을 충분히 오래 반복하면 일어나는 현상이다. 어떻게 하면 되는지 안다는 사실을 알기 시작한다.

명상의 신경망 만들기

많은 지식을 가지고 있을수록 새로운 경험을 위한 준비를 더 잘할 수 있다. 앞으로 연습할 모든 명상 단계는 앞서 배운 내용에 근거하여 설명될 것이다. 각 단계는 추측이 아니라 과학과 철학에 그 기반을 두고 있다. 이 과정은 기억하기 쉽도록 특별한 순서로 짜여졌다.

'새로운 내가 되는 명상'은 4주 프로그램이지만, 익숙해질 때까지 필요한 만큼 시간을 가지고 각 단계를 연습하길 바란다. 자신에게 편안하고 부담스럽지 않을 정도의 속도가 가장 좋다.

모든 명상 과정은 앞서 배운 단계들을 하는 것으로 시작하며, 그런 다음 그 주에 할 새로운 내용을 연습한다. 몇몇 단계는 함께 배울 때 더욱 효과적이라서 한 주에 두 개 이상의 새로운 단계를 연습해야 하는 경우도 있다. 다음 단계로 넘어가기 전, 새로 배운 명상 단계를 적어도 한 주 이상 연습할 것을 권한다. 몇 주가 지나면 명상을 위한 신경망이 꽤 구축될 것이다.

충분한 시간을 갖고 기초를 잘 다지길 바란다. 이미 명상 경험이 있어서 한 번에 더 많은 양을 하고 싶다면 그것도 괜찮다. 다만 모든 지시

'새로운 내가 되는 명상' 4주 프로그램

1주차(10장)	2주차(11장)
1단계 **유도하기 연습**	1단계 **연습하기**
	2단계 **알아차리기**
	3단계 **인정하기** **선언하기**
	4단계 **내맡기기**

3주차(12장)	4주차(13장)
1~4단계 **연습하기**	1~6단계 **연습하기**
5단계 **관찰하기** **기억하기**	7단계 **창조하기** **머릿속 시연하기**
6단계 **전환하기**	

사항을 잘 따라야 한다.

생각이 외부의 자극에 흔들리지 않으면서 하고 있는 일에 집중할 수 있다면 몸과 마음이 일치된 상태에 이른 것이다. "함께 활성화된 신경세포들은 서로 연결이 강화된다"는 '헵의 법칙' 덕분에 우리는 새로운 기술을 훨씬 수월하게 익힐 수 있다. 학습, 집중, 연습이라는 재료가 당신의 의도를 반영하기 위해 그와 관련된 신경망을 발달시킬 것이다.

'새로운 내가 되는 명상'을 위한 준비

기본 준비하기

1. 내면 일기 쓰기

명상 과정과는 별도로 각 단계들에 대한 설명문이 나오는데, 가끔씩 '내면 일기 쓰기'라는 제목 아래 질문이나 지시문이 함께 나올 것이다. 쓰기 편한 노트를 한 권 준비하여 답변을 적어보고, 매일 명상 속으로 들어가기 전에 다시 한 번 읽어보라. 이렇게 글로 표현된 생각들은 잠재의식에 접속하게 해줄 하나의 지도가 된다.

2. 명상 유도문 듣기

처음 명상을 익힐 때는 명상 유도문을 들으면서 하고 싶을 수도 있다. 명상 유도문을 통해 명상에서 사용하는 유도 기술을 배우면 일관성이 매우 큰 알파파 상태로 들어갈 수 있다. 더불어 각 주마다 배우게 될 단계들도 명상 유도문을 따라가며 익힐 수 있도록 했다.

명상 유도문 안내

명상 유도문의 대본이 이 책의 부록으로 포함되어 있다.(www. drjoedispenza.com에서 이 명상 유도문이 녹음된 MP3나 CD를 구입할 수 있다.) 그 대본을 순서를 기억할 수 있을 때까지 반복해서 읽거나 별도의 녹음 장치에 직접 음성 녹음을 해서 듣는다.

부록 A와 B는 두 가지의 명상 유도문 대본이다.

부록 C는 3부에서 배우게 될 모든 단계를 포함하는 전체 대본이다. 부록 C를 이용하려면 이전에 배운 단계에서 시작하여 그 주에 해당하는 명상 과정을 붙여나가면 된다.

환경 준비하기

1. 장소

앞에서 당신은 자신이 된 습관을 깨는 데 있어 환경을 넘어서는 것이 얼마나 중요한 일인지 배웠다. 명상에 방해되는 것을 최소화한 환경을 찾는 것은 빅 쓰리의 첫 번째인 환경을 넘어서는 좋은 방법이다.(몸과 시간을 극복하는 것 역시 곧 다루게 될 것이다.) 먼저 외부 세계의 유혹이 없고 혼자 편안히 있을 수 있으며 쉽게 접근할 수 있는 한적한 장소를 찾는다.

그리고 매일 그곳에 가서 그곳을 자신만의 특별한 장소로 만든다. 이렇게 환경을 만들어놓으면 그곳과 강한 연결이 형성될 것이다. 그곳은 산만한 에고를 길들이고, 과거의 자아를 극복하며, 새로운 자아를 창조하여, 새로운 운명을 만들어나가는 상징적인 장소가 될 것이다. 머잖아 당신은 그곳에 머무는 걸 아주 좋아하게 될 것이다.

한 워크숍 참가자는 내게 명상할 때마다 잠이 든다고 했다. 다음은 그녀와 내가 나눈 대화이다.

"명상 연습을 어디에서 하나요?"

"침대에서요."

"연결 짓기 원리로 말한다면 침대와 잠을 뭐라고 할 수 있을까요?"

"제 안에서는 침대와 잠이 하나로 연결되어 있네요."

"매일 밤 침대에서 잠자는 것을 반복의 원리로 표현한다면 뭐라고 할 수 있을까요?"

"밤마다 똑같은 장소에서 잠을 자면서 저는 침대와 잠 사이의 연결을 행동으로 고정시키는 거겠죠."

"신경망이 연결의 원리와 반복의 원리의 결합으로 형성되는 것이라면, 당신은 '침대는 잠을 의미한다'는 신경망을 만든 거라고 할 수 있어요. 신경망은 매일 무의식적으로 사용하는 자동 프로그램이기 때문에, 침대에 있을 때 당신의 몸(마음이 된 몸)이 자동적·무의식적으로 잠에 빠져들라고 명령을 한 거죠."

"그렇군요! 저에겐 명상을 위해 더 좋은 장소가 필요하겠어요!"

나는 그녀에게 명상할 때 단지 침대에서 나오는 정도가 아니라 침실에서 떨어진 다른 장소를 찾아보라고 조언했다. 새로운 신경망을 만들고 싶다면 성장과 재탄생, 그리고 새로운 미래를 상징하는 환경에서 명상 연습을 하는 것이 좋다.

하지만 이 장소를 명상을 '해야 하는' 고문실로 여기게 되지 않길 바란다. 그런 태도는 그간의 노력을 소용없게 만들 수도 있다.

2. 방해물 제거하기

다른 사람이나 애완동물이 방해하거나 주의를 산만하게 만들지 않도록 한다. 과거의 성격으로 돌아가게 하거나 외부 세계, 특히 익숙한 환경 요소들을 떠올리게 하는 감각 자극물을 모두 제거한다. 휴대 전화와 컴퓨터를 끈다. 쉽지 않겠지만 전화와 문자, 메시지, 이메일 같은 것은 나중에 확인해도 된다. 커피나 요리중인 음식의 향이 명상 장소에 퍼지지 않게 한다. 방을 편안한 온도로 맞추고 바람이 들어오지 않도록 한다. 나는 보통 눈가리개를 쓴다.

3. 음악

마음을 어지럽히는 음악이 아니면 도움이 될 수 있다. 음악을 듣는다면, 부드럽고 편안하거나 무아지경을 유도하는 연주곡 또는 가사가 없는 음악을 듣는다. 음악을 듣지 않을 때는 귀마개를 사용해도 좋다.

몸 준비하기

1. 자세

곧은 자세로 앉는다. 등은 완전히 세우고, 목도 바로 세운다. 팔과 다리는 움직이지 않고, 몸에 힘을 뺀다. 등받이가 뒤로 넘어가는 안락의자를 사용하면 잠들기 쉬우므로 일반 의자에 앉되, 팔과 다리를 꼬지 않고 똑바로 앉는 자세가 가장 좋다. 바닥에 앉아서 양반다리를 하는 것이 편하다면 그것도 좋다.

2. 신체 방해물 제거하기

몸에 신경 쓸 일이 없어야 한다. 그래야 몸에 아무 관심도 두지 않고 집중할 수 있다. 화장실에 미리 다녀오고, 옷은 편안한 것으로 갈아입고, 시계는 풀어놓으며, 물을 조금 마시고 남은 물은 가까이에 둔다. 시작하기 전에 허기가 느껴진다면 배를 조금 채우는 것도 좋다.

3. 점점 숙여지는 머리

명상중에 일어날 수 있는 일을 언급하고 넘어가야겠다. 몸을 똑바로 세우고 앉아 있다가 마치 곧 잠에 빠질 것처럼 머리가 숙여질 때가 있다. 알파파 및 세타파 상태로 들어가고 있다는 증거이니만큼 이것은 좋은 신호이다.

뇌파가 느려지면 몸은 처져서 누우려고 한다. 따라서 이렇게 갑자기 머리가 숙여진다면 몸이 잠들고 싶어 한다는 뜻이다. 명상 연습을 계속 하다 보면 똑바로 앉아 있으면서도 뇌 활동이 느려지는 데 익숙해질 것이다. 나중에는 머리가 숙여지는 현상도 멈추고 몸도 잠에 빠지지 않게 된다.

명상 시간 만들기

1. 명상하기 좋은 시간

잠재의식적 마음에 접속하기에 가장 좋은 때는 아침에 일어난 직후이거나 밤에 잠들기 직전이다. 이 두 시간대에 우리는 알파파나 세타파 상태에 훨씬 쉽게 들어갈 수 있다. 나는 매일 아침 비슷한 시간에 명상을 한다. 열의를 가지고 두 시간대에 모두 명상을 하고 싶다면 도전해도 좋다. 하지만 이제 막 명상을 시작하는 사람들이라면 하루에 한 번이 적당하다.

2. 명상에 걸리는 시간

명상을 시작하기 전, 잠시 그날 연습할 단계와 관련해서 자신이 써 놓은 글을 훑어보는 시간을 갖는 것이 좋다. 자신이 쓴 글을 곧 시작할 여정의 지도라고 생각하라. 명상 속으로 들어가기 전에 지금부터 하려는 것이 무엇인지 환기하기 위해서 본문 내용을 다시 한 번 읽어보는 것도 도움이 된다.

명상의 각 단계는 10~20분 정도 소요되는 '유도하기'로 시작된다. 새로운 단계가 추가될 때마다 시간은 10~15분 정도씩 늘어난다. 시간이 지나 단계들이 익숙해지면 훨씬 빠르게 진행되어, 모든 과정을 다 배울 때쯤 되면 전체 명상 시간은 40~50분 정도 걸릴 것이다.

특정 시간까지 명상을 마쳐야 하는 경우에는 명상 종료 10분 전쯤에 알람이 울리도록 타이머를 맞추어놓는다. 그러면 한창 진행중인 명상을 갑자기 멈추지 않고 잘 마칠 수 있다. 시간은 여유 있게 확보해 놓는 것이 좋다. 그래야 시간에 신경 쓰지 않게 된다. 명상을 하면서 자꾸 시간을 생각하게 된다면 아직 시간을 넘어서지 못한 것이다. 시간에 쫓기지 않고 여유롭게 명상을 하고 싶다면 더 일찍 일어나거나 더 늦게 잠자리에 들어야 할 수 있다.

마음 상태 준비하기

1. 에고 다스리기

나 역시 모든 것을 통제하고 싶어 하는 에고와 필사적으로 싸우던 때가 있었다. 어느 날은 명상을 하려고 하자 나의 '분석하는 마음'이 여러 가지 생각을 떠올리기 시작했다. 타야 할 비행기, 직원들과의 미팅, 진료할 환자들, 써야 할 보고서와 논문, 아이들의 이러저러한 문제, 해야 할 전화, 불쑥불쑥 머릿속에 떠오르는 또 다른 생각들…… 나는 외부 세계에서 일어날 수 있는 온갖 상황에 사로잡히고 있었다. 다른 사람들과 마찬가지로 내 마음은 미래와 과거 사이를 왔다 갔다 하고 있었다. 그럴 때면 나를 진정시키고, 그런 생각들이 지금 순간 새로운 무언가를 창조하는 일과 아무 관계도 없다는 사실을 깨달아야 했다. 만약 이런 일이 당신한테도 벌어진다면, 이 지루한 생각을 넘어 창조의 순간으로 들어가는 것이 당신이 할 일이다.

2. 몸 다스리기

어떤 일을 하고 싶거나, 나중에 가야 할 어떤 장소를 생각하거나, 과거에 어떤 사람과 함께했던 감정적 경험을 떠올리는 등, 마음이 되기 원하는 몸이 마치 통제되지 않는 말처럼 날뛸 수 있다. 그럴 때는 몸을 지금 순간으로 데리고 와 진정시키고 긴장을 풀어줘야 한다. 그렇게 할 때마다 몸을 새로운 마음에 길들이는 것이다. 그러다 보면 머지않아 몸은 잠잠해질 것이다. 무의식적 마음에 길들여진 몸을 재훈련시키는 일이 당신의 목표이다. 몸을 사랑하고 친절하게 대하면서 명상 작업을 하면 결국 몸은 주인인 당신에게 항복하게 된다. 굳게 결심하고, 꾸준하게 하되, 흥미를 붙여 즐겁게 하고, 유연하게 고무된 마음으로 임하라. 그렇게 할 때 당신은 신의 손에 가 닿을 수 있다.

자, 이제 시작해 보자.

10장

창조적 상태로 가는
문 열기
(1주차)

나는 직업적으로 커리어를 쌓아가던 초창기에 최면 및 자기 최면 self-hypnosis을 배우고 나중에는 가르치기도 했는데, 최면 전문가들이 환자를 트랜스 상태(일종의 변성 의식 상태)로 들어가게 하기 위해 쓰는 기술 중 하나가 '유도하기induction'이다. 간단히 말해 사람들에게 뇌파를 바꾸는 방법을 가르치는 것이다. 최면에 걸리거나 스스로 최면에 빠지기 위해서는 고베타파나 중베타파에서 더 이완된 알파파와 세타파 상태로 내려오기만 하면 된다. 따라서 명상은 자기 최면과 비슷하다.

앞서 이야기한 여러 가지 준비 사항과 정보에 유도하기를 포함시킬 수도 있다. 유도하기는 우리를 명상에 좋은 일관성 있는 뇌파 상태에 들어가도록 준비시키기 때문이다. 유도하기를 잘 연습하면 다음의 명상 단계들을 밟아나가는 데 튼튼한 기초를 다질 수 있다. 그러나 유도하기는 전화기를 끄거나 애완동물을 다른 방에 데려다놓는 등 날마다 명상을 하기 전에 준비하는 사항과는 다르다. 유도하기는 우리가 숙달해야 할 명상의 첫 번째 단계로서, 여기에서 명상의 모든 과정이 시작된다.

유도하기로 명상을 시작한다고 해서 흔히 예능 프로그램에서 보여주듯 최면 상태에 빠지는 것은 아니다. 유도하기는 우리를 완벽히 준비시켜서 명상의 모든 과정을 수행할 수 있도록 해준다.

<h2 style="text-align:center">1단계: 유도하기</h2>

창조적 상태로 가는 문 열기

적어도 한 주, 필요하다면 더 긴 시간을 유도하기 연습에 할애한다. 이 과정은 매번 명상의 처음 단계로, 20분 정도가 소요된다. 이 과정이 익숙하고 편안한 습관이 되기 위해서는 너무 급하게 서둘러 끝내려고 하면 안 된다. 목표는 '현재에 머무는 것'이다.

유도하기를 위한 준비

우선 척추를 세우고 똑바로 앉은 다음 눈을 감는다. 이렇게 하면 감각이나 환경에서 오는 정보를 차단할 수 있다. 뇌파는 점차 느려지면서 알파파 상태로 들어가게 된다. 마음을 내려놓고 현재에 머물며, 이 과정을 끝까지 잘 해낼 수 있도록 자신을 충분히 사랑한다. 꼭 필요한 건 아니지만 편안한 음악이 고베타파에서 알파파로 가는 과정에 도움이 될 수도 있다.

유도하기 방법들

'신체 집중 유도문'이나 '수면 상승 유도문'을 통해 유도하기를 할 수 있다. 아니면 기존에 쓰던 방법이나 다른 새로운 방법을 만들어 써도 좋다. 중요한 것은 분석적인 베타파 상태에서 무엇인가를 느낄 때 주로 나오는 알파파 상태로 이동하는 것이고, 원하는 변화를 만들어낼 수 있는 몸에(즉 잠재의식적 마음이자 작동 시스템에) 집중하는 것이다.

몸에 집중하기

처음에는 이 방법이 모순처럼 느껴질 수도 있다. 몸과 환경에 관심을 집중하라는 것이기 때문이다. 몸과 환경은 우리가 넘어서야 할 빅 쓰리 중 두 가지이기는 하지만, 이 경우에는 몸과 환경에 대한 생각을 우리가 제어할 수 있다.

왜 몸에 집중해야 하는가? 몸과 잠재의식적 마음은 하나라는 점을 기억하자. 우리가 몸, 그리고 몸에 연관된 감각을 잘 알아차릴 때 우리는 잠재의식적 마음 속으로 들어갈 수 있다. 우리가 바로 그 작동 시스템 안에 있게 되는 것이다. 유도하기는 그 시스템 속으로 들어가기 위해 사용하는 도구이다.

소뇌는 몸이 공간 속에서 어떻게 위치하고 있는지를 인지하는 '자기 수용 감각'(뇌가 각 신체 부위의 움직임을 감지하는 감각—옮긴이)에 관여한다. 따라서 이 유도하기 과정에서 소뇌는 공간 속에 있는 몸과 그 몸 주변의 공간을 알아차린다. 소뇌는 잠재의식적 마음이 자리하는 곳이므로, 몸이 공간 속의 어디에 위치하고 있는지에 의식을 집중하면 우리는 생각하는 뇌를 거치지 않고 잠재의식적 마음에 들어갈 수 있다.

더욱이 이 유도하기는 우리를 감각/느낌 모드에 들어가게 함으로써 분석하는 마음의 작동을 중지시킨다. 느낌은 몸의 언어이며, 그것이 결국 잠재의식적 마음이다. 따라서 유도하기는 몸의 자연스러운 언어를 이용하여 작동 시스템의 언어를 해석하고 바꿀 수 있게 한다. 달리 말하면 몸의 여러 측면을 감지하거나 거기에 주의를 기울일 때 우리는 생각을 덜 하게 되고, 분석적인 마음이 과거와 미래 사이를 분주히 오가는 일이 줄어들며, 편협한 시각에 사로잡히기보다는 창조적이고 열린 상태에서 다양한 영역으로 초점을 크게 넓힐 수 있다. 이때 뇌파는 베타파에서 알파파로 옮겨가게 된다.

이 모든 것은 우리의 주의를 좁은 범위에서 몸과 몸 주변의 공간으로 확장시킬 때 일어난다. 불교에서는 이것을 오픈 포커스open focus(대상에 대한 관심을 유지한 채 주의를 넓게 기울이는 상태—옮긴이)라고 부르는데, 뇌파가 자연스럽게 질서정연하게 동조될 때 일어나는 현상이다.[1] 오픈 포커스는 새롭고도 매우 일관된 신호를 만들어 뇌의 각 부분이 서로 소통할 수 있게 해준다. 이를 통해 우리는 매우 일관된 뇌파 신호를 만들어낼 수 있다. 이것은 뇌 스캔을 통해 객관적으로도 측정 가능하다. 그동안 생각, 의도, 느낌에 집중하던 것과는 확실히 다른 차이를 느낄 수 있을 것이다.

신체 집중 유도법

1. 공간 속 몸의 위치 혹은 방향에 주의를 집중한다. 예를 들어 머리의 위치를 생각하면서, 가장 윗부분인 정수리부터 시작해 점점 아래로 주의를 옮겨간다. 몸의 한 부분에서 또 다른 부분으로 옮겨가면서 유도하기 과정을 진행할 때마다 각 부분이 차지하고 있는 공간을 감지하고 알아차린다. 그 부분의 밀도, 무게, 그리고 그 공간의 크기를 느껴본다. 머리를 감싸고 있는 피부, 코, 귀 등의 순으로 이동하며 발바닥까지 주의

를 집중하다 보면 뭔가 달라진 느낌이 들 것이다. 이렇게 몸의 이곳저곳으로 옮겨가며 공간 속에서 몸의 각 부분이 차지하고 있는 공간들에 주의를 집중하는 것이 이 과정의 핵심이다.

2. 다음으로, 눈물 방울 형태로 몸을 둘러싸고 있는 영역과 그것이 차지하는 공간을 알아차린다. 몸 주변의 그 공간을 감지할 수 있다면 우리는 더 이상 몸에 주의를 기울이고 있는 것이 아니다. 이것이 우리가 몸을 넘어 마음이 되는 방법이다.

3. 끝으로 지금 앉아 있는 방이 공간 속에서 차지하는 영역을 알아차린다. 그것이 차지하고 있는 공간의 크기를 느껴본다. 이 시점에 이르면 뇌는 무질서한 뇌파 패턴이 아닌 균형 잡히고 질서 있는 뇌파 패턴으로 바뀌기 시작한다.

공간을 느껴보는 이유

우리의 생각의 변화에 따라 발생하는 이러한 차이는 객관적으로 측정이 가능하다. 뇌전도EEG에 표시되는 생각 패턴을 통해 어떻게 베타파에서 알파파로 이동했는지 볼 수 있기 때문이다. 그러나 우리는 아무 알파파 상태에나 들어가는 것이 아니라 매우 일관되고 질서정연한 알파파 상태에 들어가기를 원한다. 몸과 '공간 속 몸의 위치'에 먼저 집중한 다음, 몸의 각 부분에서 몸을 둘러싼 공간의 크기로 또는 공간의 경계까지로 주의를 옮기고, 마지막으로 방 전체에 주의를 돌리는 이유가 여기에 있다. 공간의 밀도를 감지할 수 있다면, 그것을 알아차리고 주의를 집중할 수 있다면, 우리는 자연스레 '생각하기'에서 '느끼기'로 옮겨가게 된다. 이런 일이 벌어지면 우리가 초점을 좁힌 채 긴급한 생존 모드로 있음을 나타내는 고베타파 상태를 계속 유지하기란 불가능하다.

수면 상승 유도법

또 하나 비슷한 유도법으로, 우리가 앉아 있는 방 안에 물이 흘러들어 와 점점 높이 차오르는 것을 상상하는 방법이 있다. 먼저 방이 위치하고 있는 공간과 점차 물로 채워지는 공간을 느껴본다. 처음엔 물이 발목까지 올라오다가 점점 정강이와 무릎까지 차오른다. 허벅지와 배, 가슴, 팔 그리고 목과 턱을 지나 입, 머리까지 차오르고, 마침내 방 전체에 물이 찬다. 사람에 따라 물에 완전히 잠긴다는 상상을 좋아하지 않을 수도 있지만, 편안하고 따뜻하게 느껴져 좋다는 사람들도 많다.

명상 레슨

1주차 가이드

1주차 명상에서 할 일은 유도하기 기술을 연습하는 것이다.

유도하기 과정을 직접 녹음하고자 한다면 부록의 유도문을 똑같이 따라 읽으면 된다. 특히 '감지하다, 주의하다, 느끼다, 알아차리다, 의식하다, 집중하다'와 같은 표현에 신경을 쓰면서 읽는다. '크기, 밀도, 공간의 경계, 공간의 무게' 같은 단어 역시 관찰에 집중하도록 도와줄 것이다.

한 부분에서 다른 부분으로 빨리 넘어가려 하지 말고, 공간 속에 있는 각 부분의 감각과 느낌을 잘 알아챌 수 있도록 적어도 20~30초 이상 시간을 충분히 갖는다. 신체 집중 유도문의 경우 머리에서부터 발끝까지, 수면 상승 유도문의 경우엔 발끝에서 머리까지 이르는 데 약 20분 정도 소요된다.

뇌파가 점차 느려지면서 시간 감각이 사라지고, 내면 세계가 외부 세계보다 더 진짜 같아지는 고요하고 편안한 알파파 상태로 이동하게 될 것이다.

11장

나 자신이 된
습관 가지 치기
(2주차)

2주차에는 나 자신이 되어버린 습관을 가지 치기하는 세 가지 단계가 이어진다. 알아차리기recognizing, 인정하기admitting 및 선언하기declaring, 그리고 내맡기기surrendering이다.

우선, 이 단계들에 대한 내용을 읽어보고 관련 질문에 대답해 본다. 그런 다음 적어도 한 주 동안 유도하기에서부터 시작해 이 세 단계를 거치는 명상을 날마다 연습한다. 이 모든 단계가 능숙하게 느껴지기까지 한 주 이상 필요하다 생각되면 더 오래 연습해도 좋다.

2단계: 알아차리기

알아차리기: 문제가 무엇인지 확인한다

가장 먼저 할 일은 무엇이 문제인지 아는 것이다. 무엇이 문제인지 안 다음 그 문제를 장악하기 위해서 그것에 이름을 붙인다.

임사체험을 한 많은 사람들이 마치 영화를 보듯 자신의 인생을 되돌아보는 경험을 했었노라고 말한다. 그들은 거기에서 자신의 내적·외적인 행동, 겉으로 표현했거나 속에 숨겨온 감정, 공적이거나 사적인 생각, 의식적이거나 무의식적인 태도 등을 모두 보았으며, 자신이 누구인지, 자신의 생각과 말, 행동이 자기 삶 속의 모든 사람, 모든 일에 어떤 영향을 주었는지도 보았다고 했다. 보통 이런 경험을 한 사람들은 자신에 대해 큰 깨달음을 얻고 앞으로 더 나은 삶을 살겠다는 의지를 갖게 된다고 말한다. 그 결과 그들은 어떤 상황에서도 새로운 가능성과 더 나은 '존재' 방식을 찾아낸다. 자신을 완전히 객관적인 관점에서 보았기 때문에 자신이 무엇을 바꾸길 원하는지 명확히 아는 것이다.

'알아차리기'는 날마다 삶을 되돌아보는 것이라 할 수 있다. 내가 어떤 존재인지 깨닫게 도와주는 모든 도구가 뇌 속에 이미 갖추어져 있는데 왜 죽기 전에 그것을 사용하지 않는가? 왜 다시 똑같은 삶을 반복하는가? 이러한 알아차리기 연습을 한다면 이미 정해진 운명대로 계속 머물렀을 뇌와 몸—자동 작동 프로그램이 된 마음과, 몸을 화학적으로 길들이는 기억된 감정—을 뛰어넘을 수 있다.

의식적으로 알아차릴 때에만 우리는 꿈에서 깨어나기 시작한다. 고요하고 편안한 상태에서 인내심을 가지고 어제의 자기 모습에 주의를 기울이면, 수없이 반복해 온 태도와 극도의 감정 상태로부터 자신의 주관적인 의식을 분리시킬 수 있다. 이제 더 이상 우리의 마음은 전과 똑같지 않다. 에고가 지닌 이기적인 본성의 사슬로부터 자유로워졌기 때문이다. 또한 주의 깊은 관찰자의 눈으로 지금까지 자신이 어떤 사람으로 살아왔는지 돌아본다면, 다음날부터는 정말로 뭔가 큰 변화를 주고 싶은 욕구가 생기면서 삶에 대한 열망이 더욱 커질 것이다.

명상과 자기 관찰 기술을 계발하면 이제껏 자아를 규정했던 잠재의식적 프로그램으로부터 의식을 분리시킬 수 있는 힘이 생긴다. 과거의 자아로 존재하는 것에서 그 자아를 지켜보는 관찰자로 의식을 옮겨놓으면 과거의 자신과의 연결고리가 느슨해진다. 이러한 메타 인지적 기술(전두엽을 통해 자신이 지금 어떤 모습인지 관찰하는 능력)을 통해 이제까지 자신이 어떤 사람이었는지 알아차릴 수 있다. 이때 비로소 의식이 무의식적 프로그램에서 벗어나고, 한때 무의식적이었던 것들을 점점 더 의식할 수 있게 된다. 이것이 바로 변화의 첫걸음을 내딛는 일이다.

삶을 되돌아보기

바꾸고 싶은 과거 자아의 여러 모습을 찾아서 살펴보기 위해 몇 가지 질문을 해볼 필요가 있다.

내면 일기 쓰기

다음 질문(혹은 마음속에 떠오르는 다른 질문도 좋다)을 자신에게 해보는 시간을 갖고, 이에 대한 대답을 적어본다.

- 나는 이제까지 어떤 사람이었는가?
- 나는 세상에 어떤 사람으로 보이는가?('보이는 나'는 어떤 모습인가?)
- 내면적으로 나는 어떤 사람인가?('진짜 나'는 어떤 모습인가?)

- 날마다 반복해서 경험하거나 나를 힘들게 하는 느낌이 있는가?
- 친한 친구와 가족들은 나를 어떻게 묘사하는가?
- 다른 이들에게 숨기고 있는 내 모습이 있는가?
- 내 성격의 어떤 부분을 개선해야 할까?
- 변화시키고 싶은 점 한 가지를 꼽으라면 무엇인가?

지우고 싶은 감정 선택하기

그 다음으로, 자신을 가장 힘들게 하는 감정이나 제한적인 마음 상태를 하나 고른다. 즉 자신이 되어버린, 버리고 싶은 습관 중 하나를 선택한다. 기억된 느낌은 몸을 마음이 되도록 길들이기 때문에, 이러한 자기 제한적인 감정들은 우리의 태도를 결정짓고 제한적인 믿음에 영향을 끼치며 자신만의 관점을 갖게 만드는 자동 사고 과정의 원인으로 작용한다. 아래에 열거하는 감정들은 생존 모드에서 분비되는 화학 물질로부터 생겨난 것들로, 에고의 지배력을 강화한다.

내면 일기 쓰기

자신의 큰 부분을 차지하는, 그러나 그만 지우고 싶은 감정을 하나 고른다. 선택한 감정이 아래 예시에 없을 수도 있다. 이 단어가 나타내는 감정은 나에게 익숙한 것이기 때문에 나에게 의미가 있다는 점을 기억하자. 이것은 내가 변화시키길 원하는 자아의 한 측면이다. 떠오르는 감정을 직접 적어보길 바란다. 이 감정은 앞으로 이어지는 단계들을 진행하면서 계속 다루게 될 것이다.

생존 모드에서 나오는 감정의 예

불안감	수치심	슬픔
증오	걱정	혐오
판단	후회	질투
피해 의식	고통	화
걱정	좌절감	원망
죄책감	두려움	무가치함
우울	욕심	결핍감

많은 사람들이 이 예시 단어들을 보고 "하나 이상 골라도 될까요?" 하고 묻는다. 처음에는 한 번에 하나의 감정만 가지고 작업하는 것이 중요하다. 어떤 것을 고르더라도 결국에 모든 감정은 신경학적으로 또 화학적으로 연결되기 때문이다. 예컨대 화가 나면 좌절하게 되고, 좌절하면 누군가를 미워하게 된다. 미워하면 판단하게 되고, 판단하면 질투하게 된다. 질투하면 자신감이 사라져 불안해지고, 불안하면 경쟁적이 된다. 그리고 경쟁적이 되면 이기적이 된다…… 이 모든 감정은 하나로 결

합된 생존 모드의 화학 물질들에 의해 분출되며, 이는 다시 그와 관련된 마음 상태를 자극한다.

이런 과정은 고양된 마음과 감정의 상태에도 똑같이 적용된다. 기쁨을 느끼면 사랑하게 되고, 사랑하면 자유로움을 느낀다. 자유로우면 영감이 넘치게 되고, 영감이 넘치면 창조적이 되며, 창조적이 되면 모험심이 커진다…… 이 모든 느낌은 생각과 행동에 영향을 미치는 전혀 다른 새로운 화학 물질들로부터 분출된다.

지우고 싶은 감정으로 '화'를 선택했다고 하자. 화를 지워나감에 따라 다른 모든 자기 제한적인 감정들도 점점 줄어들 것이다. 화가 줄어들수록 좌절감, 증오, 판단, 질투도 줄어든다. 몸이 더 이상 무의식인 마음으로 작동하지 않도록 길들여지고 있는 것이다. 결국 이러한 파괴적인 감정 상태 가운데 하나만 변화시켜도 몸을 통제하기가 점점 쉬워지고, 나아가 다른 많은 성격 특성들도 변화하게 된다.

지우고 싶은 감정 관찰하기

이제 눈을 감고 그 특정한 감정을 경험할 때 어떤 느낌이 드는지 생각해 보자. 그 감정에 휩싸이는 자신을 관찰할 수 있다면 그것이 몸에서 어떻게 느껴지는지 주의 깊게 살펴본다. 여러 가지 감정과 연관되는 각기 다른 느낌이 있다. 그 모든 몸의 신호들을 알아차려 보라. 열이 올라오고, 짜증이 나고, 초조하고, 힘이 없고, 얼굴이 붉어지고, 의기소침해지고, 긴장되는가? 마음속으로 몸을 쭉 훑어본 다음 몸의 어느 부분에서 그 감정이 느껴지는지 주목한다. 아무것도 느끼지 못해도 괜찮다. 그저 나의 어떤 점을 변화시키고 싶은지 잘 기억하고 있으면 된다. 계속 관찰해 나가는 동안 당신은 시시각각 변화하고 있다.

이제부터는 몸의 현재 상태와 친숙해진다. 호흡이 바뀌는가? 조바심이 나는가? 몸이 아픈가? 만약 그 아픔이 감정을 가지고 있다면 그 감정은 무엇일까? 그 순간 몸에 어떤 생리적 현상이 일어나고 있는지 알아차리되 거기서 벗어나려고 애쓰지 말고 그것과 함께 있으라. 몸 속의 여러 가지 느낌은 그것에 화, 두려움, 슬픔 등으로 이름을 붙여줄 때 하나의 감정이 된다. 이제 당신이 지우고 싶은 감정을 만들어내는 그 모든 느낌과 신체적 감각을 적어보자.

어떤 것, 어떤 사람한테도 방해받지 않는 상태에서 스스로 그 감정을 느끼도록 허용한다. 그 느낌이 사라지게 하려고 억지로 뭔가를 하지 않는다. 지금까지 당신은 늘 그 느낌에서 벗어나려고만 했다. 그 느낌을 사라지게 하려고 외부의 모든 것을 이용했다. 자신의 그 감정과 함께 있으면서 그것을 몸 속의 에너지로 느껴본다.

그 감정은 정체성으로 굳어지기 위해 당신이 알고 있는 외부 환경의 모든 것을 이용하도록 당신을 자극했다. 이 느낌 때문에 당신은 자신이 원하는 이상적인 모습이 아닌 세상이 원하는 이상적인 모습을 만들어왔다.

이 느낌이 당신의 진짜 모습이다. 그 사실을 인정하자. 그것은 당신이 기억시킨 당신 성격의 수많은 가면들 중 하나이다. 그것은 삶에서 일어난 어떤 사건에 대한 감정적 반응에서 시작되어, 기분으로 변했다가, 기질로 발전하고, 결국엔 성격이 되었다. 감정이 기억이 된 것이다. 그것은 당신의 미래에 대해 아무것도 말해주지 않는다. 그 기억에 집착한다는 것은 정신적으로나 신체적으로 과거에 묶여 있다는 뜻이다.

감정이 경험의 최종 산물이라면, 몸은 날마다 똑같은 감정을 품음으로써 외부 세계가 계속 똑같을 거라는 믿음을 유지시킨다. 그리고 몸이 똑같은 상황을 계속해서 경험하도록 조건화된다면, 당신은 결코 발전하거나 변화할 수 없다. 매일같이 이 감정에 따라 살아가는 한 당신은 오직 과거 속에서만 생각할 수 있을 뿐이다.

감정과 연관된 마음 상태 밝히기

스스로에게 간단하게 질문을 하나 해보자. "이런 식으로 느낄 때 나는 어떤 생각을 하는가?"

자신의 성격 특징 중 하나인 화를 변화시키길 원한다면, 자신에게 이렇게 물어보자. "화가 날 때 나는 어떤 행동을 취하는가?" 아마도 통제하려 하거나 미워하거나 자기 중심적인 행동을 보일 것이다. 두려움을 극복하고 싶은 경우에는 뭔가에 압도당하는 느낌, 불안하거나 절망스런 마음의 상태가 느껴질 수 있다. 고통의 경우에는 피해 의식, 우울함, 게으름, 원망, 궁핍함 등의 느낌으로 이어질 것이다.

이런 느낌들이 들 때 어떤 생각을 하게 되는지 알아차리고 기억하자. 이 감정으로 인해 느껴지는 마음의 상태는 모든 일에 영향을 미친다. 마음의 상태란 무의식적으로 몸 안에 기억된 감정들로 인해 생기는 태도를 나타낸다. 태도는 느낌에 이어지는 일련의 생각들 또는 반대로 생각에 이어지는 일련의 느낌들이다. 생각과 느낌, 느낌과 생각이 계속 반복해서 돌고 있는 것이다. 따라서 특정한 감정 중독으로 인해 나타나는 습관을 명확히 밝혀낼 필요가 있다.

내면 일기 쓰기

　원치 않는 감정을 느끼고 있을 때 어떤 생각이 드는지 마음 상태를 알아차려 보라. 아래 목록에서 골라도 되고, 목록에 없는 다른 것을 찾아도 좋다. 당신이 고른 마음 상태는 앞서 찾은 지우고 싶은 감정에 근거할 것이다. 그 감정으로 말미암아 여러 가지 제한적인 마음 상태가 되는 것은 자연스러운 일이다. 당신에게 떠오르는 한두 가지를 적어보라.

제한적인 마음 상태의 예

경쟁적인	부족한	통제하려 하는
압도당한	지식에 의존하는	기만하는
불평하는	자기 중심적인	자만하는
비난하는	부끄러워하는/소심한/내향적인	과장된
혼란스러운	인정받고 싶어 하는	서두르는
산만한	부족한 또는 지나친 자신감	궁핍한
자기 연민에 찬	게으른	자기 세계에 빠진
절박한	부정직한	예민한/둔감한

　당신이 하는 대부분의 선택과 행동은 이 느낌 위에서 이루어진다. 따라서 당신은 예상되는 뻔한 방식으로 생각하고 행동한다. 새로운

> 미래는 있을 수 없고, 그저 똑같은 과거만 있을 뿐이다. 더 이상 과
> 거라는 필터를 통해 삶을 바라보지 말자. 당신이 할 일은 단지 그 감
> 정적 태도와 함께 있는 것이다. 아무것도 하지 않고 그저 그 감정을
> 바라보면서 말이다.

원치 않는 감정, 그리고 그에 상응하는 지우고 싶은 마음 상태가 어떤 것인지 알아냈다. 이제 다음 단계로 나아갈 준비를 마쳤다.

3단계: 인정하기 및 선언하기

인정하기: 자신의 진짜 자아를 인정한다

마음을 열고 나를 내려놓으면 감각의 영역을 넘어설 수 있고, 우리에게 생명을 준 우주 의식에 나를 맡길 수 있다. 이제까지 내가 어떤 사람이었고 앞으로 어떤 점을 변화시키고 싶은지 말하고, 무엇을 감추어왔는지 고백하면서 이 위대한 지성과 관계를 키워갈 수 있다.

내가 진짜 누구이며 과거에 어떤 실수를 저질렀는지 실토하고 받아들여지기를 청하는 것은 우리 인간에게 가장 어려운 일 중 하나일 것이다. 어린 시절 부모님이나 선생님, 친구에게 무언가를 사실대로 고백해야 했을 때 어떤 느낌이었는지 떠올려보라. 어른이 되면 죄책감, 수치심, 분노의 감정이 사라지는가? 당시만큼 강하지는 않더라도 그 감정들은 대

부분 어딘가에 남아 있다.

자신의 실수와 잘못을 우리 자신과 우주의 더 큰 힘 앞에 고백할 때, 우리는 더 이상 처벌, 심판, 속임수, 감정적 유기, 비난, 점수 매기기, 거부, 사랑의 상실, 저주, 분리, 내쫓음 등의 행위를 하지 않게 될 것이다.

이런 행위들은 모두 신에 대한 낡은 패러다임에서 비롯한다. 낡은 패러다임에서 신은 선과 악, 옳고 그름, 긍정적인 것과 부정적인 것, 성공과 실패, 사랑과 미움, 천국과 지옥, 고통과 쾌락, 두려움과 더 큰 두려움이라는 개념에 사로잡힌 불안정한 인간처럼 작은 존재로 여겨져 왔다. 이 같은 전통적인 신관神觀은 재고될 필요가 있다. 그러지 않는다면 우리는 새로운 의식 속으로 들어가기 어려울 것이다.

이 수수께끼 같은 힘은 타고난 지성, 기氣, 신성한 마음, 영靈, 양자量子, 생명력, 무한한 마음, 관찰자, 우주 지성, 양자장, 보이지 않는 힘, 우주 에너지, 상위 존재 등으로 다양하게 부를 수 있다. 뭐라고 이름을 붙이건 간에 우리는 이 에너지를 우리 내부 및 주변에 있는 무한한 힘의 원천으로 생각해야 한다. 우리는 이 힘을 이용해서 삶을 창조한다.

이 힘은 의도를 지닌 의식이고 무조건적인 사랑의 에너지이다. 그렇기 때문에 어떤 사람이든 어떤 일이든 판단하거나 벌주거나 위협하거나 내치는 일을 할 수가 없다. 그것은 결국 스스로에게 가하는 행위가 되기 때문이다.

이 힘은 그저 사랑과 연민, 이해 속에서 주기만 하며, 이미 우리에 대한 모든 것을 다 알고 있다. 그것과의 관계를 이해하고 발전시켜 가기 위해 노력해야 하는 쪽은 바로 우리이다. 이 힘은 우리가 창조된 순간부터 우리를 지켜봤다. 우리는 이 힘의 연장延長이다.

이 힘은 오직 희망과 경외, 인내 속에서 기다릴 뿐이며, 우리가 행복하기만을 바란다. 당신이 불행해야 행복하다면, 그것도 괜찮다. 이 힘은 당신을 그만큼 사랑한다.

이 '스스로 조직해 나아가는 보이지 않는 장self-organizing invisible field'은 우리의 이해를 넘어선 지혜를 갖고 있는데, 그것은 이 힘이 공간과 시간, 과거, 현재, 미래의 모든 차원 속에 펼쳐지는 상호 연결된 에너지 망matrix을 통해 존재하기 때문이다. 이것은 영원의 시간 동안에 나온 모든 생각과 욕구, 꿈, 경험, 지혜, 진화 그리고 지식을 기록한다. 이것은 끝도 없고 형체도 없는 다차원적인 정보의 장으로, 당신이나 내가 알고 있는 것보다 훨씬 많은 것을 '알고' 있다. 이 에너지는 다양한 수준의 주파수에 비유할 수 있다. 그리고 전파처럼 각각의 주파수는 모두 정보를 전달한다. 그래서 분자 수준에서 모든 생물체는 진동하고, 숨쉬고, 춤추고, 빛을 내며, 살아있다. 이 에너지는 우리의 의식적인 의도를 완전히 받아들이고 거기에 자기를 맞춘다.

당신이 삶에서 기쁨을 원한다고 해보자. 그래서 매일 우주에게 기쁜 일이 있기를 요청한다. 그러나 고통이 너무나 깊이 기억된 나머지 그 고통이 하나의 존재 상태가 되었다. 당신은 하루 종일 울상을 지으며 불평을 해대고 자신의 기분을 남 탓으로 돌리면서 자기를 변명한다. 그리고 끊임없이 신세를 한탄한다. 기쁨을 원한다고 '선언'할 수는 있지만 여전히 희생자의 모습이다! 마음과 몸이 서로 반대편에 있다. 한 순간은 어떤 생각을 하지만 그 외의 시간은 그 생각과는 다른 사람으로 살아간다.

원하는 변화를 만들어내기에 앞서, 불필요한 아픔과 고통을 없애기 위해서 당신은 겸허하고 진실하게 자신이 그동안 어떤 사람이었고, 무엇을 감추어왔으며, 어떤 점을 바꾸고 싶어 하는지 고백할 수 있는가? 익숙한 성격을 잠깐이라도 내려놓고 기쁨과 경외심으로 무한無限의 문을 두드리는 것이 변화를 더 잘 불러올 수 있다. 고통 속에서 변화할 것이 아니라 기쁨 속에서 변화하자.

내면 일기 쓰기

눈을 감고 고요하게 있는다. 마음속 광대한 곳을 바라보고 이제까지 자신이 어떤 사람이었는지 고백한다. 당신에게 생명을 준 이 거대한 의식을 향해 솔직하면서도 조용하게 말을 함으로써 관계를 키워나간다. 자신만의 자세한 이야기를 그 의식과 공유한다. 떠오르는 것을 적어놓으면 다음 단계에서 유용하게 쓸 수 있다.

고백의 예

- 상처받을까봐 사랑에 빠지기가 두려워요.

- 행복한 척하고 있지만 사실 외로움 때문에 너무 힘들어요.

- 내가 죄책감을 느끼고 있다는 사실을 아무도 몰랐으면 좋겠어요. 그래서 나에 대해 거짓말을 해요.

- 사람들이 나를 좋아하길 바라고, 그래서 내가 사랑받지 못한다는 느낌이나 쓸모없다는 느낌을 받지 않기 위해 사람들에게 거짓말을 해요.

- 자꾸만 자기 연민에 빠져요. 하루 종일 그런 식으로 생각하고 행동하고 느껴요. 이제는 다른 방식으로 느끼는 법을 모르겠어요.
- 실패한 삶이라고 느끼며 살아왔어요. 그래서 성공하려고 정말 열심히 노력해요.

선언하기: 자기 제한적인 감정을 소리 내어 말한다

이 단계에서는 내가 어떤 사람인지, 나에 대해 감춘 게 무엇인지 실제로 소리 내어 크게 말해본다. 자신에 대한 진실을 말하고, 과거를 가만히 내려놓으며, 겉으로 보이는 나와 진짜 나 사이의 간격을 좁힌다. 가면을 벗고, 다른 누군가가 되려고 끊임없이 해오던 노력도 포기한다. 자신의 진실을 큰소리로 선언함으로써 감정적 속박, 합의, 의존, 애착, 구속, 그리고 삶의 모든 외부 자극에 대한 중독을 끊는다.

나는 세계 곳곳을 돌아다니며 워크숍을 진행할 때마다 이 부분이 모든 단계에서 가장 힘들다는 걸 발견했다. 아무도 다른 사람들이 진짜 자기 모습을 알게 되기를 원치 않았다. 누구나 겉으로 보이는 모습을 유지하고 싶어 했다. 그러나 그 이미지를 계속 유지하기 위해서는 엄청난 에너지가 소모된다. 이제 그 에너지를 자유롭게 풀어줄 때가 왔다.

감정은 움직이는 에너지임을 기억하자. 외부의 삶에서 경험하고 관계 맺어온 모든 것에는 감정 에너지가 함께 담겨 있다. 우리는 시간과 공간 너머에 존재하는 에너지에 의해 어떤 사람, 어떤 사물, 어떤 장소와 연결된다. 이로 인해 우리는 자신을 일정한 성격을 가진 에고로 기억하게 되고, 삶 속의 모든 것과 감정적으로 동일시하면서 하나로 연결되는 것이다.

예를 들어 누군가를 미워한다면 우리는 그 누군가와 감정적으로 묶이게 된다. 이런 감정적 결속은 그 사람을 우리 삶에 붙들어놓는 에너지가 된다. 그래야 미움을 느낄 수 있고, 자기 성격의 한 측면을 강화해 갈 수 있기 때문이다. 달리 말해 미움에 중독된 상태를 유지하기 위해 그 사람을 이용한다고 할 수 있다. 어쨌거나 이 미움의 감정이 다른 누가 아니라 나에게 먼저 상처를 준다는 사실은 명백하다. 뇌에서 몸으로 화학물질이 방출될 때 우리는 정말로 우리 자신을 미워한다. 이 단계에서 자신에 관한 진실을 소리 내어 크게 말하는 것은 우리가 미움으로부터 자유로워질 수 있도록, 과거의 자신을 떠올리게 하는 외부 현실 속의 사람이나 사물로부터 벗어날 수 있도록 우리에게 힘을 준다.

앞서 이야기했던 '자아의 간격'을 떠올려보자. 대부분의 사람들은 자신을 '누군가'로 기억하기 위해 환경에 의존한다. 그러므로 우리가 어떤 감정에 중독된 상태라면, 자신이 이제까지 감정적으로 어떤 사람이었는지를 선언할 때 우리는 삶의 모든 것, 모든 사람과 감정적으로 묶여 있던 에너지를 풀어내 자신에게 되돌리고 있는 것이다. 이 의식적인 선언은 과거의 자아로부터 우리를 자유롭게 해준다.

또한 자신의 한계를 인정하고 이제껏 숨겨온 것을 의식적으로 드러냄으로써 우리는 몸이 마음이 되는 데서 벗어나도록 한다. 이렇게 우리는 '보이는 나'와 '진짜 나'의 간격을 좁혀간다. 이제까지 자기가 어떤 사람이었는지 말로 표현할 때 우리는 몸 안에 고여 있던 에너지를 자유롭게 풀어주게 된다. 이 에너지는 나중에 새로운 자아와 삶을 창조하는 명상을 할 때 '자유 에너지'로 사용될 것이다.

그러나 몸은 이것을 쉽게 허락하지 않는다는 점을 명심하자. 에고는 자동적으로 이 감정을 숨긴다. 에고는 자신의 진짜 모습이 알려지는 것을 원치 않기 때문이다. 에고는 자기가 계속해서 모든 것을 지배하길 원한다. 하인이 주인 노릇을 하고 있는 셈이다. 이젠 주인이 하인에게 그가 그동안 얼마나 태만하고 무의식적이었으며 무책임했는지 알게 해야 한다. 몸이 지배권을 포기하지 않는 것은 우리를 믿지 못하기 때문이다. 그런 몸의 통제에도 불구하고 입을 열고 소리 내어 말하기만 한다면 마음이 더 가볍고 후련해진 기분이 들 것이다. 그리고 우리는 모든 것을 지휘하는 주인의 자리로 다시 돌아갈 수 있다.

이것이 외부 환경과 어떤 연결도 짓지 않으면서 진짜 자기가 누군지를 확실히 하는 방법이다. 우리는 외부 세계에 있는 모든 요소들에 대한 감정적 애착을 통해 에너지적 결속을 강화해 왔다. '인정하기'가 그에 대한 내적인 고백이라면 '선언하기'는 외적인 고백이다.

무엇을 선언하고 싶은가?

이제 이 세 번째 단계를 이전 단계와 통합시킬 때가 되었다. 우리는 지금 각 단계를 자연스럽게 이어지는 하나의 과정으로 만들고 있다. 화라는 감정을 예로 들면, 소리 내어 이렇게 말할 수 있을 것이다. "나는 평생 화를 내며 살아왔습니다."

우리가 선언하고자 하는 목적을 잘 기억하자. 명상을 할 때 우리는 눈을 감고 똑바로 앉은 채로 선언하기로 한 그 감정(즉 화)을 부드럽게 입 밖으로 표현할 것이다.

마음의 준비를 하면서나 직접 말로 선언할 때 기분이 좋지 않을 수 도 있다. 그래도 계속 하라. 그 기분은 몸의 반응일 뿐이다.

마지막에 가면 우리는 영감과 희망, 활기를 느끼게 될 것이다. 단순 하고 쉽게, 가벼운 마음으로 이 단계를 진행하라. 과거에 한 일들을 너 무 지나치게 분석하지 말라. 그저 진리가 우리를 자유롭게 하리란 사실 만 기억하자.

●●●

지금까지 우리는 원치 않는 감정과 지우고 싶은 마음 상태를 알아 차린 다음, 그것을 내적으로 인정하고 외적으로 선언하였다. 이제 한 단 계가 더 남아 있다. 다음의 4단계까지 익히면 우리는 2주차 명상을 완 성하게 된다.

4단계: 내맡기기

내맡기기: 더 큰 힘에 자신을 내맡기고 한계를 넘어선다

내맡기기는 자신이 되어버린 습관을 가지 치기하는 단계이다. 우리 는 대부분 내려놓는다거나letting go 다른 누구 혹은 무언가가 우리를 통 제하도록 허용한다는allowing 관념을 힘들어한다. 그러나 누구에게—즉 근원, 무한한 지혜에—자신을 내맡기는지 마음에 새긴다면 이 과정이 훨씬 쉬울 것이다.

아인슈타인은 어떤 문제를 만들어낸 의식과 같은 수준에 머물러서는 그 문제를 해결할 수 없다고 했다. 우리의 제한적인 마음 상태는 많은 한계를 만들어놓고 그에 대한 해결책은 주지 않는다. 이런 문제를 극복하도록 도와주는 훨씬 크고 지혜로운 의식이 있다면 그것에게 의지하는 것이 당연하다. 모든 잠재력이 이 무한한 가능성의 바다에 존재하기 때문에 우리는 자신의 한계를 겸손하게 맡기기만 하면 된다. 이것은 이제까지 혼자 힘으로 문제를 해결하기 위해 노력해 온 것과는 다른 방식이다. 우리는 자신을 변화시킬 최선의 방법을 알지 못했고 이제까지 삶의 문제를 극복하기 위한 혼자만의 노력은 효과가 없었다. 그러니 이제 큰 근원과 만나야 할 때이다.

에고의 의식은 결코 해결책을 찾을 수 없다. 그것은 딜레마라는 감정 에너지 속에 빠져서 그에 따라 생각하고 행동하고 느끼며 똑같은 문제만 계속 만들어낼 뿐이다.

변화는 객관적인 마음의 시각에서 비롯하며 무한히 많은 방식으로 이루어진다. 그 객관적인 마음의 시각은 나를 벗어나서 나를 볼 수 있게 한다. 습관적인 방식으로 삶에 반응하느라 미처 생각지도 못했던 가능성들을 인지하게 한다.

객관적인 의식에 내맡긴다고 말해놓고 여전히 자기만의 방식으로 뭔가를 하려고 애쓴다면 그 의식이 삶을 변화시키기 위해 도움을 주기는 불가능할 것이다. 당신의 자유 의지가 그 도움의 손길을 막고 있기 때문이다.

실제로 우리 대부분은 이 도움의 손길을 막고 있다. 계속 똑같은 무의식적·습관적인 생활 방식으로 돌아가 그 안에서 문제를 해결하려고 하면서 스스로 자신의 길을 가로막는다. 우리는 어떤 일도 제대로 할 수 없을 정도가 되어서야 비로소 손을 내려놓고 도움을 구한다.

내맡긴 상태에서는 그 결과를 통제할 수 없다. 내맡기기는 우리가 제한적인 마음으로 알고 있다고 생각하는 것을 포기하길 요구한다. 특히 삶의 문제가 이러저러하게 해결되어야 한다고 생각하는 믿음을 버리길 요구한다. 진정한 내맡기기는 에고의 통제를 내려놓는 것이다. 미처 생각하지 못한 결과가 나타나더라도 그 결과를 믿어라. 이 전지전능한 지성에게 나를 맡기고 최고의 해결책을 선물받아라. 눈에 보이지 않는 힘이 실재하며, 그 힘이 나에 대한 모든 것을 알고 있고, 내 성격의 어떤 면도 완벽히 돌볼 수 있다는 사실을 깨달아야 한다. 그렇게 할 때 이 힘은 우리에게 꼭 맞는 방식으로 삶을 준비해 줄 것이다.

인정하고 선언했던 감정을 이 큰 마음에 그저 내맡기며 도움을 요청하면, 다음의 행동은 할 필요가 없어진다.

- 타협하기
- 구걸하기
- 거래하거나 약속하기
- 할까 말까 재보기
- 조종하기
- 회피하기
- 용서 구하기

- 죄책감 혹은 수치심 느끼기
- 후회하며 살기
- 두려움으로 고통받기
- 변명하기

더욱이 이 큰 마음에게는 '~해야 하는데, ~한다면 더 좋을 텐데' 같은 조건도 필요 없다. 이 무한하고 거대한 본성에게는 어떻게 일을 해야 하는지 지시할 필요도 없다. 만약 지시를 하려 한다면 이는 다시 자신만의 방식으로 문제를 해결하려고 애쓰는 일이 된다. 그렇게 되면 큰 마음은 자연스럽게 우리의 자유 의지를 받아들여 더 이상 도움을 주지 않을 것이다.

그 힘의 뜻에 맡겨야 한다. 다음과 같은 느낌 안에서 그저 내맡겨 보자.

- 성실
- 겸손
- 정직
- 확신
- 명료함
- 열정
- 신뢰

놓아버리고 싶은 감정을 즐거운 마음으로 큰 마음에게 내맡겨라.

그 큰 마음이 나를 위해 문제를 해결한다는 사실을 기억하자. 나의 의지와 마음과 사랑이 그것의 의지와 마음과 사랑에 일치할 때 그것은 응답한다.

내맡기기에는 다음과 같은 부수적인 효과도 따른다.

- 영감
- 기쁨
- 사랑
- 자유
- 경외심
- 감사
- 활력

기쁨 속에서 즐거움을 느끼며 살아가는 것은 이미 원하는 미래의 결과물을 현실로 받아들였다는 의미이다. 미래가 이미 이루어진 것처럼 살아갈 때 큰 마음은 새롭고 예상치 못한 최선의 방식으로 우리를 위한 삶을 준비한다.

당신이 직면한 어떤 문제가 이미 완벽히 해결되었다면 어떻겠는가? 뭔가 신나고 멋진 일이 나에게 일어날 것임이 확실하다면 어떻겠는가? 의심 없이 그 사실을 믿는다면 걱정, 슬픔, 두려움, 스트레스는 사라질 것이다. 이제 기쁘게 미래를 기다리기만 하면 된다.

누군가 일주일 뒤에 당신을 하와이로 보내준다고 진심으로 이야기한다면 당신은 기대에 부풀어서 행복할 것이다. 몸은 실제 경험을 하기도 전에 생리적인 반응을 보이기 시작한다. 이 양자量子 마음은 큰 거울과 같아서 우리가 진실로 받아들이고 믿는 것을 되비쳐준다. 나의 외부 세계는 나의 내부 현실의 반영이다. 이 큰 마음과 관련하여 우리가 만들 수 있는 가장 중요한 시냅스 연결은 그것이 실재임을 아는 것이다.

생각하기, 행동하기, 되기로 나아가게 도와주는 세 개의 뇌가 있음을 당신은 이미 알고 있다. 플라시보 효과를 생각해 보라. 설탕 알약을 진짜 약인 줄 알고 받은 환자들이 그걸 먹으면 회복될 거란 '생각'을 하고, 다 나은 것처럼 '행동'하여, 실제로 회복되는 '느낌'을 받고 결국 건강해졌다. 우주 마음과 연결된 그들의 잠재의식적 마음이 건강의 회복이라는 새로운 믿음을 반영하기 위해 내부의 화학 물질을 변화시킨 것이다. 명상에도 이와 똑같은 원리가 적용된다. 양자 마음이 우리의 부름에 응답할 것이며 우리를 도와줄 것이라는 사실을 믿어라.

의심, 불안, 걱정, 낙심하는 마음으로 어떻게 도움을 받게 될지 지나치게 분석한다면, 애초에 이루어놓은 모든 것을 다시 되돌려놓는 셈이다. 스스로 걸림돌이 되어 자신을 도우려는 어떤 큰 힘을 막는 것이다. 우리의 감정이 양자量子 가능성을 믿지 않고 있다면, 우리는 결국 그 신성한 마음이 멋지게 꾸며놓고 있던 미래와 연결되지 못한다.

더욱 강력한 마음 상태를 회복해야 한다. 마치 양자 마음이 나를 아주 잘 알고 있으며 나를 사랑하고 돌보고 있는 것처럼 그 마음에게 털어놓으라. 실제로 그렇기 때문이다.

내맡기기 위한 준비
눈을 감고 이 큰 마음에게 말하고 싶은 것을 생각하라. 쓴 것을 다시 읽어보면서 자신의 한계를 큰 마음에게 가져간다. 현재에 머물수록 더 집중할 수 있다. 기도문을 마음속으로 암송하기 시작할 때, 보이지 않는 이 의식이 나를 지켜보고 있음을 기억한다. 그것은 당신이 생각하고 행동하고 느끼는 모든 것을 알고 있다.

내면 일기 쓰기

다음을 참고하여 나만의 내맡기기 글을 써본다.

내맡기기 예

- 내 안에 존재하는 우주 의식이여. 나는 걱정과 불안, 좁은 마음에서 나오는 염려를 용서하고 이 모든 것을 당신께 맡깁니다. 당신이 나보다 이것을 훨씬 잘 해결할 수 있다는 사실을 믿습니다. 나를 위한 문이 열릴 수 있도록 내 세상의 모든 것을 이끌어주세요.

- 내면의 지성이여, 당신 앞에 나의 고통과 자기 연민을 내려놓습니다. 나는 오랫동안 나의 생각과 행동을 제대로 돌보지 못했습니다. 나는 당신이 내 삶에 들어와 나에게 꼭 맞는 위대한 삶을 만들도록 허용합니다.

도움을 요청하기

그 다음, 우주 의식에게 당신의 일부를 가져가서 더욱 큰 무언가로 만들어달라고 요청한다. 그리고 이 큰 마음에게 자신을 맡긴다. 어떤 사람은 문을 열고 통과하는 상상을 하기도 하고, 어떤 사람은 종이에 글을 써서 건네주거나 예쁜 상자에 담아 건네주는 상상을 하기도 한다. 그러고는 그것이 큰 마음 속으로 사라지도록 둔다. 우리가 무엇을 상상하건 상관없다. 그냥 사라지도록 두기만 하면 된다.

중요한 것은 자신의 의도이다. 사랑으로 가득한 우주 의식에 연결되었다고 느끼며 그것의 도움을 받아 과거 자아로부터 자유로워지겠다는 의도 말이다. 더욱 의도적으로 나의 생각을 돌아보며 기쁨을 느낄수록 우주의 의지, 마음, 사랑과 더 깊이 연결될 것이다.

감사하기

기도를 끝냈다면 눈에 보이는 결과가 나타나기 전에 미리 감사해야 함을 잊지 마라. 감사는 의도가 이미 이루어졌다고 양자장에 보내는 신호이다. 감사하기는 응답을 받을 수 있는 최고의 신호이다.

명상 레슨

2주차 가이드

아래는 2주차에서 할 모든 명상 단계들이다. 본문을 읽고 내면 일기를 쓰면서 이 단계들을 모두 한 번씩 해보았다면, 이제 그것들을 명상과 함께 계속 반복한다. 아마 그 결과에 놀라게 될 것이다.

- 1단계―잠재의식적 마음 속으로 들어가기 위한 유도하기 과정
  을 익숙해질 때까지 계속 연습한다.
- 2단계―몸과 마음의 무엇을 변화시키고 싶은지 인식하고 자신
  만의 한계를 알아차린다. 기억에서 지우고 싶은 구체적인 감정을
  찾아내고, 그 감정으로 인해 나오는 태도를 관찰한다.
- 3단계―내가 이제까지 어떤 사람이었는지, 어떤 점을 바꾸고 싶
  은지, 무엇을 감추어왔는지 위대한 힘 앞에서 마음속으로 인정
  한다. 그 다음 놓아주려는 그 감정을 밖으로 소리 내어 선언한
  다. 그렇게 해서 몸을 마음으로부터 자유롭게 하고 환경 요소
  들과의 결속을 끊어낸다.
- 4단계―자기 제한적인 상태를 큰 마음에게 내맡기고, 자신에게
  꼭 맞는 방식으로 그 문제가 해결되기를 요청한다.

이 단계들을 마치 하나의 단계처럼 자연스럽게 할 수 있을 때까지
계속 반복해서 연습한다. 명상 과정에서 단계를 하나씩 더해나갈 때
는 항상 방금 연습한 이 네 가지 의도적인 행동을 하는 것부터 시작
한다는 점을 명심한다.

12장

오래된 나를
기억에서 지우기
(3주차)

3주차 명상에 들어가기 전에 5단계와 6단계에 대해 읽고 각각 내면 일기를 써보자.

5단계: 관찰하기 및 기억하기

이 단계에서는 과거의 자아를 관찰하고 더 이상 원하지 않는 자신의 모습을 기억해 낸다.

관찰하고 기억한다는 것은 '알아차리는 데 익숙해지는 것' '자아를 일구는 것'이며, 어떤 면에서는 아는 것을 모르는 것으로 만드는 것이기도 하다. 관찰하기를 통해 우리는 특정한 무의식적 · 습관적인 생각과 행동(2단계 알아차리기에서 찾아낸 생각과 행동)을 완전히 의식하게 된다. 그런 다음 기억하기를 통해 더 이상 원치 않는 과거 자아의 모습들을 떠올릴 것이다. 과거의 성격, 즉 더 이상 힘을 실어주고 싶지 않은 생각과 더 이상 되풀이하고 싶지 않은 행동을 잘 관찰하여(즉 그런 생각과 행동에 익숙해져서) 다시는 그 과거 자아로 돌아가지 않도록 하는 것이다. 이 과정을 통해 우리는 과거로부터 벗어나게 된다.

마음속으로 시연해서 몸으로 표현된 것이 곧 신경 차원에 나타난 나의 모습이다. '신경학적인 나'는 매순간 우리가 하는 생각과 행동의 조합으로 이루어진다.

이 단계는 이제까지의 자기 모습을 훨씬 잘 자각하고 관찰하도록 해준다. 자신의 과거 자아를 되돌아볼 때 더 이상 되고 싶지 않은 자기 모습이 어떤 것인지 명확해질 것이다.

관찰하기: 습관적인 마음의 상태를 의식한다

2단계 알아차리기에서 우리는 자신을 힘들게 하는 감정을 이미 관찰했다. 이제는 습관적인 감정에서 비롯되는 특정한 생각과 행동을 알아차려 보자. 관찰하기를 반복해서 연습하면 과거의 패턴을 알아차리고 이를 통제할 수 있다. 과거의 자아를 통제하기 위해서는 그것보다 앞서 있어야 한다. 따라서 무의식적인 생각과 습관이 나오기 전에 보통 어떤 느낌이 드는지 주목하기 시작할 때 우리는 그 기미를 점점 더 잘 알아차리게 된다.

예컨대 설탕이나 담배 같은 것에 의존하던 습관을 극복하려 한다고 해보자. 이때 화학적 중독에 따른 몸의 갈망이 언제 시작되는지 잘 감지한다면 그만큼 신속하게 거기에 대응할 수 있을 것이다. 설탕이나 담배에 대한 갈망이 일어나면 누구나 그것을 느낄 수 있다. 강한 충동과 욕구가 일어나고, 때로는 마음속에서 큰 소리가 들리기도 한다. "그냥 먹어(피워)! 포기해! 어서, 이번 한 번만 해!" 그러나 포기하지 않고 계속해서 이 욕구를 관찰해 나아가다 보면, 이 욕구를 통제하는 방법을 더 잘 찾아낼 수 있다.

개인적인 변화도 이와 마찬가지다. 우리가 의존하는 것이 우리 바깥에 있는 물질이 아니라 바로 자신이라는 점만 다를 뿐이다. 우리의 감정과 생각은 사실 우리의 한 부분이다. 이제부터는 나의 제한적인 존재 상태를 잘 알아차려서 어떤 생각이나 행동도 무의식적으로 그냥 표출되는 일이 없도록 해야 한다.

우리가 겉으로 드러내는 모습은 대개 하나의 생각에서 비롯된다. 하지만 그 하나의 생각이 반드시 진실은 아니다. 대부분의 생각은 반복을 통해 고정된 뇌 속의 오래된 회로에서 나온다. 따라서 나에게 물어볼 필요가 있다. '이 생각은 진실인가? 아니면 내가 이런 식으로 느끼는 사이에 굳어진 생각이나 믿음일 뿐인가? 이 충동에 굴복한다면 나는 결국 삶에서 똑같은 결과만 얻게 되지는 않을까?' 진실은, 대부분의 생각이 강한 느낌들과 연결된 과거의 메아리이며, 이것들이 뇌 속의 오래된 회로를 작동시켜 뻔히 예견되는 방식으로 반응하게 만든다는 것이다.

내면 일기 쓰기

2단계에서 찾은 그 감정을 느낄 때 자동으로 하게 되는 생각은 무엇인가? 그 목록을 적고 기억하는 것이 중요하다. 자기 제한적인 생각들을 알아차리는 데 다음의 예가 도움이 될 것이다.

자동으로 떠오르는 자기 제한적인 생각들의 예

(날마다 마음속에서 무의식적으로 반복하고 있는 생각들)

- 난 절대로 새 직장을 구하지 못할 거야.

- 아무도 내 말을 들어주지 않아.

- 그는 항상 날 화나게 해.

- 모두가 날 이용하려고 해.

- 포기하고 싶어.

- 오늘은 일진이 안 좋은 날이야. 그러니 바꾸려고 애를 써봐야 아무 소용 없어.

- 내 인생이 이렇게 된 건 그녀 때문이야.

- 난 그리 똑똑하지 않아.

- 솔직히 나에겐 변화가 힘들어. 나중에 시작하는 게 나을 것 같아.

- 그럴 기분이 아니야.

- 내 인생은 엉망이야.

- 난 나의 _____한 상황이 맘에 들지 않아.

- 난 절대 변하지 못할 거야. 난 안 돼.

- _____는 날 좋아하지 않아.

- 난 다른 사람들보다 더 열심히 일을 해야 해.

- 유전이야. 어차피 난 엄마랑 똑같아.

습관적인 생각처럼 습관적인 행동 또한 자기만의 독특한 마음 상태를 구성한다. 우리는 몸이 마음이 되도록 조건화한 바로 그 감정에 의해 기억된 방식으로 행동하게 마련이다. 이것이 무의식적인 상태의 내 모습이다. 좋은 의도로 운동을 시작했지만 곧 소파에 앉아 과자를 먹으면서 한 손에는 리모컨을 들고 다른 손에는 담배를 쥐고 있는 모습을 상상해보라. 몇 시간 전만 해도 좋은 몸을 만들겠다며 게으른 행동을 그만두겠다고 선언까지 했는데 말이다.

 무의식적인 행동은 성격을 감정적으로 강화시켜 중독 상태로 만든다. 계속해서 똑같은 방식으로 느끼기 위해서다. 예를 들어 매일같이 죄책감을 느끼며 살아가는 사람은 자신의 그 감정적 운명을 실현하기 위해 특정한 행동들을 한다. 그런 사람은 틀림없이 곤경에 빠질 것이고, 그 결과 더 많은 죄책감을 느끼게 될 것이다. 무의식적으로 우리는 자신의 감정 상태와 일치하고 그 상태를 만족시키는 행동을 하게 된다.

 다른 한편으로 많은 사람들이 기억된 느낌을 잠시라도 떨쳐내기 위해 특정한 습관을 만들기도 한다. 그들은 잠시 동안이나마 고통과 공허감에서 벗어나기 위해 외부의 무언가로부터 순간적인 만족감을 구한다. 컴퓨터 게임, 약물, 알코올, 음식, 도박, 쇼핑 중독 등이 마음속의 고통과 공허감을 해소하는 데 이용된다.

 중독은 습관을 만든다. 외부에 존재하는 어떤 것도 공허감을 영원히 해결해 주지는 못하기 때문에, 우리는 끊임없이 반복해서 똑같은 행동을 하게 된다. 흥분과 짜릿함이 식으면 또 같은 행동을 반복하며 중독성을 더해간다. 갈수록 더 큰 자극이 필요해진다. 하지만 부정적인 감정을 기억에서 지운다면 파괴적인 무의식적 행동을 막을 수 있다.

내면 일기 쓰기

앞서 찾은 원치 않는 감정을 떠올려본다. 그 감정을 느낄 때 습관적으로 어떤 행동을 하게 되는가? 아래의 예들에서 자신의 패턴을 발견할 수도 있지만, 자신만의 특별한 행동도 꼭 찾아보라. 그리고 그런 감정을 느낄 때 나타나는 자신만의 독특한 행동 방식을 적어보라.

제한적인 행동의 예

(날마다 몸이 무의식적으로 반복하는 행동)

- 시무룩하다.
- 혼자 있으면서 자신의 신세를 한탄한다.
- 우울한 기분에 빠져든다.
- 내 기분에 대해 불평하려고 누군가에게 전화를 한다.
- 강박적으로 컴퓨터에 몰두한다.
- 사랑하는 누군가에게 시비를 건다.
- 술을 지나치게 많이 마시고 바보처럼 행동한다.
- 가진 것보다 더 많이 쇼핑하며 돈을 쓴다.
- 일을 미룬다.
- 험담을 하거나 소문을 퍼뜨린다.
- 스스로에 대해 거짓말을 한다.

- 짜증을 내며 성질을 부린다.

- 동료에게 무례하게 대한다.

- 결혼을 했는데도 다른 사람에게 추파를 던진다.

- 떠벌리며 자랑한다.

- 사람들에게 소리를 지른다.

- 도박에 빠진다.

- 난폭하게 운전한다.

- 관심의 주인공이 되고 싶어 한다.

- 매일 늦잠을 잔다.

- 지나치게 과거에 대해서만 이야기한다.

마땅한 답변이 떠오르지 않는다면 삶의 다양한 상황 속에서 자신이 무슨 생각을 하는지 혼자 자문해 본다. 그리고 자신이 어떻게 생각하고 반응하는지 마음속으로 지켜본다. 다른 사람의 시선으로 바라볼 수도 있다. 사람들은 나의 행동을 보고 뭐라고 말할 것 같은가?

기억하기: 더 이상 원치 않는 과거의 자아를 기억한다

이제 내면 일기를 다시 살펴보고 거기에 쓴 것을 잘 기억한다. 이 부분이 명상의 핵심이다. 목표는 특정한 감정에 휩싸일 때 우리가 어떻게 생각하고 행동하는지 잘 알아차리는 것이다. 더 이상 원치 않는 모습이 무엇이고, 어떻게 스스로를 그렇게 불행하게 만들고 있었는지 기억하기 위해서다. 이 단계는 우리가 생각하고 느끼고, 느끼고 생각하는 동안, 무의식적으로 어떻게 행동하며 스스로에게 어떻게 말하는지 알아차려서, 깨어 있는 동안 이를 더욱 의식적으로 통제할 수 있도록 도와준다.

날마다 이 단계를 집중해서 해나가다 보면, 아마도 목록을 계속 수정하고 다듬어가는 자신을 발견할 수 있을 것이다.

기억하기는 잠재의식적 마음 속의 프로그램 작동 시스템 속으로 들어가 거기에 조명을 비추고 살펴보는 것과 같다. 우리가 궁극적으로 바라는 바는 이러한 알아차림에 익숙해져서 아예 처음부터 그 프로그램이 작동하지 않도록 하는 것이다. 과거의 자아를 구성하는 시냅스 연결들을 가지 치기하는 것이다. 신경 연결망이 형성된 모든 곳에 기억이 자리한다고 한다면, 이때 우리는 실제로 과거의 내 모습에 대한 기억을 해체하는 것이다.

앞으로 한 주 동안 더 이상 원치 않는 과거의 내 모습을 더 잘 알 수 있도록 계속해서 내면 일기를 살펴보라. 과거 자아의 모든 측면을 기억할 수 있다면 우리는 그 자아로부터 의식을 분리시킬 수 있다. 습관적·자동적인 생각과 반응에 완전히 익숙해지면, 그것들을 알아차리지 못하고 그냥 흘려보내는 일은 없을 것이다. 나아가 그것들이 촉발되기 전에 미리 예상할 수도 있게 된다. 이때 우리는 자유로워진다.

이 단계에서는 자각이 우리의 목표라는 점을 기억하자.

6단계: 전환하기

전환하기를 통해 우리는 무의식적인 행동을 막을 수 있다. 낡은 프로그램들의 활성화를 멈추면 신경 세포들의 발화와 연결이 멈춰지면서 우리는 생물학적으로 바뀌게 된다. 더 이상 똑같은 유전자에게 똑같은 방식으로 신호를 보내지 않기 때문이다.

무언가가 우리를 통제하도록 내맡긴다는 관념이 좀 버거웠다면, 이 전환하기는 자신이 되어버린 습관을 깨는 과정을 좀 더 의식적으로 분별력 있게 주도할 수 있도록 도와줄 것이다. 자신을 전환시키는 데 능숙해지면 새로운 자아를 만들기 위한 튼튼한 토대를 준비할 수 있다.

전환하기: 체인지 게임을 한다

5단계에서 떠올린 몇 가지 상황을 마음속으로 상상하거나 관찰하면서 크게 소리 내어 이렇게 말한다. "체인지!" 이것은 아주 간단하게 할 수 있는 방법이다.

1. 무의식적으로 생각하고 느끼는 상황을 떠올린다.
   ……그리고 말한다. 체인지!

2. 오래된 행동 패턴에 쉽게 빠지게 만드는 시나리오(어떤 사람이나 일과 관련된)를 알아차린다.
   ……그리고 말한다. 체인지!

3. 이상적인 모습에 미치지 못하도록 방해하는 상황을 그려본다.

……그리고 말한다. 체인지!

마음속에서 들리는 목소리

앞 단계에서 배운 대로 하루 종일 깨어 있는 의식 상태에 머무를 것을 순간순간 기억해 낸다면 우리는 바로 그 순간 변화의 도구를 사용할 수 있다. 실제로 제한적인 생각이나 행동을 하는 자신을 목격할 때마다 그저 크게 소리 내어 "체인지!"라고 말하는 것이다. 시간이 지나면 이제 그 새로운 목소리는 마음속에서 들리는 가장 큰 목소리가 될 것이다. 그리고 그것은 전환의 목소리가 될 것이다.

낡은 프로그램을 중단시키고자 계속 노력할 때 우리의 성격을 이루는 신경망의 연결은 약해지기 시작한다. 헵의 학습 원리에 따라 매일의 삶에서 과거 자아와 연결된 회로들이 풀리면서, 더 이상 똑같은 유전자에 똑같은 방식으로 신호가 보내지지 않게 되는 것이다. 전환하기는 이렇게 훨씬 의식적으로 자신을 통제할 수 있도록 해준다.

어떤 사람이나 사물에 대한 자동적인 감정 반응을 멈출 때, 우리는 제한적인 방식으로 생각하고 행동하는 과거 자아로 돌아가지 않기로 선택하는 것이다. 무의식적인 기억이나 연상으로 촉발된 생각을 의식적으로 통제할 수 있다면, 우리는 똑같은 생각과 행동으로 똑같은 현실을 만드는 뻔한 운명에서 벗어날 수 있다. 전환하기는 우리가 마음속에 설치하는 일종의 기억 환기 장치인 셈이다.

익숙한 생각과 느낌을 알아차리고, 전환하면서, 무의식적인 존재 상태를 깨달아갈 때, 우리는 더 이상 소중한 에너지를 소모하지 않아도 된다. 생존 모드로 살아가면 몸은 항상성을 잃고 많은 양의 에너지를 소모하는 비상 상황으로 들어간다. 생존 모드의 감정과 생각은 낮은 에너지 주파수를 띠는데, 이는 몸이 에너지를 다 써버리기 때문이다. 이런 소모가 일어나기 전에 생각과 느낌을 의식적으로 변화시키면 새로운 삶을 창조하는 데 꼭 필요한 에너지를 아낄 수 있다.

연상 기억이 자동 반응을 불러일으킨다

의식적인 상태에 머무는 것은 새로운 삶을 창조하는 데 아주 중요하다. 그에 반해 연상 기억은 우리를 의식적인 상태에 머물기 어렵게 한다. 그러니만큼 과거 자아로부터 자유로워지기 위해서는 전환하기 연습이 큰 도움이 된다.

이 책 앞부분에서 우리는 파블로프의 조건 반응 실험을 통해 변화하기가 왜 그렇게 어려운지 이해할 수 있었다. 종소리를 듣고 침을 흘리도록 학습된 개의 반응은 연상 기억에 근거한 조건 반응의 예라고 할 수 있다.

연상 기억은 잠재의식적 마음 속에 존재한다. 연상 기억은 외부 조건에 반복적으로 노출되면서 자동적으로 몸의 내부 반응을 이끌어낼 때 형성되는데, 이것이 다시 습관적인 행동을 낳는 것이다. 한두 개의 감각이 동일한 자극에 반응하면 몸은 별다른 의식적 개입이 없어도 반응을 보인다. 생각이나 기억만으로도 반응 스위치가 켜지는 것이다.

이런 식으로 우리는 환경에서 비롯된 익숙한 동일시로 촉발되는 수많은 연상 기억들에 의해 살아간다. 예를 들어 잘 아는 누군가를 만나면 의식적으로 알아차리지 못하는 가운데 상대에게 자동 반응을 하게 된다. 그 사람을 보는 순간 어떤 감정에 연결된 과거 경험으로부터 연상 기억이 만들어지며, 이는 다시 자동적인 행동으로 이어진다. 과거 기억 속의 그 사람을 '생각'하는 순간 몸 속의 화학 물질이 변하는 것이다. 잠재의식적 마음 속에 저장된 그 사람에 대한 과거 기억이 반복 조건으로 작용해 프로그램을 다시 작동시키기 때문이다. 우리는 파블로프의 개처럼 무의식적으로 생리적인 반응을 보인다. 몸이 주도권을 쥐고 우리를 과거 기억 위에서 잠재의식적으로 작동시키는 것이다.

이제 통제권은 몸에게 넘어갔다. 우리는 운전석에서 내려오고, 잠재의식적인 몸-마음이 우리를 조종한다. 이런 일이 순식간에 일어나도록 자극하는 것은 무엇일까? 외부 세계에 있는 모든 것이 자극이 될 수 있다. 자극의 근원은 우리가 잘 알고 있는 환경 속의 관계들, 바로 우리의 삶이다. 우리가 다양한 시간과 장소에서 경험한 모든 사람, 모든 일이 다 그 자극이 된다.

이것이 변화의 과정에서 의식적인 상태로 머물기 어려운 이유이다. 사람을 만나고 음악을 듣고 어떤 장소에 가고 어떤 경험을 떠올리면 우리 몸은 즉시 과거 기억의 스위치를 켠다. 이것은 의식적 마음 아래에 있는 수많은 반응을 활성화시킨다. 그래서 또다시 똑같은 성격의 자아로 되돌아가게 된다. 우리는 뻔히 예상되는 방식으로 자동으로 생각하고 행동하고 느끼며, 과거 속 그 기지既知의 자아로 되돌아가는 것이다.

파블로프가 음식이라는 보상 없이 종을 계속 울리자 개들의 자동 반응은 이내 줄어들었다. 더 이상 전과 똑같은 연상 기억을 불러일으키지 않았기 때문이다. 음식 없이 종소리만 반복적으로 들려주자 개들의 신경 감정적 반응이 줄어든 것이라 할 수 있다. 종소리가 어떤 연상 기억으로도 이어지지 않고 그저 하나의 소리가 되자, 개들은 더 이상 침을 흘리지 않은 것이다.

'무의식적'이 되기 전에 멈추기

마음의 눈으로 상황을 지켜보면서 과거의 자아로 되돌아가기를 멈추다 보면, 동일한 자극이 계속 주어져도 시간이 지나면 그 조건에 대한 감정 반응은 약해진다. 과거와 똑같은 상황에서 자신이 어떻게 자동적으로 반응하는지 꾸준히 알아차리면 무의식적인 상태로 빠지는 자신을 멈춰 세울 정도로 의식적이 될 수 있다. 과거의 프로그램을 켜는 그 모든 연상 기억이 지워지면서 우리는 더 이상 익숙한 사람이나 일에 연결된 과거의 나로 돌아가지 않을 것이다.

따라서 우리를 화나게 만드는 사람이나 전 남자친구가 더 이상 우리를 쥐고 흔들 수 없다. 우리는 과거로 돌아가려는 자신을 이미 충분히 멈춰 세웠기 때문이다. 감정 중독에서 벗어나면 자동 반응도 사라진다. 의식적인 알아차림이 매일매일 과거 기억과 연결된 감정과 생각으로부터 우리를 벗어나게 해준다. 과거의 자아로 사느라 바쁘면 이러한 자동 반사 반응을 알아차리지 못하고 넘어가기 십상이다.

생존 감정이 계속해서 똑같은 유전자 버튼을 눌러 세포에 악영향을 미치고 몸을 망가뜨린다는 사실을 깨닫기 위해서는 느낌의 지표를 넘어 합리적으로 생각할 필요가 있다. 이런 의문을 가져보는 것이다. "이 느낌, 이 행동, 이 태도가 나를 사랑하는 것인가?"

나는 "체인지!"라고 외친 뒤에 이렇게 말하곤 한다. "이건 날 사랑하는 게 아니야! 건강, 행복, 자유로움이라는 보상이 자기 파괴적 패턴에 갇히는 것보다 훨씬 중요해. 이렇게 늘 똑같은 감정 신호를 똑같은 유전자에 보내서 내 몸에 나쁜 영향을 주고 싶지 않아."

명상 레슨

3주차 가이드

3주차 명상의 목표는 지금까지 연습했던 여섯 단계를 하나로 통합하는 것이다. 하루 동안 제한적인 생각과 느낌이 올라올 때마다 자신을 관찰하고 자동으로 "체인지!" 하고 큰소리로 외쳐라. 예전의 목소리가 아니라 이 새 목소리가 크게 들린다면, 이제 당신은 창조의 과정을 시작할 준비가 되었다.

- 1단계—평소와 같이 유도하기로 명상을 시작한다.
- 2~5단계—알아차리기, 인정하기, 선언하기, 내맡기기의 과정을 자연스럽게 반복하며 과거의 나를 관찰한다.
- 6단계—과거의 나를 관찰하면서 삶 속의 몇 가지 시나리오를 떠올리고 "체인지!" 하고 외친다.

13장

새로운 미래를 위한
새로운 마음 창조하기
(4주차)

7단계: 창조하기 및 머릿속 시연하기

4주차에는 이전과는 좀 다른 연습을 할 것이다. 7단계에서는 읽고 써가면서 창조하기에 대한 지식과 머릿속 시연에 필요한 사항을 배운다. 그러고 나서 머릿속 시연을 위한 명상 안내문을 읽으며 이 새로운 과정에 익숙해진다.

이제 지금까지 배운 것을 직접 해볼 때이다. 매일 1단계에서 7단계까지 모두 포괄하는 4주차 명상을 연습한다. 새로운 나와 새로운 운명을 창조하기 위해 주의를 집중하고 이 과정을 반복해 보자.

새로운 나를 창조하고 머릿속으로 시연하기

지금까지의 단계들은 모두 자신이 되어버린 습관을 깨고 새로운 자아로 재탄생하는 데 의식적 · 에너지적으로 필요한 공간을 만들기 위해서 설계된 것들이다. 지금까지 우리는 낡은 시냅스 연결들을 가지 치기하는 데 주력해 왔다. 이제 새로운 가지들이 자라나도록 할 때가 되었다. 우리가 창조하는 새로운 마음은 미래의 우리가 딛고 설 발판이 될 것이다.

앞서 해온 노력은 과거 자아의 부정적 측면을 지우는 작업이었다. 우리는 그 낡은 자아의 많은 면을 제거했다. 자신이 그동안 어떻게 생각하고 행동하고 느꼈는지 보여주는 무의식적 마음 상태에도 익숙해졌다. 메타 인지 훈련을 통해 뇌가 과거의 성격이라는 상자 안에서 늘 습관적으로 발화되는 방식도 의식적으로 관찰했다.

자기 성찰 기술을 통해 우리는 정확히 똑같은 순서와 패턴, 조합으로 뇌를 발화시키는 자동 프로그램들로부터 우리의 자유로운 의식을 분리시켰다. 여러분은 아마도 그동안 자신의 뇌가 어떻게 작동해 왔는지 다 살펴보았을 것이다. 마음이란 곧 활동중인 뇌이므로, 뇌를 살펴보고 관찰했다는 것은 자신의 제한된 마음을 객관적으로 보았다는 의미가 된다.

새로운 나를 창조하기

이제 새로운 나를 창조할 시간이다. 우선 새로운 나를 '심는 것'부터 시작하자. 매일 행하는 명상과 머릿속 시연은 자신이라는 정원을 더 풍요롭게 가꿔내는 일과 비슷하다. 새로운 지식을 배우는 것, 자신의 새로운 이상을 대변하는 역사 속 위인들의 이야기를 읽는 것은 씨를 뿌리는 작업에 해당할 것이다. 창조적으로 자신의 새로운 정체성을 재탄생시킬수록 우리는 더 다양한 열매를 맺게 된다. 강한 의도와 의식적 집중은 당신의 정원에서 자라는 꿈을 위한 물과 햇빛이 될 것이다.

새로운 미래가 현실로 드러나기 전에 마치 그것이 벌써 일어난 것처럼 기뻐하고 축하할 때 우리는 잠재적인 운명을 해충이나 불리한 기후 조건으로부터 보호하기 위해 안전한 울타리를 치는 셈이 된다. 고양된 에너지가 우리의 창조를 보호해 주기 때문이다. 자신의 꿈을 사랑하는 것은 그 잠재성 속의 나무에 기적의 비료를 줘서 열매를 알차게 키워내는 것과 같다. 사랑은 해충과 잡초를 내버려두는 생존 감정보다 훨씬 높은 주파수의 감정이다. 낡은 것을 버리고 새로운 것을 위한 길을 만드는 것이 곧 변화의 과정이다.

새로운 나를 머릿속으로 시연하기

다음으로 새로운 마음에 익숙해질 때까지 계속해서 그것을 창조하는 연습을 한다. 많은 회로가 함께 발화할수록 더 오래 연결된다. 특정한 의식의 흐름과 관련된 생각을 계속 발화한다면 그와 동일한 수준의 마음을 만들어내기가 더 쉬워질 것이다. 따라서 매일 새로운 자아를 머릿속으로 시연한다면 그 자아가 점점 더 익숙해지고 자연스러워지고 자동적이 되며 더욱 잠재의식적이 될 것이다. 그리고 변화한 새로운 모습으로 자신을 기억하게 될 것이다.

이전 단계들에서는 몸-마음에 저장되어 있는 감정을 지우는 작업을 했다. 이제 몸을 새로운 마음에 길들이기 위해 새로운 방식으로 유전자에 신호를 보낼 때이다.

이 마지막 단계의 목적은 몸이 뇌 속의 새로운 마음을 완전히 익히는 것이다. 그러면 새로운 마음에 아주 익숙해져서 언제든 자연스럽고 편하게 그 새로운 마음과 동일한 존재 상태가 될 수 있을 것이다. 새로운 방식으로 생각함으로써 이 새로운 마음의 상태를 기억하는 것이 중요하다. 몸 속의 새로운 느낌을 기억해서 외부 세계의 어떤 것도 그 느낌에서 우리를 떼어놓지 못하게 하는 것도 이와 똑같이 중요하다. 이럴 때 우리는 새로운 미래를 창조해 그 안에서 살아갈 수 있다. 머릿속으로 시연을 하는 것은 새로운 나를 반복적·지속적으로 불러내는 것이다. 이렇게 우리는 새로운 나를 마음대로 불러오는 방법을 알게 된다.

창조하기: 상상력과 창의력을 이용한다

이 단계에서는 자신에게 몇 가지 질문을 하면서 시작한다. 지금까지와는 다른 방식으로 생각하게 만드는, 그래서 새로운 가능성을 즐기게끔 만드는 질문을 던질 때 우리의 전두엽에는 불이 켜진다.

이 숙고의 과정을 통해 우리는 새로운 마음을 만든다. 뇌가 새로운 방법으로 발화하도록 함으로써 새로운 자아의 토대를 창조하는 것이다. 당신의 마음은 이미 변화하기 시작했다!

내면 일기 쓰기

아래 질문에 대한 대답을 적어본다. 적은 답을 검토하고, 되짚어 보고, 분석해 보며, 또 이 대답들이 불러일으킬 모든 가능성에 대해서도 생각해 본다.

성격은 우리가 어떻게 생각하고 행동하고 느끼는가에 따라 형성된다. 새로운 자아가 되기를 얼마나 원하는지 더 구체적으로 그려보도록 하기 위해 질문들을 몇 가지로 나눠보았다. 자신만의 대답이 떠오르면 그것을 곰곰이 생각해 보라. 당신은 지금 뇌에 새로운 하드웨어를 설치해서, 새로운 방식으로 활성화하도록 유전자에 신호를 보내고 있는 중이다. 계속해서 질문하고 답을 적어보라.

어떻게 생각하고 싶은가?

• 새로운 나는 어떤 식으로 생각할까?

• 어떤 생각에 에너지를 더 쏟고 싶은가?

- 내가 가질 새로운 태도는 무엇인가?

- 나 자신에 대해서 어떻게 믿고 싶은가?

- 나는 어떻게 여겨지고 싶은가?

- 새로운 나는 지금의 나에게 어떤 말을 해주고 싶을까?

어떻게 행동하고 싶은가?

- 새로운 나는 어떻게 행동할까?

- 새로운 나는 무엇을 할까?

- 새로운 나의 행동이 어떻게 보이는가?

- 새로운 나는 어떤 식으로 말할까?

어떻게 느끼고 싶은가?

- 새로운 나는 어떻게 존재할까?

- 새로운 나는 어떻게 느낄까?

- 새로운 나의 에너지는 어떤 느낌일까?

새로운 나를 창조하기 위한 명상을 할 때 중요한 것은 매일 동일한 수준의 마음을 재창조하는 것이다. 언제든지 새로운 마음을 불러올 수 있어야 한다. 나아가 실제로 그 새로운 사람이 될 때까지 몸이 그 새로운 느낌을 느끼도록 해야 한다. 명상을 시작할 때와 똑같은 모습으로 자리에서 일어나면 안 된다. 변화가 지금 여기에서 일어나야 하고, 에너지 또한 처음과 달라야 한다. 아무런 변화 없이 처음과 같은 느낌으로 자리에서 일어난다면 실제로 아무 일도 일어나지 않는다. 여전히 전과 동일한 사람이라는 말이다.

명상을 하면서 속으로 이렇게 속삭이고 있다고 해보자. '나는 오늘 그럴 기분이 아니야. 너무 피곤해. 해야 할 일이 너무 많아. 너무 바빠. 머리가 아파. 나는 엄마를 너무 많이 닮았어. 나는 늘 이 모양이야. 뭔가 먹을 게 필요해. 내일 하지 뭐. 기분이 별로야. 지금 TV를 켜고 뉴스를 봐야 해……' 이런 내면의 속삭임이 전두엽을 장악하도록 허용하면, 우리는 이전과 똑같은 사람으로 자리에서 일어서게 된다.

몸의 욕구를 넘어서기 위해서는 의지와 의도, 성실함이 꼭 필요하다. 이러한 내면의 속삭임은 여전히 통제하고 싶어 하는 과거 자아의 도전임을 알아차려야 한다. 이때는 과거의 자아를 현재 순간으로 가져와 내려놓은 뒤 다시 시작해야 한다. 시간이 지나면 새로운 내가 주인으로 다시 서게 될 것이다.

머릿속 시연하기: 새로운 나를 기억한다

새로운 자신의 모습을 깊이 들여다보았으니 이제 그것을 연습해 볼 차례이다. 새로운 이상적인 모습의 내가 된다면 어떻게 생각하고 행동하고 느낄지 생각해 보라. 한 가지 분명히 할 것이 있다. 나는 여러분에게 아주 엄격히 기계적으로 이 단계를 해야 한다고 말하는 것이 아니다. 이것은 창조의 과정이다. 상상력을 발휘하며 자유롭고 자연스럽게 하라. 어느 쪽으로건 대답을 강요하지 마라. 명상을 할 때마다 모두 똑같은 방식으로 질문에 대답하려고 애쓰지 마라. 목표에 도달하는 데는 다양한 방법들이 많이 있다.

그저 가장 이상적인 자신의 모습을 그려보고 그 새로운 내가 어떻게 행동할지 생각해 보라. 새로운 나는 무슨 말을 하고, 어떻게 걸을까? 어떻게 숨을 쉬고, 어떻게 느낄까? 다른 사람들에게 또 자기 자신에게 뭐라고 말할까? 우리의 목적은 '존재 상태' 속으로 들어가 그 이상적인 존재가 되는 것이다.

예를 들어 실제 건반을 건드리지 않고 마음속으로만 피아노 연습을 했던 사람들을 생각해 보자. 그들은 어떻게 실제로 피아노 연습을 한 사람들과 거의 똑같게 뇌의 변화를 이뤄냈는가? 그들은 매일같이 똑같은 시간 동안 똑같은 악보를 보며 머릿속 시연을 했고, 그것이 마치 물리적으로 연습을 한 사람들처럼 그들의 뇌를 변화시켰다. 생각이 곧 경험이 된 것이다.

머릿속으로 피아노 연습을 한 참가자들은 실제로 손가락 하나 까딱하지 않고서도 눈에 띄는 물리적 변화를 만들어냈다. 이렇게 매일 머릿속 시연을 한다면 우리의 뇌와 몸도 변화할 수 있다.

이것이 새로운 자아라면 어떻게 행동할지를 머릿속으로 시연하는 중요한 이유이다. 머릿속 시연은 뇌와 몸이 더 이상 과거에 살지 않고 미래의 지도를 그려나가도록 이 뇌와 몸을 생물학적으로 변화시키는 방법이다. 뇌와 몸이 변화되었다면 변했다는 물리적 증거가 드러나게 될 것이다.

새로운 나에게 익숙해지기

7단계의 이 부분은 명상이 '무의식적으로 능숙한' 수준에 도달하도록 하기 위해 도약을 만드는 부분이다. 우리가 무언가에 '무의식적으로 능숙하다'는 것은 의식적인 생각이나 집중 없이 그냥 그것을 한다는 의미이다. 그것은 마치 초보 운전자에서 능숙한 운전자로 되는 것과 같다. 각각의 움직임을 어떻게 해나간다는 의식이나 의지 없이 무심히 뜨개질을 해나가는 것도 이와 비슷하다. 나이키의 광고 슬로건이었던 "그냥 해!"라는 말도 같은 말이다.

만약 이 시점에서 연습이 지루하게 느껴진다면 그것을 좋은 신호로 받아들여라. 그것은 새로운 작동 모드가 우리에게 익숙해지고 평범해지고 자동적으로 되어간다는 의미이다. 이 지식을 장기 기억으로 고정하기 위해서는 이 지점에 도달해야만 한다. 지루함을 뛰어넘기 위해 노력할 필요가 있다. 그래야 새로운 목표를 세울 때마다 더 적은 노력으로도 그 새로운 자기 모습에 더 가까워질 수 있기 때문이다. 우리는 새로운 자신의 모습을 기억 체계에 각인시키는데, 그러고 나면 그 모습이 더욱 잠재의식적이고 자연스러운 것이 된다. 연습을 계속해 나아가면 우리는 그것이 '되려고' 굳이 생각하지 않아도 그렇게 된다. 요점은 연습할수록 완벽해진다는 것이다. 다른 모든 운동들도 그렇듯이 이런 과정을 통해 우리는 자신을 훈련시키고 있다.

머릿속 시연을 제대로 하고 있다면, 연습을 해나갈 때마다 우리는 성취하기가 더 쉬워져야 한다. 왜 그런가? 그만큼 밑칠이 되어 있기 때문이다. 이미 뇌 속의 회로들이 발화되어 예열이 되어 있는 상태라는 말이다. 또한 올바른 화학 물질들이 만들어져, 이 물질들이 새로운 유전자를 발현시키면서 몸 속을 순환하고 있다. 당연히 몸은 올바른 상태에 있다. 게다가 우리는 과거의 나와 연결된 뇌의 부위들이 활동하지 못하도록 제지하고 잠재웠다. 결과적으로 과거의 자신과 관련된 느낌들이 예전처럼 우리 몸을 자극하는 일은 훨씬 줄어든다.

머릿속 시연을 통해 뇌 속에 새로운 회로들을 활성화하기 위해서는 지식을 배우고, 지침을 따르고, 주의를 기울이고, 배운 기술을 계속 반복하는 것이 필요하다는 점을 명심하자. 학습할 때 우리는 새로운 연결을 만들고, 지침을 따를 때 우리는 새로운 경험을 창조하는 방법을 몸에게 가르친다. 또 우리가 하고 있는 일에 주의를 기울이는 것은 뇌의 신경 회로를 재연결하는 데 절대적으로 필요하다. 그리고 마지막으로 반복을 통해 우리는 신경 세포들 사이의 장기적長期的 관계들을 발화하고 서로 연결시키게 된다. 이것들은 모두 새로운 회로들을 구축해서 새로운 마음을 만드는 데 필요한 요소들이다. 그리고 이것이 정확히 명상중에 우리가 하고 있는 일이다. 반복이야말로 내가 여기서 강조하고 싶은 것이다.

캐시Cathy의 이야기는 머릿속 시연의 모든 측면을 보여준다. 심각한 뇌졸중으로 그녀는 뇌의 좌반구에 있는 언어 중추에 손상을 입어 여러 달 동안 말을 할 수가 없었다. 의사들은 기업 트레이너인 캐시에게 어쩌면 그녀가 다시는 말을 할 수 없을지도 모른다고 했다. 나의 책도 읽고 워크숍에도 참석했던 캐시는 이런 절망적인 예후를 받아들일 수 없었다.

그래서 그녀는 그동안 배운 지식과 받은 지침을 실천하고, 거기에 주의하기와 반복하기까지 적용하면서, 많은 사람들 앞에서 말을 하고 있는 자신의 모습을 머릿속으로 시연했다. 하루도 빼먹지 않고 이 머릿속 시연을 계속했다. 그렇게 몇 달이 지나고 그녀는 뇌의 언어 중추가 치료될 정도로 뇌와 몸에 물리적인 변화를 보였다. 말하는 능력도 완전히 되찾았다. 이제 캐시는 다시 청중 앞에 서서 머뭇거림 없이 유창하게 강연을 하고 있다.

다시 우리 이야기로 돌아가서, 이제까지 우리는 새로운 경험을 하기 위한 전단계로서 몇몇 중요한 신경 연결을 만들었다. 이 두 가지 요소—지식을 배우는 것과 경험을 하는 것—모두 우리의 뇌를 발달시킨다. 우리는 또한 변화에 필요한 과정, 즉 폐기 학습과 재학습을 위한 적절한 지침도 받고 있다. 뇌와 몸을 변화시키기 위한 정신적·육체적 활동에 주의를 집중하는 것이 얼마나 중요한지도 이해했다. 그리고 마지막으로 우리는 동일한 수준의 마음과 몸을 만들어낼 새로운 이상을 머릿속으로 반복해서 시연하고 있다. 반복은 장기적으로 작동할 회로를 완성하고 새로운 유전자들을 활성화해 다음번에는 그것들을 훨씬 쉽게 발화하도록 해줄 것이다. 이 단계에서 우리는 동일한 존재 상태를 점점 더 쉽게 만들어내는 연습을 하는 것이다.

우리가 집중해야 할 핵심 사항은 횟수와 강도, 그리고 지속성이다. 즉 더 자주 반복할수록, 더 집중할수록 다음번에 그 특정 마음으로 다가가기가 그만큼 더 쉬워진다. 그리고 새로운 이상에 대한 생각과 감정에 더 오래 머무를수록(외부 자극에 마음을 뺏기지 않고) 이 새로운 존재 상태를 더 오래 기억하게 된다. 이 단계의 핵심은 깨어 있는 상태에서 자신의 이상적인 모습이 되는 것이다.

새로운 현실을 낳는 새로운 성격이 되기

이 단계에서 우리의 목표는 새로운 성격, 즉 새로운 존재 상태가 되는 것이다. 새로운 성격이 된다는 것은 다른 누군가가 된다는 말이다. 우리가 과거에 어떻게 생각하고 느끼고 행동했는지에 따라서, 즉 우리의 옛 성격에 따라서 지금 경험하는 현실이 창조되었다. 간단히 말해 우리의 성격이 곧 우리의 개인적 현실이 된 것이다. 기억하자. 우리의 개인적 현실은 우리가 어떻게 생각하고 느끼고 행동하느냐로 이루어진다. 새로운 방식으로 생각하고 느끼고 행동함으로써 우리는 새로운 자아와 새로운 현실을 창조하고 있다.

우리의 새로운 성격이 새로운 현실을 창조'해야' 한다. 달리 말하면 우리가 다른 누군가로 존재할 때 우리는 자연스레 다른 삶을 살게 될 것이다. 만약 우리가 갑자기 정체성을 바꾸었다면 우리는 다른 사람이 되었을 것이고, 따라서 우리는 확실히 다른 누군가로 살았을 것이다. 만약 존이라 불리는 사람의 성격이 스티브라 불리는 이의 성격이 되었다면, 우리는 존의 삶이 변화할 거라고 말할 수 있다. 왜냐하면 그는 지금 더 이상 존이 아니라 스티브처럼 생각하고 행동하고 느끼고 있기 때문이다.

여기 또 다른 예가 하나 있다. 내가 캘리포니아에서 강연을 하고 있을 때 한 여성이 허리에 손을 올린 채 청중 앞으로 나오더니 화를 내며 소리쳤다. "어째서 나는 내가 살고 싶은 산타페에서 살고 있지 못한 거죠?!" 내가 침착하게 대답했다. "왜냐하면 지금 내게 말하고 있는 사람은 로스앤젤레스에서 살고 있는 (사람의) 성격이기 때문이죠. 산타페에 살고 있을, 아니 이미 거기에 살고 있는 (사람의) 성격은 전혀 이렇지 않을 테니까요."

따라서 양자적 관점에서 볼 때 이 새로운 성격은 창조를 위한 완벽한 장소이다. 그 새로운 정체성은 똑같은 환경을 계속해서 재창조해 내는 기지既知의 상황에 더 이상 감정적으로 머물러 있지 않다. 그러므로 이 새로운 성격이야말로 새로운 운명을 마음속에 그리기에 완벽한 자리이다. 이곳이 우리가 새로운 인생이라 부르고 싶어 하는 장소이다. 우리의 기도가 과거에 거의 응답받지 못한 이유는 죄책감, 수치심, 슬픔, 무가치함, 분노, 두려움 같은 (과거의 자아와 연결된) 낮은 감정들 속에서 길을 잃은 채 의식적인 의도를 붙잡고 있으려 애썼기 때문이다. 우리의 생각과 태도를 지배하는 것은 바로 이런 느낌들이다.

우리 마음의 5퍼센트를 차지하고 있는 의식은 나머지 95퍼센트를 차지하고 있는 잠재의식적 몸-마음과 싸우고 있다. 이렇게 생각하면서 저렇게 느낀다면 우리는 어떤 것도 만들어낼 수가 없다. 그것은 현실을 조직해 내는 보이지 않는 망invisible web을 향해서 에너지적으로 뒤섞인 신호를 내보내는 것이다. 따라서 만약 우리 몸이 죄책감의 마음을 기억함으로 인해 우리가 죄책감을 느끼고 있는 '상태'라면 무엇을 하든지 우리는 죄책감을 계속 느끼게 하는 상황들 속에 처하게 될 것이다. 우리가 의식적으로 세운 목표로는 '기억된 감정'이라는 존재 상태를 버텨내지 못하는 것이다.

하지만 이 새로운 정체성으로서의 우리는 과거의 정체성과는 다르게 생각하고 느끼고 있다. 우리는 지금 과거 기억에서 자유로운, 완벽한 신호를 보내고 있는 마음과 몸의 상태에 있다. 처음으로 우리는 새로운 지평선을 바라보기 위해 현재의 풍경 위로 마음의 렌즈를 들어 올렸다. 우리는 과거가 아니라 미래를 보고 있는 중이다.

간단히 말해서 과거의 성격으로 존재하는 한 우리는 새로운 개인적 현실을 창조할 수 없다. 우리는 다른 누군가가 되어야 한다. 우리가 일단 새로운 존재 상태에 들어가게 되면, 그때가 곧 새로운 운명을 창조하는 순간이 된다.

새로운 운명을 창조하기

이 단계는 우리가 이 새로운 존재 상태, 새로운 성격으로서 새로운 현실을 창조하는 출발점이다. 앞서 우리가 몸에서 풀어준 에너지가 이제 새로운 미래를 창조하기 위한 원료가 된다.

자, 당신은 무엇을 원하는가? 몸 혹은 삶의 어떤 부분을 치유하기 원하는가? 사랑하는 사람, 만족스런 직장, 새 차, 혹은 대출상환을 원하는가? 당신 삶 속의 걸림돌을 극복할 수 있는 해결책을 원하는가? 책을 쓰는 것, 자녀를 대학에 보내는 것, 아니면 당신 자신이 다시 학교로 돌아가 공부하는 것, 산에 오르는 것, 비행기 조종을 배우는 것, 중독으로부터 벗어나는 것이 당신의 소망인가? 이런 모든 예에서 당신의 뇌는 당신이 원하는 것의 이미지를 자동으로 만들어낸다.

몸과 마음이 고양된 상태에서, 사랑과 기쁨, 주체성, 감사 속에서, 그리고 더 크고 더 일관된 에너지 안에서 새로운 성격으로서 새로운 삶 속에 창조하고 싶은 마음속 이미지들을 보라. 당신이 경험하고 싶은 구체적인 미래의 사건을 생생한 물리적 현실을 보듯 바라보라. 자신을 내려놓고 아무런 분석 없이 자유로운 연상을 시작하라. 마음에서 보는 그림들은 새로운 운명이 진동하면서 만들어내는 청사진이다. 당신은 양자 관찰자로서 자신의 의도와 일치되도록 물질에 지시를 내리고 있다.

몇 초간 마음속에 나타나는 이미지들을 하나하나 명료하게 지켜본다. 그리고 나서 그것을 양자장 안으로 보내 더 큰 마음이 그것을 실행하도록 맡긴다.

전자를 관찰함으로써 그것을 확률 파동에서 입자로 불리는 사건으로 붕괴시키는—즉 물질화하는—양자 물리학의 관찰자와 똑같은 행위를 당신은 훨씬 큰 규모로 하고 있는 중이다. 하지만 당신은 삶에서 새로운 경험이라 불리는 사건으로 확률 파동을 붕괴시키기 위해 '자유 에너지free energy'를 사용하고 있다. 당신의 에너지는 지금 그 미래 현실과 섞이고 있으며, 그것은 당신의 일부가 되었다. 따라서 '당신'이 그것과 연결된 것이며, 그 미래의 현실이 당신의 운명이 된다.

마지막으로 언제, 어떻게, 어디서 혹은 누구와 함께 그 경험을 할지 알아내려고 애쓰지 마라. 그런 세부적인 것들은 당신보다 훨씬 더 많이 알고 있는 큰 마음에게 맡겨라. 당신이 창조하는 것은 당신이 전혀 예상치 못한 방식으로 올 것이며, 따라서 당신을 놀라게 할 것이고, 결국 그것이 더 높은 질서로부터 왔음이 분명해질 것이다. 당신의 의식적인 의도에 딱 맞는 일들이 삶에 펼쳐질 것임을 신뢰하라.

이제 당신은 이 보이지 않는 의식consciousness과 쌍방향 소통을 발전시키고 있다. 그 의식은 당신이 창조자인 자신을 모방하는 것을 지켜보고 있음을 당신에게 보여준다. 그 의식은 당신에게 직접 이야기하며, 자신이 당신에게 응답하고 있음을 알려준다. 그것은 어떻게 이 모든 것을 하는가? 그 의식은 당신의 삶에 범상치 않은 일들을 창조하고 조직한다. 이 일들은 바로 양자 마음으로부터 온 직접적인 메시지들을 나타낸다. 이제 당신은 지고의 사랑 넘치는 의식과 관계를 맺고 있다.

머릿속 시연을 위한 명상 안내

이제 새로운 자아의 발현을 반영하는 새로운 존재 상태로 옮겨감으로써 새로운 자신을 재창조할 시간이다. 새로운 마음과 몸을 준비시킨 뒤 그 존재 상태를 머릿속으로 다시 한 번 시연한다. 새로운 존재 상태를 재창조하기 위한 노력이 새로운 경험에 앞서 우리의 뇌와 몸을 생물학적으로 바꿀 것이다. 그러고 나서 명상 속에서 새로운 존재가 되면, 그 새로운 존재가 새로운 성격이 되고, 새로운 성격은 새로운 개인적 현실을 창조한다. 여기가 바로 우리가 운명의 양자 관찰자로서 고양된 에너지의 상태에서 우리 삶의 특정 사건들을 창조해 내는 지점이다. 이 머릿속 시연을 위한 명상 안내문은 세 부분으로 나뉘어 있지만, 4주차 명상(부록 C의 명상 안내문 참조)에 가서 하나로 합쳐질 때에는 전부 매끄럽게 이어질 것이다.

머릿속 시연을 위한 명상 안내문

1. 새로운 나를 창조하기

눈을 감고, 주위 환경을 잊습니다. 그런 다음 어떻게 살고 싶은지 '창조하기'를 하면서 자신을 편안하게 놓아줍니다.

당신이 할 일은 새로운 존재 상태로 들어가는 것입니다. 마음을 바꾸고 새로운 방식으로 생각할 시간입니다. 새로운 유전자에 새로운 방식으로 신호를 보내 몸을 새로운 마음에 감정적으로 길들입니다. 생각이 경험이 되게 하세요. 그리고 지금 그 미래 현실을 사세요. 마음을 열고 원하는 것을 실제로 경험하기에 앞서 감사의 마음을 표현합니다. 그럴 때 몸은 그 미래 사건이 지금 펼쳐지고 있다고 믿게 됩니다.

양자장에서 하나의 잠재성을 선택한 다음 그것을 완전하게 사세요. 과거의 감정으로 사는 것에서 벗어나 새로운 미래의 감정으로 사는 것으로 에너지를 바꿀 때입니다. 명상을 하러 자리에 앉았을 때와 같은 사람으로 일어나서는 안 됩니다.

눈을 떴을 때 어떤 모습이 될지 떠올려보세요. 새로운 현실에서의 존재 방식과 일치하는 행동을 계획해 보세요. 새로운 나를 상상하고 자신에게 어떻게 말하고 무엇을 이야기할지 상상해 보세요. 내가 바라는 이상적인 모습이 되면 어떤 느낌일지 생각해 보세요. 새로운 사람으로서 어떤 일을 하고 있는 모습, 또 어떤 방식으로 생각하고 있는 모습, 기쁨과 영감, 사랑, 자존감, 힘, 감사의 감정을 느끼는 모습을 상상해 보세요.

의도에 강한 주의를 기울여서 새로운 모습에 대한 생각이 내면의 경험이 되게 합니다. 그 경험에서 감정을 느낄 때 당신은 '생각하는 것'에서 '되는 것'으로 나아가게 됩니다. 새로운 미래에 내가 진정 누구인지 기억하세요.

2. 새로운 나를 머릿속으로 시연하기

몇 초 동안 편안히 쉽니다. 당신이 방금 한 것을 다시 한 번 돌아보고 다시 한 번 창조하고 다시 한 번 머릿속으로 시연합니다. 재창조한 것을 흘려보낸 뒤, 똑같은 것을 꾸준히 반복적으로 떠올릴 수 있는지 한번 해보세요.

다시 할 때마다 지난번보다 새로운 모습에 더 쉽게 다가갈 수 있나요? 아무것도 없는 상태로부터 당신의 새로운 모습을 한 번 더 불러올 수 있나요? 그 모습을 자유자재로 불러오기 위해서는 자신의 이상적인 모습을 자연스럽게 떠올릴 수 있어야 합니다. 자연스럽게 떠올릴 수 있을 때까지 반복해서 연습합니다. 이 새로운 존재 상태로 들어갈 때의 느낌을 기억해 두세요.

3. 새로운 운명을 창조하기

이제 물질에 명령을 내릴 때입니다. 지금처럼 몸과 마음이 고양된 상태에서 당신은 어떤 미래의 삶을 원하나요?

새로운 자아를 펼칠 때 천하무적의 강력하고 절대적이며 영감과 기쁨이 넘치는 몸과 마음의 상태로 들어간다는 것을 기억하세요. 미래의 장면들이 떠오르게 하세요. 당신이 그 미래와 하나가 될 거라는 확신을 가지고 그 장면들을 바라봅니다. 그 미래가 이미 내 것인 것처럼 기대와 축하 속에서 아무 걱정 없이 그것들과 결합하세요. 나를 내려놓고 아무런 걱정 없이 자유로운 연상 작용이 일어나도록 둡니다. 새로운 자아 감각에서 나오는 힘을 느껴보세요. 몇 초간 마음 속에 나타나는 이미지들을 명료하게 유지합니다. 그런 다음 양자장 안으로 그 이미지들을 흘려보내 큰 마음이 그것을 실현하게 합니다. 그러고 나서 다음 이미지를 떠올립니다. 이렇게 계속 반복하세요. 이것이 당신의 새로운 운명입니다. 지금 이 순간 내가 그 미래 현실을 경험하도록 합니다. 지금 그 일이 일어나고 있다고 몸이 감정적으로 믿고 확신할 때까지 그렇게 합니다. 가슴을 열고, 새로운 삶의 기쁨이 현실화되기 전에 먼저 그것을 경험하세요.

당신이 주의를 두는 곳에 당신의 에너지가 간다는 사실을 기억하세요. 몸에서 풀려난 에너지는 이제 새로운 미래를 창조하기 위한 원료가 됩니다. 신성함, 위대함, 감사의 상태에서 당신만의 에너지로 삶을 축복하며 새로운 삶을 창조하세요. 양자 관찰자가 되어 당신의 미래를 바라보세요. 당신을 새로운 현실에 연결시키세요. 이 새로운 성격의 에너지 안에서 경험하고 싶은 것의 이미지를 볼 때마다, 그 그림들이 운명의 청사진이 될 것임을 아세요. 당신은 지금 물질에게 당신의 의도를 따르도록 명령하고 있습니다.…… 다 됐으면, 이제 내려놓고 당신의 미래가 완벽한 방식으로 펼쳐질 것임을 알고 마칩니다.

명상 레슨

🎧

4주차 가이드

7단계를 위한 설명을 읽고 내면 일기를 쓰면서 4주차 명상을 실행할 준비를 했다. 이제 매일 명상 안내문을 듣거나 내용을 기억해서 4주차 명상을 실행한다.

유용한 팁: 명상을 하는 동안, 기분이 편안해지면 자연스럽게 이런 선언문을 만들어 큰소리로 외칠 수도 있다. "나는 부자다. 나는 건강하다. 나는 천재다……" 그것은 당신이 진심으로 그런 기분이 들기 때문이다. 이것은 마음과 몸이 일치되었다는 뜻이니 아주 좋은 일이다. 당신이 꿈꾸고 있는 것을 분석할 필요는 없다. 분석하기 시작하면 알파파의 비옥한 땅을 버려두고 베타파로 되돌아가게 될 것이다. 그리고 잠재의식적 마음에서도 분리될 것이다. 아무런 판단 없이 새로운 당신을 창조하는 일에만 주의를 기울인다.

명상을 습관화하기

지난 몇 주 동안 명상이 우리가 선택한 삶을 창조하고 발전시키도록 돕는 평생의 수단이 될 수 있다는 것을 배웠다. 우리는 그 새로운 기술을 사용해 과거의 내가 지닌 특정한 면들을 쳐내고 새로운 나와 새로운 운명을 창조하기 시작했다.

이 지점에서 많은 사람들이 다음과 같은 질문을 한다.

• 어떻게 하면 명상의 각 단계와 기술을 계속해서 더 향상시킬 수 있을까?

- 이 과정이 숙달된 뒤에도 계속 같은 방식으로 명상을 해야 하나?
- 이제까지 작업해 온 내 특정 측면에 대해 얼마나 더 오래 초점을 맞추고 작업해야 하나?
- 내가 또 하나의 '가면'을 벗겨낼 준비가 되었음을 어떻게 알 수 있나?
- 다음에는 내 과거 자아의 어떤 부분을 바꿔야 할지 어떻게 결정하나?
- 이 명상으로 내 성격의 여러 측면을 동시에 다루는 것이 가능한가?

이 명상 과정을 내 것으로 만든다

매일 모든 단계를 반복한다면 전에는 일곱 단계처럼 느껴졌던 것이 점점 더 단순하고 자연스러운 흐름으로 느껴지기 시작할 것이다. 삶에서 습득해야 하는 다른 것들과 마찬가지로 명상도 매일 꾸준히 하면 더 나아진다.

명상 안내문과 유도 기술은 자전거의 보조 바퀴와도 같다. 이 방법들을 쓰는 것이 명상하는 데 도움이 되는 한 계속 도움을 받으라. 그러나 명상 과정에 익숙해져서 그것을 완전히 자신의 것으로 만들었다면, 그리고 명상 유도문이나 지시 사항을 듣는 것이 오히려 명상을 방해한다고 느껴진다면, 그때는 그만 들어도 좋다.

계속해서 가면을 벗겨낸다

명상 방식을 주기적으로 조정하는 것은 자연스럽고 당연한 일이다.

오히려 기대하는 바이다. 당신은 더 이상 명상을 처음 시작했을 때와 같은 사람이 아니기 때문이다. 매일 명상을 계속한다면 우리의 존재 상태는 계속 변해갈 것이고, 바꾸고 싶은 과거 자아의 모습도 계속 알아차리게 될 것이다.

오직 자신만이 언제, 얼마나 빨리 앞으로 나아갈 준비가 되었는지 결정할 수 있다. 성장은 단지 명상에만 달린 것이 아니라 우리 삶의 핵심 부분을 변화시키느냐 아니냐에도 달려 있다. 그러나 일반적으로 자신의 한 가지 측면을 가지고 4~6주 동안 명상 작업을 하고 나면 그에 대한 결과가 충분히 나와서 자신의 또 다른 자아의 껍질을 벗겨내고 싶다는 내면의 신호가 올라올 것이다.

그러므로 대략 한 달마다 자기 성찰을 해보라. 자신이 무엇을 어떻게 창조하며 살고 있는지 삶을 한번 들여다보라. 3부의 질문들을 다시 본다면 이제 어떤 질문에는 다르게 대답할지 모른다. 자신이 삶에서 누구로 존재해 왔는지, 어떻게 느껴왔는지, 여전히 예전 태도를 그대로 갖고 있지는 않은지 다시 한 번 평가해 보라. 만약 예전의 모습이 사라진 것처럼 느껴진다면, 원치 않는 또 다른 감정이나 마음 상태 혹은 습관이 떠오르는지 보라.

만약 떠오르는 게 있다면, 그 면에 초점을 맞추고 전 과정을 다시한 번 반복한다. 처음 바꾸고자 했던 모습에 계속 집중하면서 동시에 다른 모습을 추가해 명상을 해나갈 수도 있다.

일단 어떻게 명상하는지 기본을 다 습득했다면, 집중해 오던 감정들을 통합적으로 결합해 자신의 여러 면을 동시에 다룰 수 있다. 나는 수많은 반복 연습 끝에 이제는 일명 전체론적·비선형적 접근법을 이용해

나의 전체 자아에 집중하며 명상을 하고 있다.

명상을 계속해 나감에 따라 당신이 창조하고 싶은 새로운 운명의 요소들도 당연히 바뀔 것이다. 새로운 사람과 관계를 맺거나 새로운 직장을 얻는다고 해서 거기서 명상을 멈추고 싶지 않을 것이다. 또는 단지 일상적인 명상에 변화를 주기 위해 주기적으로 다른 명상을 해볼 수도 있을 것이다. 당신의 직관을 믿어라.

14장

새로운 나로
살아가기

변화를 만들어낼 때 우리는 주변의 어떤 신호보다 강력한 내면의 질서를 기억하게 된다. 그 질서는 우리의 에너지를 높은 상태로 유지시키며, 몸, 환경, 시간과 무관한 새로운 현실에 의식적으로 머무르게 한다. 나는 어떤 모습으로 살아갈 것인가? 가족들과 함께 있을 때, 직장에서 일을 할 때, 점심을 먹을 때 등등 삶의 순간순간마다 자신에게 물어보라. "나는 계속 이 새로운 모습으로 살아갈 수 있는가?" 만약 새로운 나를 만든 그 에너지로 삶을 살아갈 수 있다면, 무언가 다른 것이 우리 삶에 나타나야 한다. 이것이 양자 법칙이다.

행동과 의도가 일치할 때, 행위와 생각이 같을 때, 새로운 내가 될 때, 그때 우리는 시간을 앞서게 된다. 시간을 넘어서면 환경은 더 이상 나의 생각과 느낌을 지배할 수 없다. 내가 느끼고 생각하는 방식이 환경을 지배하게 된다. 이것이 위대함이다. 이 위대함은 항상 우리 안에 있어왔다.

'보이는 나'가 '진짜 나'일 때 우리는 과거의 구속으로부터 자유로워진다. 에너지가 모두 풀려날 때, 그 자유로움에서 기쁨이 나온다.

증명하기: 새로운 나로 살아가기

　내부의 신경화학적 상태가 매우 질서정연하고 일관되어서 외부 세계의 어떤 자극도 나의 존재에 영향을 미칠 수 없다면, 우리의 마음과 몸은 조화를 이룬 것이다. 우리는 이제 새로운 존재이다. 그 존재 상태, 즉 새로운 성격을 기억함으로써 우리의 세계와 개인적 현실은 우리 내면의 변화를 반영하기 시작한다. 겉으로 보이는 자아와 내적 자아가 동일할 때 우리는 새로운 운명을 향해 나아가게 된다.

　변화된 상태를 계속 유지해서 몸이 예전 마음으로 되돌아가지 않도록 할 수 있는가? 감정은 잠재의식적 기억 시스템 속에 저장되므로, 외부 환경에서 감정적으로 자극받아 예전 현실로 돌아가는 일이 없도록 우리는 몸을 새로운 마음에 일치시켜야 한다. 새로운 내 모습만을 기억하고 그 상태로 존재해야 한다. 그래야 외부 현실의 어떤 것도 우리를 새로운 자아로부터 벗어나게 하지 못한다.

　명상을 마치고 일어나는 순간을 상상해 보라. 제대로 명상을 했다면 '생각하는 것'에서 '되는 것'으로 나아갈 것이다. 일단 그 새로운 존재 상태가 되면 우리는 그 존재와 동일하게 생각하고 행동하기가 더 쉬워질 것이다.

증명하는 것은 곧 그것이 되는 것이다

　증명한다는 것은 마치 기도가 이미 이루어진 것처럼 사는 것이다. 새로운 기대와 흥분을 갖고 새 삶에 기쁨을 느끼는 것이다. 새로운 자신의 모습을 창조할 때 가졌던 마음과 몸의 상태와 똑같은 상태에 자신이 여전히 있음을 기억하는 것이다. 명상을 하는 동안만 새로운 나를 창조하고 명상이 끝나면 과거의 나로 돌아가면 안 된다. 그것은 마치 아침에는 훌륭한 건강식을 먹고 저녁에는 건강에 좋지 않은 인스턴트 식품을 먹는 것과 같다.

새로운 경험이 현실에서 일어나게 하기 위해서는 행동이 목표와 일치해야 하고, 생각과 행동이 서로 부합해야 한다. 반드시 새로운 존재 상태와 일치하는 선택을 해야 한다. 증명할 때 우리는 머릿속으로 시연한 것, 즉 마음이 배운 것을 몸이 해내도록 하는 것이다.

따라서 삶 속에 펼쳐지는 신호들을 보기 위해서는 반드시 우리가 창조에 쓴 그 에너지 안에서 살고 그 에너지로 존재해야 한다. 우주가 평소와 다른 새로운 방식으로 응답해 주기를 바란다면, 내가 삶에서 보여주는 에너지와 마음이 명상 속 새로운 나의 그것들과 똑같아야 한다. 이때 시공간 너머의 차원에서 우리가 창조했던 에너지와 연결된다. 이것이 새로운 사건을 우리의 삶으로 끌어당기는 방법이다.

지금 여기에서 삶을 살고 있는 나는 명상을 하는 동안 창조한 새로운 나와 같은 사람이다. 나는 양자장 속에 잠재성으로 존재했던 미래의 나로 지금 여기 존재하고 있다. 우리가 명상 속에서 창조한 새로운 자아가 미래의 나와 전자기 서명이 같다면, 우리는 새로운 운명에 통합된 것이다. '지금 이 순간 속에 있는 미래의 나'와 물리적으로 하나가 될 때, 우리는 새로운 현실이라는 보상을 경험하게 된다. 그것이 더 큰 질서로부터 나오는 반응이다.

피드백을 기대하라

우리가 삶에서 경험하는 피드백은 창조 과정의 존재 상태(에너지 상태)가 드러남 과정의 존재 상태(에너지 상태)와 일치된 결과이다. 그러한 피드백은 '나로 존재함'이 드러남의 차원에서 만들어낸 '상태'이다. 우리는 현재의 물질적 세계에서 창조 상태의 시간대를 살아야 한다. 따라서 하루 종일 변화된 마음과 몸의 상태로 살아간다면 삶에 무언가 다른 일이 나타날 것이다.

어떤 피드백이 나타나기 시작할까? 몇 가지 예를 들면 동시성, 기회, 우연의 일치, 자연스런 흐름, 힘들이지 않고 이루어지는 변화, 건강, 통찰력, 계시, 신비 체험, 새로운 관계 등이 나타날 것이다. 그리고 이 새로운 피드백으로부터 영감을 받아 우리는 그동안 해오던 것을 계속 해나가게 될 것이다.

내적 노력의 결과가 외부의 피드백으로 나타날 때, 우리는 내적으로 해오던 모든 것을 외부적으로 일어난 모든 것과 연결시킬 수 있다. 이것은 이전과 다른 새로운 순간으로, 우리가 양자 법칙에 따라서 살고 있다는 사실을 보여준다. 현재 경험하고 있는 삶의 피드백이 마음과 감정에 대한 내적 작업의 직접적 결과물이라는 사실에 우리는 놀라지 않을 수 없다.

내면 세계에서 한 일과 외부적으로 드러난 일 사이에 관련이 있음을 알게 될 때 우리는 그 결과물을 만들어내기 위해 우리가 앞서 했던 것들을 모두 기억하고 다시금 그 일을 하게 될 것이다. 아울러 내면 세계와 외부 세계의 결과물을 연결시킬 수 있을 때 우리는 그저 인과 관계의 지배를 받는 삶이 아니라 스스로 '결과를 일으키는' 삶을 살 수 있게 된다. 내가 나의 현실을 창조하는 것이다.

이 대목에서 한번 스스로를 돌아보자. 명상을 하는 동안 마음속에서 창조한 사람과 똑같은 사람으로 외부 환경에서 존재할 수 있는가? 과거의 성격, 기억과 연결된 현재 환경보다 더 큰 존재가 될 수 있는가? 동일한 상황에 대한 무의식적 반응을 중단할 수 있는가? 몸을 길들이고 마음을 현실보다 앞서도록 만들 수 있는가?

이것이 바로 명상을 하는 이유이다. 각자의 삶에서 새로운 누군가가 되는 것 말이다.

'새로운 나'의 계획을 삶으로 증명한다

하루 종일 새로운 나로 있으면서 높은 에너지를 유지하기로 마음먹고, 활동하는 시간 동안 계속 의식적으로 깨어 있도록 노력해 보자. 오늘 하루를 의식적으로 어떻게 살지 삶의 캔버스 위에 미리 그려볼 수도 있다. 예를 들면 이런 식이다.

"아침에 일어나 샤워를 하는 동안 삶의 이모저모에 감사를 표한다. 차로 출근하는 동안 이 상태를 유지한다. 그러다 보면 출근 시간 내내 기쁨이 넘칠 것이다. 이렇게 새로운 모습으로 상사의 얼굴을 보면 어떤 기분이 들까? 점심 시간에는 시간을 내어 내가 어떤 사람이 되고 싶은지 떠올려본다. 저녁에 집에 돌아와 아이들을 볼 때는 에너지가 고양되고 충만해 있을 것이며, 그 덕분에 아이들과 진심으로 연결될 것이다. 잠자리에 들 준비를 하는 동안에도 시간을 내 지금 내가 어떤 상태인지 되돌아본다."

하루를 마무리하는 질문들

다음은 하루가 끝났을 때 새로운 자아로서 하루를 어떻게 지냈는지 되돌아보는 간단한 질문들이다.

- 나는 오늘 하루를 어떻게 보냈는가?
- 나는 언제 '새로운 나'에서 '과거의 나'로 돌아갔고, 그 이유는 무엇인가?
- 나는 누구에게 무의식적으로 반응했으며, 어떤 상황에서 그랬는가?
- 나는 언제 '무의식적인 상태'로 되돌아갔나?
- 그런 일이 다시 일어난다면 어떻게 더 잘 대처할 수 있을까?

잠자리에 들기 전 하루를 돌아보며 '새로운 나'에서 '과거의 나'로 돌아간 지점이 어디인지 생각해 본다면 좋을 것이다. 무의식적인 상태로 돌아가게 만든 상황을 명확히 알고 나면 이렇게 간단하게 질문을 던져 본다. "만약 그 상황이 다시 일어난다면 어떻게 다르게 행동할 수 있을까?" "그 상황이 다시 발생한다면 거기에 어떤 지식이나 철학적 이해를 적용할 수 있을까?"

질문에 확고한 답을 얻고 진지하게 그 문제를 다루어나가다 보면, 자신의 또 다른 부분을 완성시켜 줄 새로운 요소를 머릿속으로 시연하게 될 것이다. 뇌 안에 새로운 신경망을 연결해 미래의 언젠가 나타날 수 있는 일에 스스로를 준비시키는 것이다. 이 작은 행동이 자신을 더 새롭고 더 나아지도록 하는 데 도움이 될 것이다. 그러고 나면 이 연습을 아침이나 저녁 명상 때 붙여서 할 수 있다.

투명해지기: 안과 밖의 경계 녹이기

자아가 투명해진다는 것은 겉으로 보이는 모습이 진정한 나의 모습이 되고 내면의 생각과 느낌이 외부 환경에 그대로 반영된다는 뜻이다. 이 상태가 되면 우리 삶과 우리 마음은 동의어가 된다. 이것이 우리 자신과 우리가 바깥에 창조한 모든 것 사이의 최종 관계이다. 이는 우리의 삶이 모든 방면에서 우리 마음을 반영한다는 것을 의미한다. 나 자신이 곧 삶이고, 삶이 곧 나의 반영인 것이다. 양자 물리학에서 말하듯, 환경이 마음의 연장延長이라면 이때가 바로 우리의 삶이 우리의 새로운 마음을 반영하기 위해 스스로를 재조직하는 때이다.

자아가 투명해질 때 우리는 진정한 힘을 갖게 되고, 이 상태에서 우리는 마침내 자신의 변화를 이뤄낸다. 우리는 경험을 통해 지혜를 얻었고, 환경과 과거의 현실보다 더 커졌다.

투명해졌음을 알아차릴 수 있는 신호는 너무 분석적이거나 비판적인 생각을 하지 않는다는 것이다. 더 이상 그런 식으로 생각하고 싶어지지 않는 것이다. 그것은 우리를 현재 상태에서 멀어지게 할 뿐이다. 투명해질 때 우리는 진정한 기쁨, 더 많은 에너지, 자유로운 표현을 경험하는데, 이런 상태에서는 에고의 욕구와 연결된 어떤 생각도 우리 안의 고양된 느낌을 떨어뜨릴 수 없다.

놀라움의 순간이 온다

삶에 새롭고 놀라운 사건들이 일어나기 시작하면 경외감과 경탄, 그리고 전적인 깨어 있음 속에서 그 일들을 만든 것이 바로 마음이라는 사실을 깨닫는 순간이 올 것이다. 그 황홀감 속에서 전체 삶을 돌아보게 되고, 아무것도 더 바꾸고 싶지 않게 될 것이다. 어떠한 행동도 후회하지 않을 것이고, 어떤 일이 일어나도 기분이 상하지 않을 것이다. 어떤 일이 일어나는 순간, 왜 그 일이 일어났는지 모두 이해될 것이기 때문이다. 자신의 과거가 어떻게 이 놀라운 상태로 이끌었는지 알게 될 것이다.

우리가 노력을 기울인 결과, 더 큰 마음(즉 신—옮긴이)의 의식은 우리의 의식적인 마음이 되기 시작하고, 그것의 본성이 우리의 본성이 되고 있다. 당연히 우리는 점점 더 신성을 띠어간다. 이것이 진짜 우리의 모습이며, 우리의 자연스러운 존재 상태이다.

이와 같이 삶의 보이지 않는 힘이 우리를 관통할 때 우리는 과거 어느 때보다도 자신이 된 것 같은 느낌을 받는다. 감정적 상처를 남긴 트라우마들이 우리의 진정한 성격을 그 중심으로부터 뒤흔들면서, 우리는 더욱 복잡해지고 더욱 양극화되고 더욱 분열되고 더욱 비일관적이며 더욱 예측 가능하게 되었다. 마음과 몸의 주파수를 떨어뜨리는 그런 생존 감정을 기억에서 지울 때 우리는 더 높은 전자기적 상태로 올라가며, 이때 더 큰 주파수가 우리를 깨운다. 그리고 더 큰 힘이 들어와 우리가 되도록 문을 열고 공간을 만들어줄 때 우리는 자유로워진다.

마침내 그것이 내가 되고 내가 그것이 된다. 그것과 내가 하나가 된다. 그리고 우리는 사랑이라 불리는 일관된 에너지를 경험한다. 이때 무조건적인 사랑의 상태가 우리 안에 구현된다.

더 이상 아무것도 필요하지 않는 순간

의식의 샘에 연결되고 그 샘물을 마시는 순간 우리는 진정한 역설을 경험하게 될지도 모른다. 지극한 온전함을 느껴, 무언가 다른 것을 원할 수 없게 되는 것이다. 이러한 역설은 나에게 진정한 깨달음을 주었다.

필요와 갈망은 결핍, 즉 어떤 것, 어떤 사람, 어떤 장소, 어떤 시간의 부족에서 비롯한다. 나는 이 의식과 연결되었을 때 그 충만함 때문에 다른 것은 생각할 수가 없었다. 너무나 충만한 나머지 이 상태에서 나를 끌어내릴 만큼 중요한 생각은 아무것도 없었다.

역설적인 것은 정작 창조가 가능한 이 공간에 이르면 더 이상 어떤 것도 필요하지 않게 된다는 것이다. 결핍감과 공허감은 사라지고 그 대신 온전함이 들어섰기 때문이다. 그 결과 우리는 균형과 사랑, 일관성의 느낌 속에 계속 머물기만 원하게 된다.

나는 이것이 참되고 무조건적인 사랑의 시작이라고 느낀다. 외부의 어떤 것도 필요로 하지 않고 삶에 대한 사랑과 경외감을 느끼는 것이 바로 자유이다. 이러한 자유는 더 이상 외적인 요인에 좌우되지 않는다. 그 느낌은 아주 일관된 것이며, 따라서 다른 사람을 판단하거나 삶에 감정적으로 반응하여 이 상태에서 벗어나는 것은 오히려 자신에게 해로운 것이 된다. 이때 우리 모두 연결되어 있는 더 큰 의식이 우리를 통해 표현되기 시작한다. 우리는 인간에서 신으로 나아가며, 갈수록 더 신처럼 되어간다. 우리는 더 사랑하게 되고 더 깨어 있게 된다. 더 강력하고 더 관대하고 더 의도적이며 더 친절하고 더 건강해진다. 이것이 더 큰 의식의 마음이다.

여기에 놀라운 무언가가 더 일어난다. 고양되고 기쁨에 넘칠 때 우리는 그 경험과 느낌을 누군가와 공유하고 싶어질 것이다. 그런 좋은 기분을 어떻게 나눌 수 있을까? 그 비결은 '주는 것'이다. 이렇게 생각할 수 있다. '나는 정말 최고로 행복한 기분을 느껴. 내가 느끼는 대로 너도 느끼면 좋겠어. 자, 여기 선물이야!' 그러면서 우리는 다른 이들도 우리 내면에서 나오는 그 선물을 느낄 수 있도록 '주기' 시작한다. 우리는 이기심이 없는 상태가 된다. 서로가 서로를 위하는 세상을 상상해 보라.

　이런 온전함의 내적 질서로부터 새로운 현실을 빚어내려면, 우리가 원하는 것과 분리되지 않은 의식 상태에서 창조가 이루어져야 한다. 우리가 창조하는 것과 완전히 하나가 되어야 하는 것이다. 자연스럽게 그 상태가 되어 과거의 나와 얽힌 모든 것을 잊는다면, 우리는 그 같은 충만감 속에서 우리가 창조하려고 집중하고 있는 것이 우리의 것임을 알게 될 것이다. 이것은 마치 테니스공이 라켓의 한가운데에 맞을 때나 사이드 미러를 보지 않고도 정확히 주차를 했을 때와 같은 느낌이다. 딱 맞는 느낌, 여러분도 조금씩은 그 느낌이 어떤 건지 알 것이다.

　다음은 내가 하루의 명상을 끝내는 방법인데, 하나의 예로서 여러분에게 소개하고자 한다.

　"이제 눈을 감으세요. 당신의 내면과 주위의 모든 곳에 지성이 존재함을 알아차립니다. 그것이 진짜임을 기억하세요. 이 의식이 당신을 바라보고 있고 당신의 의도를 안다는 사실을 깊이 숙고해 봅니다. 이 의식이 시공간 너머에 존재하는 창조자임을 기억합니다.

몸의 갈망과 에고의 미묘한 마음을 통과하는 여정에서 당신은 이 마지막 단계까지 왔습니다. 정말로 이 의식이 실재이고 존재한다면 당신이 그 의식과 접속했음을 보여주는 신호를 요청하세요. 창조자에게 말합니다. '만약 오늘 내가 창조자로서 어떤 식으로든 당신을 따라했다면 나의 노력을 당신이 지켜보고 있었다는 신호를 나에게 보내주세요. 그 신호가 예기치 못한 방식으로 찾아와 나를 이 꿈에서 깨우고, 그 피드백이 당신에게서 왔다는 사실을 의심하지 않도록 해주세요. 내가 내일도 다시 이렇게 반복할 수 있도록 영감을 주세요.'"

만약 피드백이 예측할 수 있거나 기대할 수 있었던 방식으로 온다면 그것은 전혀 새로운 것이 아니다. 당신이 이미 익숙해 있는 것으로부터 새롭고 예측할 수 없는 것이 나왔다고 말하고 싶은 유혹을 물리쳐라. 새로운 삶이 펼쳐질 때는 그것을 전혀 눈치 채지 못하고 깜짝 놀라야 한다. 우리에게 벌어진 일 때문이 아니라 그것이 벌어진 방법 때문에 말이다.

놀라움을 경험할 때 우리는 꿈에서 깨어난다. 그리고 무엇이건 새로운 일이 벌어질 때는 몹시 두근거리고 신이 나서 모든 관심이 거기에 집중되고 평소보다 고양된 감정을 느낀다. 의심하지 말라는 것은 지금 내가 하고 있는 일이 실제로 효과를 발휘하고 있다는 사실을 알고 즐기라는 말이다. 뜻밖의 멋진 일이 지금 이 더 큰 마음으로부터 오고 있음을 알고 있자.

우리의 가능성은 어디까지일까?

우리는 이제 더 높은 의식과 관계를 맺고 있다. 그 의식은 우리에게 응답하고 있으며, 우리는 자신이 내적으로 하는 일이 외적으로 영향을 끼친다는 사실을 알고 있다. 이 사실을 안다면 우리는 내일도 기꺼이 이 일을 할 것이다. 우리는 이제 새로운 경험에서 나온 감정을 새로운 결과를 창조하는 새로운 에너지로 활용할 수 있다. 과학자나 탐험가처럼 삶을 실험하고 노력의 결과를 측정할 수 있는 것이다.

삶의 목적은 좋은 사람이 되거나 신을 기쁘게 하거나 아름다워지거나 유명해지거나 성공하는 것에 있지 않다. 우리의 목적은 이 지성의 흐름을 막는 가면과 허울을 벗어던지고 이 더 큰 마음이 우리를 통해 스스로를 표현하도록 하는 것이다. 우리가 지닌 창조의 힘을 발휘하고, 우리를 더 풍요로운 운명으로 이끌어줄 더 큰 질문을 하는 것이다. 최악의 시나리오가 아니라 기적을 기대하고, 이 힘이 우리를 돕고 있는 것처럼 사는 것이다. 늘 하던 것과 다른 생각을 하고, 이 보이지 않는 힘으로 무엇을 이룰 수 있을지 생각하는 것이며, 우리를 성장시킬 더 큰 가능성에 마음을 열고, 이 마음이 우리를 통해 더 많이 흐르도록 하는 것이다.

예를 들어 우리가 어떤 병을 스스로의 힘으로 완전히 치유하게 된다면 우리는 자연스럽게 다음과 같은 좀 더 진전된 질문들을 던지게 될 것이다. "내가 누군가를 손으로 만져서 치유할 수도 있을까? 만약 그럴 수 있다면, 멀리 떨어져 있는 사람을 치유하는 것도 가능할까?" 그리고 그 사람을 실제로 낫게 해서 그 가능성을 현실에서 창조하는 법을 습득한다면, 어쩌면 이렇게 물을 수도 있다. "무언가를 무에서 창조하는 것도 가능할까?"

우리는 얼마나 더 멀리까지 나아갈 수 있을까? 이 모험에는 끝이 없다. 우리를 제한하는 것은 다만 우리가 던지는 질문들, 우리가 받아들이는 지식, 그리고 우리의 마음과 가슴을 열어놓을 수 있는 능력뿐이다.

온전한 자신으로
살아가기

우리 자신에 대해서, 우리의 진정한 본성에 대해서 우리가 믿고 있는 가장 큰 거짓말 중 하나는 우리가 신으로부터 분리되어 차원도 생명 에너지도 없는 물질 현실에 갇혀버린 육체적 존재에 지나지 않는다는 것이다. 여러분도 이제 알다시피 신은 우리 안과 우리 주변 모든 곳에 존재한다. 우리가 진정으로 어떤 존재인지 알지 못하게 하는 것은 우리를 단지 노예로 만드는 것일 뿐 아니라 우리가 무의미하고 선형적인 삶을 사는 유한한 존재라고 주장하는 것이다.

"물질 세상 너머에는 어떤 세계도 어떤 삶도 없고, 우리는 운명을 통제할 수 없다"고 하는 말은 진실이 아니다. 나는 여러분이 이 책을 통해 진정한 자신이 누구인지 알고 자신의 힘을 되찾길 바란다.

우리는 자신의 현실을 창조하는 다차원적 존재이다. 나는 여러분이 이 생각을 새로운 법칙, 새로운 믿음으로 받아들이기를 바라며 이 책을 썼다. 이 책의 제목인 "당신이라는 습관을 깨라Breaking the Habit of Being Yourself"는 말은 과거의 마음을 버리고 새로운 마음을 창조하라는 말이다.

오래되어 익숙한 삶(또는 마음)을 완전히 내려놓고 새로운 삶을 창

368

조하기 시작할 때, 이 두 세계 사이에 우리가 아는 것이 아무것도 없어서 다시 익숙한 상태로 되돌아가려는 순간이 있다. 그러나 이 불확실성의 공간, 미지의 공간이야말로 수행자, 신비가, 성인 들이 비옥한 땅이라고 말하던 공간이다.

예측할 수 없는 세계에서 산다는 것은 동시에 모든 가능성으로 존재한다는 의미이다. 당신은 이런 빈 공간을 편안하게 받아들일 수 있는가? 그럴 수 있다면 당신은 위대한 창조의 힘과 하나가 된 것이다.

생물학적·에너지적·물리적·감정적·화학적·신경학적·유전적으로 자신을 변화시키고, 경쟁·갈등·성공·명예·아름다움·성적 매력·소유·권력이 인생의 모든 것이라는 무의식적 믿음을 내려놓을 때 비로소 우리는 일상의 사슬을 끊고 자유로워질 수 있다. 이른바 삶의 '성공 레시피'라는 것들은 우리로 하여금 외부로 눈을 돌려 해답과 행복을 찾게 만든다. 그러나 진정한 해답과 기쁨은 언제나 우리 내면에 있어왔다.

그러면 어디에서 어떻게 우리의 진정한 자아를 찾을 수 있을까? 외부 환경에서 답을 찾으면서 계속 거짓된 가면을 만들어낼 것인가? 아니면 외부의 모든 것만큼이나 생생하고 독특한, 우리가 흉내 낼 수 있는 의식과 마음을 가진 내면의 무언가를 자신의 정체성으로 삼을 것인가?

그렇다, 내면의 그 무언가는 모든 인간 존재의 본질을 이루는 개인적·우주적인 정보와 지성의 무한한 원천이다. 그것은 일관된 에너지적 의식으로, 우리가 이 의식에 접할 때는 오직 사랑이라는 말 외에는 달리 부를 수 있는 말이 없다. 내면의 문이 열리면, 그 의식의 주파수는 생명 활동에 필요한 정보를 보내 우리를 내면으로부터 변화시킨다. 이것은 내가 몸소 깨우친 경험이기도 하다.

우리가 선택하면 항상 그 의식에 접근할 수 있다는 사실을 여러분도 알았으면 좋겠다. 그러나 물질주의자들은 그런 의식이 존재한다는 데 저항할 것이다. 그들은 감각만을 가지고 현실을 정의하기 때문이다. 그들은 보거나 만질 수 없고 들을 수 없는 것은 이 세상에 존재하지 않는다고 생각한다. 이러한 이원성은 사람들을 환상에 가둬놓는 완벽한 속임수다. 그들의 관심은 그저 감각적인 외부의 현실에 머문다. 따라서 그들에게는 자신의 내면으로 들어가는 일이 불가능한 것처럼 보일 것이다.

우리가 관심을 두는 곳이 바로 우리의 에너지가 존재하는 곳이다. 우리의 모든 관심을 외부의 물질 세계에만 둔다면, 그것이 우리가 보는 현실이 될 것이다. 그 반면 자신의 마음속 더 깊은 곳을 펼쳐내 보고자 한다면, 우리의 에너지는 바로 그 현실을 확장시켜서 보여줄 것이다. 우리는 우리의 주의를 어디에 둘지 선택할 자유를 가지고 있다. 이 풍부한 힘을 제대로 잘 사용할 수 있다면 그것은 큰 선물이 될 것이다. 생각과 인식을 두는 곳이 우리의 현실이 될 것이므로.

만약 생각이 실재라고 믿지 않는다면 우리는 다시 물질주의자로 돌아가고 명상도 멈출 것이다. 우리는 이내 감정적 중독이나 즉각적인 만족감을 추구하고 다른 가능성은 시도하지 않을 것이다.

여기에 딜레마가 있다. 우리가 마음속에 창조하는 미래 현실은 어떤 감각적인 피드백도 제공하지 않는다. 양자 모델에 의하면 감각은 우리가 경험하는 창조 과정의 가장 마지막 결과물이다. 이 때문에 많은 사람들이 물질주의를 법칙으로 만들고, 우리는 무의식적으로 그것을 받아들인다.

나는 모든 물질적인 것은 시공간 너머의, 우리 눈에 보이지 않는 비

물질의 장場에서 나온다는 사실을 상기시키고 싶다. 간단히 말해 이 세계에 씨앗을 심었기 때문에 우리가 시간이 지나서 그 열매를 보는 것이다. 만약 우리가 바라는 어떤 꿈을 내면의 잠재성 속에서 마음과 감정으로 완전히 경험할 수 있다면, 그 일은 이미 일어난 것이다. 그러므로 그냥 내버려둬도 그 꿈은 외부 세계에서 곧 싹트기 시작할 것이다. 그것이 법칙이다.

그러나 이 전체 명상 과정에서 가장 어려운 부분이 있다. 바로 소중한 우리 자신을 위해 실제로 시간을 내서 명상을 하는 것이다.

우리는 신성한 창조자들이다. 영감을 받아 더 알고자 하는 마음이 생길 때 우리는 기꺼이 시간을 투자한다. 그러나 우리는 습관의 동물이기도 하다. 우리는 온갖 것에 습관을 들인다. 우리에게는 지식에서 경험으로 그리고 지혜로 나아가도록 하는 세 가지 뇌가 있다. 우리가 배운 것을 반복을 통해 내포적 기억으로 만들고자 한다면, 우리는 몸이 마음이 되도록 가르쳐야 한다. 이것이 바로 습관이다.

문제는 우리가 자신의 진정한 위대함을 제한하는 습관을 만들어왔다는 것이다. 중독성이 강한 생존 지향적 감정은 우리의 삶을 제한하고, 근원과 분리되었다는 느낌을 갖게 하며, 우리가 창조자라는 사실을 잊게 한다. 실제로 우리 마음이 스트레스에 반응할 때 우리는 감정의 지배를 받게 되고, 낮은 에너지 상태에서 두려움의 노예로 살아가게 된다. 많은 사람들이 이 상태를 정상적인 심리 상태로 받아들인다. 그러나 이것은 의식이 '변화된 상태'이다.

그러므로 나는 불안, 우울, 좌절, 분노, 죄책감, 고통, 걱정, 슬픔 등 수많은 사람들이 계속해서 표현하는 감정들이 균형을 잃고 진정한 자아로부터 멀어진 삶을 사는 데서 비롯한다는 점을 강조하고 싶다. 이와 달리 명상중에 경험하는 의식의 변성 상태는 사실 인간의 자연스러운 의식 상태로, 오히려 우리가 계속해서 그 상태로 살아가고자 노력할 필요가 있는 것이다. 나는 이것이야말로 진실이라고 여긴다.

이제는 깨어나서 진실의 살아있는 증거가 될 때이다. 이해하는 것만으로는 충분하지 않다. 그것을 살고, 입증하고, 삶의 모든 자리에서 그 원인이 되어야 한다. 이것을 진실로서 받아들이고, 새로운 습관으로 만든다면, 그때 우리는 새로운 자신으로 변화할 수 있다.

새로운 습관을 창조할 능력이 우리 안에 모두 갖춰져 있다면, 왜 그 위대함, 연민, 천재성, 독창성, 힘, 사랑, 알아차림, 관대함, 치유력, 양자 발현, 신성을 우리의 새로운 습관으로 만들지 않는가? 우리의 정체성이 되어버린 감정들의 층을 제거하는 것, 우리가 힘을 부여한 이기적인 제한들을 거둬내는 것, 현실과 자아의 본질에 대한 잘못된 믿음과 인식을 버리는 것, 우리의 성장을 방해하는 파괴적인 습관들을 극복하는 것, 우리가 진정 누구인지 알지 못하게 가로막는 태도들을 내려놓는 것…… 이 모두가 진정한 자아를 찾는 것의 일부이다.

그러한 베일들 뒤에는 자애롭게 기다리는 자아의 한 측면이 있다. 이 자아는 위협을 느끼지도, 상실을 두려워하지도, 모든 사람을 만족시키려 안달하지도, 성공하기 위해 질주하지도, 최고가 되기 위해 몸부림치지도, 과거를 후회하지도 않으며, 열등감이나 절망감을 느끼지도 않고 탐욕스럽지도 않다. 무한한 힘과 진정한 자아로 가는 길에 장애가 되는 모든 것을 극복할 때, 우리는 자신은 물론 전체 인류를 위해서도 숭고한 행동을 하게 된다.

그러므로 우리가 깨야 할 가장 큰 습관은 자신이 되어버린 습관이고, 우리가 창조해야 할 가장 큰 습관은 자신을 통해 신성을 표현하는 습관이다. 그때 우리는 진정한 본성과 정체성으로 살 수 있다. 온전한 자기 자신으로 살아갈 수 있다.

신체 집중 유도문*
(1주차)

자, 이제 입술이 차지하고 있는 공간을 느껴보세요. 그리고 입술이 차지하고 있는 공간의 부피를 느껴보세요.

이제 턱이 차지하고 있는 공간을 느껴보세요. 그리고 턱 전체가 공간에서 차지하고 있는 부피를 느껴보세요.

이제 뺨이 차지하고 있는 공간을 느껴보세요. 그리고 뺨이 차지하고 있는 공간의 밀도를 느껴보세요.

이제 코가 차지하고 있는 공간을 느껴보세요. 그리고 코 전체가 차지하고 있는 공간의 부피를 느껴보세요.

이제 두 눈이 차지하고 있는 공간을 느껴보세요. 그리고 두 눈이 차지하고 있는 공간의 부피를 느껴보세요.

---

* 신체 집중 유도문에서 '공간'이라는 단어를 반복해서 언급하는 데는 이유가 있다. 피실험자들이 유도 명상에 들어가는 동안 뇌전도를 모니터링해 보니 그들은 몸이 차지하는 공간과 그 공간이 우주에서 차지하는 부피를 의식할 때 알파파로 들어갔다. 그 지시가 피실험자들의 뇌파 패턴에 눈에 띄는 변화를 만들어낸 것이다. Fehmi, Les, Ph.D., and Jim Robbins, *The Open-Focus Brain: Harnessing the Power of Attention to Heal Mind and Body* (Boston: Trumpeter Books, 2007) 참조.

이제 이마가 차지하고 있는 공간에 주의를 기울이세요. 그리고 관자놀이까지 느껴보세요. 이마 전체가 차지하고 있는 공간의 부피를 느껴보세요.

이제 얼굴 전체가 차지하고 있는 공간을 느껴보세요. 그리고 얼굴 전체가 차지하고 있는 공간의 밀도를 느껴보세요.

이제 양쪽 귀가 차지하고 있는 공간을 느껴보세요. 그리고 양쪽 귀가 차지하고 있는 공간의 부피를 느껴보세요.

이제 머리 전체가 차지하고 있는 공간을 느껴보세요. 그리고 머리 전체가 차지하고 있는 공간의 부피를 느껴보세요.

이제 목이 차지하고 있는 공간을 느껴보세요. 그리고 목이 차지하고 있는 공간의 부피를 느껴보세요.

이제 몸통의 윗부분이 차지하고 있는 공간을 느껴보세요. 가슴이 차지하고 있는 공간, 갈비뼈가 차지하고 있는 공간, 심장과 폐가 차지하고 있는 공간, 등과 어깨뼈, 어깨 위에 이르는 공간을 느껴보세요. 그리고 몸통 윗부분 전체가 차지하고 있는 공간의 부피를 느껴보세요.

이제 팔이 차지하고 있는 공간을 느껴보세요. 어깨에서 팔, 팔꿈치, 손목, 손으로 이어지는 공간을 느껴보세요. 그리고 팔이 차지하고 있는 공간의 무게를 느껴보세요.

이제 하복부가 차지하고 있는 공간을 느껴보세요. 배, 옆구리, 갈비뼈에서 허리 아래쪽까지의 공간을 느껴보세요. 그리고 하복부가 차지하고 있는 전체 공간의 부피를 느껴보세요.

이제 하체의 엉덩이, 허벅지, 무릎이 차지하고 있는 공간의 밀도를 느껴보세요. 무릎에서 종아리까지 차지하고 있는 공간의 무게를 느껴보세요. 발목에서 발, 발가락까지의 공간이 차지하고 있는 부피를 느껴보세요. 그리고 하체 전체가 차지하고 있는 공간의 부피를 느껴보세요.

이제 몸 전체가 차지하고 있는 공간을 느껴보세요. 그리고 몸 전체가 차지하고 있는 공간의 밀도를 느껴보세요.

이제 몸을 둘러싼 주변의 공간을 느껴보세요. 그리고 몸이 차지하고 있는 공간을 둘러싼 주변의 공간이 차지하는 부피를 느껴보세요.

이제 당신이 있는 방 전체의 공간을 느껴보세요. 그리고 방 전체가 차지하고 있는 공간의 부피를 느껴보세요.

이제 모든 공간이 차지하고 있는 공간을 느껴보세요. 그리고 그 공간이 차지하고 있는 공간의 부피를 느껴보세요.

수면 상승 유도문
(1주차)

이 유도 명상에서 당신이 할 일은 몸을 완전히 내맡겨 따뜻한 물이 당신 몸을 편안하게 이완하도록 허용하는 것입니다. 몸이 따뜻한 물에 완전히 잠기도록 하세요. 의자에 바르게 앉아 발은 바닥에, 손은 무릎 위에 편안하게 놓고 시작합니다.

자, 상상해 보세요.

따뜻한 물이 방 안에 차오르기 시작합니다. 먼저 발과 발목까지 차오릅니다. 물 속에 잠긴 발에서 따뜻함이 느껴집니다. 느껴보세요.

물이 종아리에서 무릎까지 올라옵니다. 물 속에서 발과 무릎까지의 무게를 느껴보세요.

따뜻한 물이 무릎을 지나 허벅지로 올라오고, 당신은 더 이완되고 편안해집니다. 물이 허벅지를 감쌀 때 손이 따뜻한 물 속에 흠뻑 젖는 것을 느끼세요. 손목과 팔 아래쪽이 따뜻해짐을 느끼세요.

이제 허벅지 안쪽, 사타구니, 엉덩이까지 물이 차오르는 것을 느껴보세요.

물이 계속해서 허리까지 올라오고 팔꿈치까지 물에 잠깁니다.

따뜻한 물이 태양신경총까지 올라오면서 팔 위쪽까지 물에 잠깁니다.

이제 물 속에 잠긴 팔과 갈비뼈를 느끼고 몸의 무게를 느껴보세요.

이제 가슴과 어깨뼈까지 물이 올라옵니다.

물이 목까지 차오르고 어깨가 완전히 잠깁니다. 목 아래로 따뜻한 물 속에 잠긴 몸의 무게와 밀도를 느껴보세요.

이제 목을 지나 턱까지 물에 잠깁니다.

입과 뒷머리까지 따뜻하고 부드럽게 물이 차오릅니다.

입술과 코까지 물이 올라옵니다. 몸을 이완하고 물이 몸을 감싸도록 허용해 주세요.

이제 따뜻하고 편안한 물이 눈 밑까지 올라왔습니다.

물이 눈을 덮도록 편안히 허용해 주세요. 그리고 물에 잠긴 눈 아래의 몸 전체를 느껴보세요.

물이 이마를 지나 점점 머리 꼭대기까지 올라갑니다.

물이 머리를 점점 감싸고 올라가면서 머리가 물에 잠깁니다.

이제 이 따뜻하고 편안한 물에 온몸을 내맡깁니다. 물 속에 잠겨 무게가 전혀 느껴지지 않는 몸을 느껴보세요. 물 속에 잠긴 몸의 밀도도 한번 느껴보세요. 물 속에서 몸을 감싸고 있는 물의 부피를 느껴보세요. 몸이 들어가 있는 물 속 공간도 느껴봅니다.

물 속에 잠긴 방 전체를 알아차려 보세요. 물 속에 있는 방 전체의 공간을 느껴보세요. 잠시 동안 이 물 속 공간에 두둥실 떠 있는 몸을 느껴보세요.

새로운 내가 되는 명상 안내문
(2주~4주차)

이 명상은 부록 A의 '신체 집중' 명상이나 부록 B의 '수면 상승' 명상, 또는 그 밖에 자신만의 방법으로 해오던 명상이 있다면 그 명상을 마치고 시작합니다.

이제 눈을 감고 숨을 몇 차례 천천히 깊게 들이마시고 내쉽니다. 몸과 마음을 편안하게 이완하세요. 숨을 들이마실 때는 코로 들이마시고, 내쉴 때는 입으로 내쉽니다. 호흡은 서두르지 말고 길게 천천히 합니다. 규칙적으로 들이마시고 내쉬면서 지금 순간을 느낍니다. 지금 순간에 있을 때 당신은 가능성의 세계로 들어섭니다.

이제 내면에는 당신에게 생명을 불어넣고 당신을 아주 사랑하는 전능한 지성이 함께합니다. 당신의 뜻이 그것의 뜻과 하나가 될 때, 당신의 마음이 그것의 마음과 하나가 될 때, 삶에 대한 당신의 사랑이 당신에 대한 그것의 사랑과 하나가 될 때, 전능한 지성은 언제나 응답합니다. 전능한 지성은 당신 안으로 들어올 것이고, 당신 주위를 감쌀 것이며, 당신이 기울인 노력의 결실로서 당신 삶 속에 증거를 보여줄 것입니다. 환경보다 더 커지고, 삶의 조건들보다 더 커지고, 몸에 기억된 느낌들보다 더 커지고, 몸보다 더 커지고, 시간보다 더 커진다는 것은 당신이 신에게 더 가까이 다가간다는 뜻입니다. 운명은 더 큰 마음과 당신이 함께 만드는 합작품이 될 것입니다. 이렇게 할 수 있을 만큼 자신을 사랑하세요.

2주차

알아차리기

과거의 감정을 계속 붙잡고 있는 상태로는 새로운 미래를 창조할 수 없습니다. 지우고 싶은 감정이 무엇인가요? 몸에서 그 감정이 어떻게 느껴지는지 기억하세요. 그리고 그 감정에 의해 촉발되는 익숙한 마음의 상태를 알아차리세요.

인정하기

내면에 있는 힘에 의지할 때입니다. 내면의 힘 앞에 자신을 소개하고, 변화시키고 싶은 자신의 모습을 고백합니다. 당신이 어떤 사람이었고, 무엇을 숨겨왔는지 말합니다. 마음속으로 고백합니다. 그 힘은 실재한다는 것을 기억합니다. 그 힘은 이미 당신을 알고 있습니다. 그 힘은 당신을 판단하지 않습니다. 오직 사랑할 뿐입니다.

그 힘에게 이렇게 말하세요. "내 안에 존재하고 내 모든 주위에 존재하는 우주 의식이여, 나는 그동안 —————— 해 왔습니다. 이제 나는 진정으로 이 제한된 존재 상태로부터 변화하길 원합니다."

선언하기

마음으로부터 몸을 자유롭게 할 시간입니다. 외부 세계에 보이는 나와 진짜 나 사이의 간격을 좁히고, 에너지를 자유롭게 풀어줄 시간입니다. 몸을 익숙한 감정적 결속에서 풀어주세요. 그 감정적 결속은 당신을 계속해서 과거의 모든 일, 장소, 사람과 연결시켜 두려고 합니다. 모든 것을 풀어놓고 지금 이 순간에 존재하세요. 지금이 당신의 에너지를 해방시킬 때입니다. 버리고 싶은 감정을 큰소리로 외쳐보세요. 그리고 그것을 환경뿐 아니라 당신 몸으로부터 풀어주세요. 바로 지금 소리 내어 외치세요.

내맡기기

이제 이 존재 상태를 더 큰 마음에 내맡기고, 당신에게 알맞은 방법으로 해결해 주기를 요청할 시간입니다. 이미 모든 해답을 가지고 있는 더 큰 마음에게 당신의 통제권을 넘기세요. 이 무한한 마음 앞에 모든 것을 내려놓고 이 위대한 지성이 진실로 실재함을 이해하세요. 그것은 감탄과 기꺼움 속에서 당신을 기다릴 뿐입니다. 이 마음은 오직 당신이 도움을 요청할 때에만 응답합니다. 당신의 한계를 이 전지전능한 지성에게 내맡기세요. 그저 마음을 열고, 포기하고, 완전히 내맡기세요. 그 지성이 당신의 한계를 가져갈 수 있게 하세요. "무한한 마음이여, 제 —————— 을 드립니다. 이것을 가져가서, 이 감정이 위대한 지혜 속으로 녹아들게 해주세요. 내 지난 과거의 사슬로부터 나를 자유롭게 해주세요."

이제 그 무한한 마음이, 당신이 오랫동안 기억해 온 그 감정을 당신에게서 가져가면 어떤 기분이 들지 상상하고 느껴보세요.

3주차

관찰하기 및 기억하기

이제 과거의 나로 돌아가게 하는 어떤 생각이나 행동, 습관도 그냥 지나치지 않도록 합니다. 이 점을 확실히 하기 위해 무의식적인 몸과 마음의 상태를 의식해 봅니다. 무의식적으로 느낄 때 주로 어떻게 생각했었나요? 자신에게 뭐라고 말했었나요? 이제는 나의 현실로 받아들이기 싫은 어떤 생각들을 믿어왔었나요? 그런 생각들을 관찰해 보세요.

그 무의식적인 프로그램으로부터 자신을 분리시키세요. 당신은 그때 어떻게 행동했었나요? 어떻게 말했었나요? 그 무의식적인 상태들을 떠올려서 또다시 그렇게 무의식적으로 지나치지 않도록 하세요.

주관적인 마음을 객관적으로 보는 것, 무의식적인 프로그램을 관찰하기 시작하는 것은 당신이 더 이상 그 프로그램이 아님을 의미합니다. 자각이 당신의 목표입니다. 더 이상 원치 않는 자신의 모습을 떠올려보세요. 어떻게 다시는 그런 방식으로 생각하고 행동하고 느끼지 않을지 떠올리세요. 과거 성격의 모든 면을 잘 익혀두세요. 그리고 그저 관찰만 합니다. 굳은 의지로 더 이상 과거와 똑같은 사람이 되지 않겠다고 결정하세요. 이 결정의 에너지를 꼭 기억하세요.

전환하기

이제 '체인지 게임'을 할 시간입니다. 다시 과거의 나로 되돌아간 느낌이 들 때 "체인지!"라고 크게 외치세요! 세 가지의 가상 시나리오로 예를 들어보겠습니다. 먼저, 다음과 같이 상상해 보세요. 아침에 일어나 샤워를 하고 하루를 준비하려 하는데 갑자기 익숙한 감정이 마음속에서 올라오는 것을 알아차립니다. 그것을 알아차리는 순간 "체인지!" 하고 외칩니다. 좋습니다. 당신은 변화됩니다. 그 익숙한 감정에 따라 사는 것은 당신을 사랑하는 것이 아니기 때문입니다. 늘 똑같은 방식으로 똑같은 유전자에게 신호를 보내는 것은 소용없는 일입니다. 이제 신경 세포들이 더 이상 함께 발화하지도 않고 연결되지도 않습니다. 당신이 그것들을 통제합니다.

다음으로, 당신의 낮 시간을 상상해 봅니다. 운전을 하는 중에 갑자기 익숙한 생각을 일으키는 익숙한 느낌이 마음속에 올라옵니다. 이 순간에도 "체인지!" 하고 외칩니다. 좋습니다. 당신은 변화됩니다. 건강하고 행복한 상태야말로 과거의 모습으로 돌아가는 것보다 훨씬 더 중요한 일이기 때문입니다. 또한 감정에 이끌려 사는 삶은 당신을 사랑하는 것이 결코 아닙니다. 나의 상태를 바꿀 때마다 신경 세포들은 더 이상 함께 발화하지도 않고 연결되지도 않습니다. 또한 더 이상 같은 방식으로 같은 유전자를 활성화시키지도 않습니다.

이제 체인지 게임이 하나 더 남아 있습니다. 막 잠자리에 들려고 하는 순간, 과거의 성격대로 행동하도록 충동질하는 익숙한 느낌이 올라옵니다. 그 순간 "체인지!" 하고 외치세요. 잘했습니다. 왜냐하면 그렇게 함으로써 신경 세포들이 더 이상 함께 발화하지도 않고 연결되지도 않기 때문입니다. 예전과 똑같은 방식으로 똑같은 유전자에게 신호를 보내는 것은 당신을 사랑하는 일이 아니며, 그 어떤 가치도 없습니다. 당신이 그것을 통제합니다.

4주차

창조하기

이제 내가 펼칠 수 있는 최고의 이상은 무엇인지 생각해 보세요. 위인들은 어떻게 생각하고 행동할까요? 그런 사람들의 삶은 어떨까요? 그런 사람은 어떻게 사랑할까요? 위대함이란 어떤 느낌일까요?

당신이 그런 위대한 존재 상태로 들어가길 바랍니다. 당신의 에너지를 바꾸고, 완전히 새로운 전자기 서명을 보내세요. 에너지를 바꿀 때 삶 또한 바뀝니다. 생각이 경험이 되고, 그 경험이 고양된 감정을 만듭니다. 그럴 때 당신의 몸은 '감정적으로' 원하는 미래를 이미 살고 있다고 믿게 됩니다.

새로운 방식으로 새로운 유전자를 깨우세요. 실제 사건이 일어나기 전에 몸에게 감정적으로 신호를 보내세요. 이상적인 나의 모습과 사랑에 빠지세요. 가슴을 활짝 열고 몸을 새로운 마음에 길들이기 시작합니다.

내면의 경험이 기분이 되고, 기분은 기질이 되며, 기질은 결국 새로운 성격이 됩니다.

새로운 존재 상태로 들어가세요. 만약 당신이 이런 새로운 사람이 된다면 어떤 기분을 느낄까요? 처음 명상을 하기 위해 앉았을 때와 똑같은 상태로 일어나선 안 됩니다. 당신이 큰 감사함을 느껴서 몸이 실제 경험보다 앞서 변화되도록 해야 합니다. 당신이 이미 그 이상적인 사람임을 받아들이세요.

그 사람이 되세요.

당신은 힘이 있고, 자유롭고, 무한하고, 창조적이고, 천재적이며, 신적입니다. 이것이 바로 진정한 당신의 모습입니다.

이 느낌을 기억하세요. 이 느낌을 기억 속에 저장합니다. 이것이 진정한 당신입니다.

이제 잠시 이 느낌을 양자장 속으로 흘려보내세요. 그저 놓아주면 됩니다.

머릿속 시연하기

이제 머릿속 시연으로 자신의 뇌를 바꾸고 몸을 변화시킨 피아노 연주자들처럼 당신도 도전해 볼 차례입니다. 한 번 더, 무無로부터 새로운 자아를 창조해 봅니다.

새로운 마음을 발화하고 연결시키며 몸을 새로운 감정에 길들입니다. 새로운 몸과 마음의 상태에 익숙해져야 합니다. 가장 이상적인 당신의 모습은 무엇인지 생각해 보세요.

무엇을 말하고 어떻게 걷고 숨 쉬고 움직이며 어떻게 살아가고 무엇을 느낄 것인지 상상해 보세요. 이미 새로운 자아가 된 것처럼 감정적으로 느껴보세요. 그렇게 할 때 새로운 존재 상태로 들어가게 됩니다.

다시 한 번 당신의 에너지를 바꾸고, 새로운 사람이 되는 것이 어떤 느낌인지 기억하세요. 가슴을 활짝 여세요.

눈을 떴을 때 어떤 사람이 되어 있고 싶은지 생각해 보세요. 당신은 지금 새로운 방식으로 새로운 유전자에게 신호를 보내고 있습니다. 다시 한 번 당신이 힘을 가졌음을 느껴봅니다. 새로운 존재 상태로 들어가세요. 새로운 존재 상태는 새로운 성격이고, 새로운 성격은 새로운 현실을 창조합니다.

여기가 새로운 운명을 창조하는 자리입니다. 이처럼 몸과 마음이 고양된 상태에서, 새로운 현실을 지켜보는 양자 관찰자가 되어 물질에 명령을 내립니다. 강력한 이 힘을 느껴보세요. 고무되어 기쁨이 넘치는 모습을 느껴봅니다.

이 새로운 존재 상태에서 당신이 경험하고 싶은 일들을 그려보고, 그 이미지가 미래의 청사진이 되도록 하세요. 그 현실을 관찰함으로써 그 가능성의 파동이 삶의 경험이라는 입자로 '붕괴'되도록 허용하세요. 그것을 보고, 그렇게 되도록 명령하고, 그 상태를 유지하세요. 그러고 나서 다음 그림으로 넘어갑니다.

이제 당신의 에너지가 그 운명에 연결되도록 합니다. 당신의 에너지로 창조해 낸 미래이기에 그 일은 반드시 당신을 찾아옵니다. 이제 당신은 확실함과 믿음, 그리고 그렇게 된다는 앎 속에서 자연스럽게 미래가 창조되도록 놓아두면 됩니다.

분석하지 마세요. 그 일이 장차 어떻게 일어날 것인지는 생각할 필요가 없습니다. 결과를 통제하는 것은 당신의 일이 아닙니다. 당신이 할 일은 창조하고 나서 그것이 어떻게 일어날지 자세한 방법은 더 큰 마음에 맡기는 겁니다. 관찰자로서 미래를 지켜보면서 자신의 에너지로 삶을 축복하세요.

감사함 속에서 새로운 몸과 마음의 상태로 운명과 하나가 되세요. 새로운 삶에 감사를 보내세요.

이런 일들이 삶에서 실제로 일어난다면 기분이 어떨지 상상해 보세요. 감사함 속에서 살아간다는 것은 받은 사람의 자세로 살아간다는 것을 뜻합니다. 당신의 기도가 이미 응답받았음을 느껴보세요.

마지막으로, 이제 내면의 힘을 향해 당신의 삶 속으로 신호를 보내달라고 요청할 시간입니다. 오늘 당신이 이 더 큰 마음처럼 창조자로서 삶의 모든 것이 창조되는 것을 관찰했다면, 그 마음과 연결되었다면, 그리고 그 마음이 당신의 노력과 의도를 관찰했다면, 그 마음은 당신의 삶에 증거를 보여줄 것입니다. 그 마음이 실재함을 기억하세요. 이제 당신은 그 마음과 쌍방향으로 소통할 수 있습니다. 그 신호가 양자장에서 예기치 못한 방식으로 나타나길 요청하세요. 그 신호에 깜짝 놀라면서, 이 새로운 경험이 우주적 마음으로부터 왔음을 의심할 수 없게 해달라고 요청하세요. 그래서 당신이 고무된 상태로 계속 이 명상을 해나갈 수 있도록이요. 지금 그 신호를 요청하세요.

이제 새로운 환경 속에서 완전히 새로운 시간 위에 있는 새로운 몸으로 주의를 돌립니다. 준비가 되었으면 베타파 상태로 돌아가서 눈을 뜹니다.

* 여기에 소개된 '새로운 내가 되는 4주 명상' 안내 및 직접 들으며 따라할 수 있는 명상 가이드를 샨티TV에서 만나실 수 있습니다. www.youtube.com/theshantibooks

들어가는 말

1. Bohr, Niels, "On the constitution of atoms and molecules." *Philosophical Magazine*, 26: 1–4 (1913). 아원자 세계를 깊숙하게 파고들면 원자의 부피(약 1옹스트롱, 혹은 지름 10^{-10}미터)는 원자핵의 부피(약 1펨토미터, 혹은 지름 10^{-15}미터)보다 약 15자릿수만큼 더 크다. 즉 원자는 99.999999999999퍼센트가 빈 공간이라는 뜻이다. 원자핵 주변의 전자 구름이 원자 대부분의 공간을 차지하지만, 이 구름은 거의 빈 공간이며 전자의 부피 또한 아주 작다. 밀도가 매우 높은 원자핵은 원자 대부분의 질량을 가지고 있다. 원자핵과 전자의 상대적인 크기는 SUV와 콩알 한 개의 부피 차이일 것이다. 또한 전자 구름의 둘레를 비교하면 SUV와 워싱턴 주의 크기 정도 차이가 날 것이다.

1장

1. 예컨대 Amit Goswami, Ph.D., *The Self-Aware Universe* (New York: Jeremy P. Tarcher, 1993)를 보라. 또 닐스 보어, 베르너 하이젠베르크, 볼프강 파울리와 다른 이들에 의해 발전된 양자 이론의 '코펜하겐 해석'은 "현실은 관찰된 현상의 전체와 일치한다"(이 말은 "현실은 관찰 없이는 존재하지 않는다"는 뜻이다)고 말한다. Will Keepin, "David Bohm,"(http://www.vision.net.

au/~apaterson/science/david_bohm.htm.) 참고.

2. Leibovici, Leonard, M.D., "Effects of remote, retroactive intercessory prayer on outcomes in patients with bloodstream infection: randomised controlled trial." *BMJ (British Medical Journal)*, vol. 323: 1450~1451 (22 December 2001).

3. McCraty, Rollin, Mike Atkinson, and Dana Tomasino, "Modulation of DNA conformation by heart-focused intention." HeartMath Research Center, Institute of HeartMath, Boulder Creek, CA, publication no. 03-008 (2003).

4. *Christ Returns-speaks His Truth* (Bloomington, IN: AuthorHouse, 2007).

2장

1. Hebb, D.O., *The Organization of Behavior: A Neuropsychological Theory* (Mahwah, NJ: Lawrence Erlbaum Associates, Inc., 2002).

2. Pascual-Leone, A., et al., "Modulation of muscle responses evoked by transcranial magnetic stimulation during the acquisition of new fine motor skills." *Journal of Neurophysiology*, vol. 74(3): 1037~1045 (1995).

3장

1. Szegedy-Maszak, Marianne, "Mysteries of the Mind: Your unconscious is making your everyday decisions." *U.S. News & World Report* (28 February 2005). 또한 John G. Kappas, *Professional Hypnotism Manual* (Knoxville, TN: Panorama Publishing Company, 1999) 참조. 내가 이 개념을 처음 접한 것은 1981년 최면동기부여연구소Hypnosis Motivation Institute에서 존 카파스 와 최면을 공부할 때였다. 그는 잠재의식이 마음의 90퍼센트를 차지한다고 주장했다. 최근 과학자들은 잠재의식이 약 95퍼센트에 이른다고 추정한다. 둘 중 어느 쪽이든 잠재의식이 차지하는 비중이 큰 것은 마찬가지이다.

2. Sapolsky, Robert M., *Why Zebras Don't Get Ulcers* (New York: Henry Holt

and Company, 2004). 사폴스키는 스트레스와 스트레스가 뇌와 몸에 미치는 영향에 대한 연구 분야에서 손꼽히는 전문가이다. Joe Dispenza, *Evolve Your Brain: The Science of Changing Your Mind* (Deerfield Beach, FL: Health Communications, Inc., 2007) 참조. 감정적 중독은 람타 스쿨Ramtha's School of Enlightenment에서 가르치는 개념이다. JZK Publishing, a division of JZK, Inc., the publishing house for RSE(http://jzkpublishing.com or http://www.ramtha.com) 참조.

3. Church, Dawson, Ph.D., *The Genie in Your Genes: Epigenetic Medicine and the New Biology of Intention* (Santa Rosa, CA: Elite Books, 2007).

4. Lipton, Bruce, Ph.D., *The Biology of Belief* (Carlsbad, CA: Hay House, 2009).

5. Rabinoff, Michael, *Ending the Tobacco Holocaust* (Santa Rosa, CA: Elite Books, 2007).

6. Church, Dawson, Ph.D., *The Genie in Your Genes: Epigenetic Medicine and the New Biology of Intention* (Santa Rosa, CA: Elite Books, 2007).

7. Murakami, Kazuo, Ph.D., *The Divine Code of Life: Awaken Your Genes and Discover Hidden Talents* (Hillsboro, OR: Beyond Words Publishing, 2006).

8. Yue, G., and K.J. Cole, "Strength increases from the motor program: comparison of training with maximal voluntary and imagined muscle contractions." *Journal of Neurophysiology*, vol. 67(5): 1114~1123 (1992).

9. Cohen, Philip, "Mental gymnastics increase bicep strength." *New Scientist* (21 November 2001).

4장

1. Dispenza, Joe, *Evolve Your Brain: The Science of Changing Your Mind* (Deerfield Beach, FL: Health Communications, Inc., 2007).

2. Goleman, Daniel, *Emotional Intelligence* (New York: Bantam Books, 1995). 또한 Daniel Goleman and the Dalai Lama, *Destructive Emotions: How Can*

We Overcome Them? (New York: Bantam Books, 2004) 참조.

5장

1. Bentov, Itzhak, *Stalking the Wild Pendulum: On the Mechanics of Consciousness* (Rochester, VT: Destiny Books, 1988). 또한 Ramtha, *A Beginner's Guide to Creating Reality* (Yelm, WA: JZK Publishing, 2005) 참조. 양자 모델에서는 '어떤 것'이나 '아무것도 아닌 것'은 다양한 주파수로 진동하는 정보의 파동이라고 말한다. 그러므로 파동이 느릴수록 물질은 밀도가 더 높으며, 반대의 경우도 마찬가지다. 스트레스 감정은 우리의 파동을 느리게 해 우리를 더욱 물질적이 되게 하고 에너지를 낮춘다.

2. Wallace, B. Alan, Ph.D., *The Attention Revolution: Unlocking the Power of the Focused Mind* (Boston: Wisdom Publications, Inc., 2006).

3. Robertson, Ian, Ph.D., *Mind Sculpture: Unlocking Your Brain's Untapped Potential* (New York: Bantam Books, 2000). 또한 Andrew Newberg, Eugene D'Aquili, and Vince Rause, *Why God Won't Go Away: Brain Science and the Biology of Belief* (New York: Ballantine Books, 2001) 참조.

4. 2008년 10월 캘리포니아 보울더 크릭에 위치한 하트매스연구소의 연구소장 롤린 맥크레이티 박사의 "일관성이 유지되는 동안 몸에서 뇌로 향하는 에너지의 움직임 연구"(research relating to the movement of energy from the body to the brain through the heart during coherence)에 대한 대화에서. Rollin McCraty, et al., "The coherent heart: heart-brain interactions, psychophysiological coherence, and the emergence of system-wide order." *Integral Review*, vol. 5(2) (December 2009) 참조.

6장

1. Dispenza, Joe, *Evolve Your Brain: The Science of Changing Your Mind*

(Deerfield Beach, FL: Health Communications, Inc., 2007).

8장

1. Laibow, Rima, "Medical Applications of NeuroFeedback," in *Introduction to Quantitative EEG and Neurofeedback*, by James Evans and Andrew Abarbane (San Diego: Academic Press, 1999). 또한 Bruce Lipton, Ph.D., *The Biology of Belief* (Carlsbad, CA: Hay House, 2009) 참조.

2. Fehmi, Les, Ph.D., and Jim Robbins, *The Open-Focus Brain: Harnessing the Power of Attention to Heal Mind and Body* (Boston: Trumpeter Books, 2007).

3. Kappas, John G., Ph.D., *Professional Hypnotism Manual* (Knoxville, TN: Panorama Publishing Company, 1999).

4. Murphy, Michael, and Steven Donovan, *The Physical and Psychological Effects of Meditation: A Review of Contemporary Research with a Comprehensive Bibliography*, 1931~1996, 2nd edition (Petaluma, CA: Institute of Noetic Sciences, 1997).

5. Lutz, Antoine, et al., "Long-term meditators self-induce high-amplitude gamma synchrony during mental practice." *PNAS (Proceedings of the National Academy of Sciences)*, vol. 101(46): 16369~16373 (16 November 2004). 나는 또한 2008년 4월 미네소타 주 로체스터의 마요 클리닉Mayo Clinic에서 열린 "마음과 삶"(Mind and Life) 컨퍼런스에서 리처드 데이비드슨과 멋진 대화를 나눴다.

10장

1. Fehmi, Les, Ph.D., and Jim Robbins, *The Open-Focus Brain: Harnessing the Power of Attention to Heal Mind and Body* (Boston: Trumpeter Books, 2007).

우리의 꿈을 현실로 만들어주는 것(내가 이 책에서 얘기한 주제들 빼고)은 우리의 비전을 공유하고, 비슷한 목적을 가지고 있으며, 가장 단순한 방법들로 우리를 지지하고, 몸소 책임감을 보여주고, 진실로 사심 없는 우리 주변의 사람들이다. 나는 이 책을 쓰는 동안 멋지고 능력 있는 사람들을 만나는 행운을 누렸다. 그 사람들을 한 명씩 소개하며 감사의 마음을 표하고 싶다.

첫 번째로 헤이하우스출판사에 감사를 표하고 싶다. 라이드 트레이시, 스테이시 스미스, 샤논 리트렐 그리고 크리스티 샐리나스에게 마음을 전하며 그들이 내게 보여준 믿음과 신뢰에 감사를 보낸다.

나에게 솔직한 피드백과 격려, 전문적인 조언을 아끼지 않았던 헤이하우스출판사 프로젝트 편집장인 알렉스 프리몬에게도 진심어린 감사를 전한다. 항상 친절하고 사려 깊게 대해줘서 고맙다. 개리 브로젝과 엘렌 폰타나 역시 그들만의 방법으로 내 일을 도와준 것에 감사드린다.

또한 나의 개인 편집자인 사라 J. 스타인버그에게 이 여행을 나와 다시 함께해 준 데 감사를 전하고 싶다. 우리는 함께 성장할 수 있었다. 배려가 넘치고 따뜻하며 헌신적인 그녀의 영혼에 축복이 있기를. 사라는 나에게 큰 선물이다.

책 표지 디자인을 만들어준 존 디스펜자에게 감사를 표한다. 책 속의 도표와 그림을 그려준 재능 있는 라우라 슈만에게도 감사를 표한다. 인내심과 재능, 헌신으로 표지 작업에 공헌한 밥 스튜어트에게도 고맙다는 말을 전하고 싶다.

천 마리의 코끼리를 저글링하면서도 온전히 현재에 존재할 수 있는 나의 멋진 비서 파울라 메이어에게 감사를 표한다. 세심한 것까지 주의를 기울이는 그가 늘 고맙다. 크리스 리차드의 따뜻한 응원도 고맙다. 베스와 스티브 울프슨이 나의 일에 방향을 맞춰준 것도 감사하다. 크리스티나 아즈필리쿠에타의 정확하고 세밀한 프로덕션 기술에 감사의 마음을 전하고 싶다. 스콧 에르콜리아니에게도 감사를 보낸다.

나의 클리닉에 있는 직원들에게 고맙다는 말을 하고 싶다. 넓은 마음으로 수많은 일을 헤치며 함께 성장한 사무실 매니저 다나 라이첼과 함께 일하게 되어서 영광이다. 그리고 마빈 쿠니키요, 엘라나 클라우슨, 다니엘리 홀, 제니 페레즈, 에이미 셰퍼, 브루스 암스트롱, 그리고 에르마 레만에게 큰 감사를 표한다.

나는 나의 관점을 기꺼이 받아들여 자신의 삶에 적용한 전 세계에 있는 사람들로부터도 영감을 받았다. 그들이 자신의 가능성에 계속해서 마음을 집중해 주어 고맙다.

덧붙여, 서문을 써준 다니엘 에이멘 박사에게 따뜻하고 진실한 감사를 표한다.

나에게 강하고 명민하고 사랑 많고 굳은 마음을 가지라고 가르쳐

주신 어머니 프랜 디스펜자에게 고맙다는 말을 전하고 싶다. 고마워요, 엄마.

내가 또 한 권의 책을 집필할 수 있도록 시간과 공간을 허락해 주고 전 세계로 강연을 다닐 수 있도록 해준 나의 아이들에게도 마음을 전한다. 아이들이 나에게 가르쳐준 무조건적인 사랑에 얼마만큼 감사해야 할지 말로 다 표현할 수 없다. 아이들은 나에게 헌신적인 방법으로 변함없는 지지를 주었다.

마지막으로 이 책을 나의 사랑하는 아내인 로베르타 브라이팅햄에게 바친다. "당신은 이제까지 내가 만난 사람 중 가장 멋진 사람입니다. 당신은 나에게 빛이 되어주었어요. 당신은 우아하고 고상하며 사랑이 넘치는 아름다운 여인입니다."

한때 《시크릿》 열풍으로 국내에 수많은 '시크릿' 티처들의 책이 소개
되었지만, 그로부터 10여 년이 지난 지금도 여전히 그 작업을 계속할 뿐
아니라 더 깊은 연구와 활동을 활발하게 하고 있는 사람으로는 조 디스
펜자가 거의 유일합니다.

샨티출판사에서는 《당신이 플라시보다》 《당신도 초자연적이 될 수
있다》 같은 조 디스펜자의 최근 책들을 꾸준히 출간하고 있었고, 또 제
가 개인적으로 참 좋아하는 아니타 무르자니의 《그리고 모든 것이 변했
다》를 펴낸 출판사이기도 해서 저는 이미 오래전부터 샨티의 팬이었습니
다. 그런데 얼마 전 샨티에서 2012년에 출간되었다가 절판된 이 책의 한
국어판을 재출간하기로 했다면서 그때 이 책을 번역했던 저에게 재번역
을 문의해 왔습니다. 샨티로부터 그런 제안을 받고 저는 마치 유명인에
게 개인적으로 연락을 받은 것처럼 놀랍고 기뻤습니다.

그리고 사실 이 책 《브레이킹, 당신이라는 습관을 깨라》는 그동안
제가 번역한 책들 중 그 훌륭한 내용에 비해 사람들에게 널리 알려지지
않아서 아쉬움이 많았었지요. 이번 기회에 이 책의 가치가 많은 사람들

에게 전해졌으면 하는 마음이 들어 흔쾌히 재번역을 맡았습니다. 그러면서 한국어판 초판 번역에서 누락된 부분을 원문 그대로 재번역해 넣고 지나치게 의역했던 부분들은 원문에 충실하게 바로잡기도 했습니다. 그러다 보니 그때와는 사뭇 다른 느낌의 책이 되었습니다.

이렇게 많은 부분을 새로 재번역하다시피 하면서 이 책을 꼼꼼히 다시 읽다 보니, 출간된 지 벌써 8년이란 시간이 지났음에도 이 책의 가치는 전혀 줄지 않았음을 확인할 수 있었습니다. 오히려 '코로나 사태'로 사람들의 건강과 생명이 위협받고 경제가 위축되는 현시점에서 이 책은 몸과 마음 모두 두려움과 좌절에 잠식되어 가는 사람들에게 큰 희망과 돌파구를 열어줄 명저라는 사실을 절감하게 되었습니다.

이와 함께 지금 이 시점에 이 책을 재출간하는 것이 결코 우연은 아니라는 생각도 들었습니다. 가장 필요한 시간에 최고의 정보가 널리 알려져서 많은 사람들에게 용기와 희망을 주기 위한 우주의 배려라는 생각이 드는 겁니다.

《시크릿》이 국내에 소개된 지 십수 년이 지났고, 《시크릿》류 서적들이 많은 인기를 끌었음에도 불구하고, 여전히 사람들은 자기 삶을 만드는 주인공이 누구인지 모르고 살아가고 있습니다. 삶이란 그저 되는 대로 흘러가는 것이며, 자신에게 일어나는 많은 일들도 그저 우연히 일어났고 앞으로도 그럴 것이라 여기면서 살아갑니다. 그러면서 자신을 삶의 희생자로 여기며 누군가를 원망하거나 스스로를 자책하며 살아가고 있습니다. 스스로 '운명'이라고 믿는 그 굴레에서 벗어날 수 있는 방법이 이렇게 가까이 있는 줄도 모르고 말입니다.

이것이 바로 제가 이 책을 8년 전 번역했던 이유였고, 지금 재출간을 앞두고도 여전히 느끼는 마음입니다. 조 디스펜자는 과학자의 안목과 철학자의 사고, 그리고 명상가의 영성에 입각해서 이 책을 썼습니다. 그는 이 책에서 우리의 삶이 어떻게 창조되는지 그 우주적 비밀을 밝혀내고 증명할 뿐더러 그 원리와 방법을 누구나 소화하기 쉽게 안내해 주고 있습니다.

조 디스펜자의 해박한 지식과 치밀한 탐구, 친절한 설명, 그리고 꼼꼼한 안내는 우리를 삶의 달인, 삶의 창조자가 되도록 이끌어줍니다. 이 책에서 그가 안내하는 대로 하루하루 성실하고 꾸준하게 따라한다면 놀라운 경험을 하게 될 것입니다. 과거의 습관들로 만들어진 자신의 현재 정체성을 깨고 새로운 나를 만드는 과정은 아주 흥미롭고 즐거운 일이 될 것입니다.

다람쥐 쳇바퀴 돌듯 긴 시간 동안 제자리만 맴돌던 삶에서 벗어나 이제 자신이 진정 원하고 바라는 삶을 펼쳐 나가고 싶다면, 이 책에서 조 디스펜자가 제시하는 새로운 이론과 지식을 먼저 마음으로 받아들이라고 권하고 싶습니다. 그것이 새로운 경험을 불러올 것입니다. 그리고 그 경험을 통해 지식이 지혜로 승화되고, 이는 다시 더 크고 멋진 경험들을 불러오게 될 것입니다.

이 책을 펼치는 순간 여러분의 새로운 삶은 벌써 시작되었다고 할 수 있습니다. 상상을 뛰어넘는 기쁨과 풍요와 행복이 여러분에게 꼬리에 꼬리를 물고 이어지길 기원합니다.

2021년 6월

편기욱

샨티의 뿌리회원이 되어
'몸과 마음과 영혼의 평화를 위한 책'을 만들고 나누는 데
함께해 주신 분들께 깊이 감사드립니다.

개인

이슬, 이원태, 최은숙, 노을이, 김인식, 은비, 여랑, 윤석희, 하성주, 김명중, 산
나무, 일부, 박은미, 정진용, 최미희, 최종규, 박태웅, 송숙희, 황안나, 최경실,
유재원, 홍윤경, 서화범, 이주영, 오수익, 문경보, 여희숙, 조성환, 김영란, 풀
꽃, 백수영, 황지숙, 박재신, 염진섭, 이현주, 이재길, 이춘복, 장완, 한명숙, 이
세훈, 이종기, 현재연, 문소영, 유귀자, 윤흥용, 김종휘, 보리, 문수경, 전장호,
이진, 최애영, 김진회, 백예인, 이강선, 박진규, 이욱현, 최훈동, 이상운, 김진선,
심재한, 안필현, 육성철, 신용우, 곽지희, 전수영, 기숙희, 김명철, 장미경, 정
정희, 변승식, 주중식, 이삼기, 홍성관, 이동현, 김혜영, 김진이, 추경희, 해다
운, 서곤, 강서진, 이조완, 조영희, 이다겸, 이미경, 김우, 조금자, 김승한, 주승
동, 김옥남, 다사, 이영희, 이기주, 오선희, 김아름, 명혜진, 장애리, 신우정, 제
갈윤혜, 최정순, 문선희

단체/기업

주/김정문알로애 KIM JEONG MOON ALOE CO. LTD.　　환경재단　　design Vita　　PN풍년

사단법인 한국가족상담협회·한국가족상담센터　　생각과느낌 소아청소년 성인 몸 마음 클리닉

경일신경과 | 내과의원　　순수피부과 Soonsoo Skin Clinic　　월간 풍경소리　　FUERZA

이메일로 이름과 전화번호, 주소를 보내주시면 샨티의 신간과
각종 행사 안내를 이메일로 받아보실 수 있습니다.

이메일 : shantibooks@naver.com
전화 : 02-3143-6360 팩스 : 02-6455-6367

21세기 인류를 위해 새로 쓴
'인간의 몸과 뇌 사용설명서'

철인 3종 경기에 참가했다가 시속 90km로 달려오던 SUV에 부딪혀 척추뼈 여섯 개가 부러지는 사고를 당한 조 디스펜자. 그는 수술을 권유받지만, 우리의 심장을 뛰게 하고 매초 수십만 개의 화학적 반응을 세포마다 조직하는 몸속의 지성을 믿기로, 그것이 치유를 이뤄낼 거라 믿기로 한다. 그는 매일 네 시간씩 내면으로 들어가 완전히 치유된 척추를 상상했다. 잡념이 끼어들면 처음부터 다시 했다. 그러던 중 뭔가 딱 하고 분명해진 느낌이 들며 치유되겠다는 확신이 든 순간이 왔다. 그것을 매일 반복한 그는 9주 만에 일어나 걷게 되었다.

그 후 그는 몸과 마음의 관계, 물질을 지배하는 마음의 개념을 연구하는 데 남은 생을 바치기로 결심한다. 그로부터 30년이 지난 지금, 32개국이 넘는 나라에서 강연 요청을 받으며, 세계 많은 사람들의 몸과 의식, 삶을 바꾸는 데 일조하고 있다.

《당신도 초자연적이 될 수 있다》는 30년간의 연구와 실험, 사례들이 집약된 책으로, 우리 안에 잠재된 치유력, 초자연적 능력을 양자역학, 심장신경학, 후성유전학 등 최신 과학을 바탕으로 명쾌하게 설명하고 있다. 또한 심장 지성과 에너지 센터, 송과선, 5차원 양자장에의 접속, 신비 체험 등 보이지 않는 영역들이 실제로 어떻게 드러나고 작용하는지도 밝혀낸다. 잠재적 가능성에 접근해 그것을 현실에 구현하는 명상법들과, 이를 통해 원하는 현실을 만들어낸 사람들의 놀라운 이야기도 소개한다.

나는 어떻게 원하는 내가 되는가?
당신도 **초자연적**이 될 수 있다
조 디스펜자 지음 | 추미란 옮김 | 496쪽 | 25,000원